ANTES DEL DESPUÉS

FERNANDO PRUNA BERTOT

&

CYRIAQUE GRIFFON

<u>UNA HISTORIA VERÍDICA</u>

Autor: Fernando Pruna Bertot

Con: Cyriaque Griffon

Diseño de Portada y Contraportada:

Claudio Castillo y Andres Pruna Bertot

Prólogo: Vicente Morin Aguado

Traducción: Yusimí Rodríguez López

Editor: Fernando Pruna Bertot

****

COPYRIGHT

Registration Number:

Effective Date of Registration:

Year of Completion: 2021

Date of 1st Publication:
February 2021

Nation of 1st Publication:
United States

INDICE

Con todo mi amor le dedico este libro a mis tres hijas:

Carolina, Carla y Cristina

Por si algún día sienten la curiosidad de saber y la necesidad de

entender como fueron las cosas antes de su llegada.

Por si tienen preguntas que ya no le pueden hacer a

su progenitor personalmente.

<u>PROLOGO</u>

Y había una vez un lagarto que le robó la felicidad a los cubanos.

Hasta ahora el castrismo ha conseguido imponer su versión de una larga cadena de acontecimientos-62 años son muchos años- llamada Revolución. En el camino no pocos estudiosos han intentado lo que un día llamé *la contra historia,* es decir, un enfoque diferente al 'oficial' sobre uno de los procesos sobresalientes del tránsito entre el segundo y el tercer milenio de la era cristiana.

Llegué tarde a esta crónica alternativa del pasado nacional, pero llegué para no abandonar el empeño, cuando en noviembre de 2018 la valiosa recomendación del Maestro Carlos Alberto Montaner me abrió las puertas de la Feria Internacional del Libro de Miami. Entonces choqué de verdad con el rostro de una realidad que ha ido aclarándose hasta llamarla por su único nombre posible: HISTORIA.

Después del gran Montaner, el responsable directo de un cambio tan radical se llama Fernando Pruna Bertot y la causa decisiva se explica al leer su monumental **"Habana 505"**, libro ahora renacido en una versión de exclusivo puño y letra de su autor, por vez primera en inglés con su respectiva versión en español, motivo para escribir esta introducción a **"Antes del después"** o **("Before the After")**.

Sí, porque a pesar de mi graduación de historia y filosofía entre 1977/80, un atardecer bajo las carpas en el campus del inmenso Miami Dade College, me hizo replantearme con fuerza la duda primigenia de todo estudioso: Solo sé que no se nada.

Y tampoco era tabula rasa, pues había leído **"Viaje al corazón de Cuba"**, a pesar de que su autor es un "terrorista enmascarado de periodista, contrarrevolucionario y agente de la CIA de origen cubano…" (Cita textual de Cubadebate, medio oficial del Partido Comunista de Cuba)

Como **dije**, yo había adelantado cierto camino en cuanto a la nueva forma de enfrentar la historia de Cuba, cuando compartí una cena inolvidable con Fernando en el restaurante El Versalles, origen de la amistad y colaboración que ahora se explican por sí misma.

De paso, como en los predios comunistas la norma es justificarse, las 'culpas mías' bien pueden caerle encima al emblemático restaurante y así sus acogedores salones responden por esto, por aquello y por lo que vendrá.

¿Por qué un libro de setecientas páginas, escrito por alguien que no es un profesional de la asignatura, puede cambiarle a un viejo profesor de marxismo su concepción de la historia?

La respuesta es tan sencilla como que un plátano es un plátano cuando lo pelamos y nos lo comemos, aunque a veces pudiera suceder un puñetazo frontal al estilo de Buzz Aldrin, el tenaz acompañante de Neil Armstrong en la primera aventura real de la humanidad sobre otro cuerpo celeste.

A sus 85 años, después de una condena a muerte por fusilamiento a los 23, capturado en Pinar del Río, registrando el honor histórico de ser el primer contra guerrillero frente a Fidel Castro, el largo peregrinar de Fernando-17 años- por cárceles cubanas; La Cabaña, Isla de Pinos y Villa Marista con "todo incluido", le califi an para develarnos la verdad de la banana hecha historia y de la contundente muñeca de un astronauta ofendido.

Advierto al lector que con tales antecedentes no se predisponga a una lectura dramática, porque Pruna Bertot se ocupa primero de contarnos en unas doscientas páginas las delicias de la vida, sin ni siquiera imaginar que hubiera lagartos capaces de robarle la felicidad a la gente, menos aún la tragedia por venir.

Lean y sabrán que no miento al decirles que existió una pequeña lagartija (Hemidactilus), bautizada Fidel.

Lejos de la fabulación o del símbolo, la anécdota cierra con broche de oro este libro excepcional, cuyo despliegue inicial es contarnos de un mundo feliz, esfumado de la noche a la mañana sin que hubiera una previsión posible.

La llamada Revolución cubana niega absolutamente al marxismo, especialmente la pretensión determinista de Carlos Marx, quien no pudo sustraerse a los afanes predictivos de la ciencia en tiempos victorianos, queriendo emular con Darwin en la ímproba tarea de hacer ingeniería social.

Al menos el inglés que provocara la réplica airada de José Martí a un ignorante cuando le dijo: ¡Ese hombre tiene en la frente una montaña!, fue más racional en sus ideas evolucionistas, fundadoras de la biología moderna.

Me explico:

Antes de enfrentar la ruda universidad de varias prisiones, donde no perdió el tiempo, incorporando el francés y el italiano a su vocabulario, Fernando recibió enseñanzas del más alto nivel académico en Maine y Massachusetts, de adolescente, y Nueva York como universitario en Columbia.

A los 23 años ganó un escaño de Representante a la Cámara de su país natal en las muy controvertidas, por fraudulentas, elecciones de 1958. Un diputado es un diputado, aunque tal vez se ruborice ahora, ya que tratamos con la verdad de la fruta descascarada, de la pulpa y de la semilla también.

La parte de su historia ahora disponible en nueva versión es una crónica tan habanera como las de Cabrera Infante, con el atractivo de la NO literatura, porque este amante irreverente y aventurero se ha concentrado en contarnos lo vivido sin otro adorno que no sea la vida misma, y les juro que para él aquella vida fue bella de verdad.

Fernando amó con todas sus fuerzas, literalmente muchas porque tenía dinero, físico y oportunidades. Conoció las mujeres más bonitas de su tiempo en la farándula, entre La Habana y Nueva York.

Denise Darcel, la misma de protagonista en el inmortal Veracruz junto a Sarita Montiel, ocupó una mesa junto a su hermana Helene en el Havana Yacht Club, un sitio cuya exclusividad jamás conquistó el dictador Batista, según se ha comentado, dado su origen campesino, entre indio y mulato.

Santos Traficante accedió a fiarle una mesa en el Sans Souci, mientras en El Monseñor, Bola de Nieve agradecía sus propinas con la sincera sonrisa de su dignidad.

Nunca satisfecho de sus galanterías, bailó con la sublime Ginger Rogers y paseó La Habana junto a Nidia Ríos, la top model cubana del momento, cuya imagen fue una creación del mismo Korda que convirtiera en ícono la mínima figura del Che Guevara.

Jamás le fueron ajenos El Tropicana y El Nacional en tiempos de Sinatra y Ava Gardner, hasta que llegaron los barbudos de la Sierra Maestra.

Parafraseando al célebre autor de El Viejo y el mar, por cierto, amigo de su familia, seis meses antes de entrar a capilla ardiente- lo habían encerrado en una caseta de troncos, esperando el fatídico pelotón, en las afueras de la ciudad de Pinar del Río -el "antes del después" de nuestro amigo bien podría titularse La Habana era una fiesta.

Y entonces trepó hasta lo alto de un cocotero el lagarto que llamarían Fidel.

Hay un mérito especial en revelarnos esa Habana encendida de las noches sin fin, donde el café Pilón valía tres centavos y los dólares de Estados Unidos llegaron a cambiarse a 98 centavos de un peso cubano.

La democracia andaba en problemas porque un guajiro habilidoso, de peculiar inteligencia natural, sin embargo, iletrado, irrumpió por segunda vez en el palacio presidencial, apoyado por el ejército y la policía.

Imaginen que, en 1940, cuando por vez primera aspiró a la presidencia por la vía electoral, después de gobernarla entre bambalinas siendo Jefe del Ejército, Fulgencio Zaldívar debió agregar el primer apellido, Batista, mediante una bien pagada operación notarial, debido a que, en su pobrísima cuna de Banes, al oriente cubano, solo contaba su madre.

El libro de Pruna Bertot agrega un notable acierto a sus vivencias, configurando a Fulgencio Batista Zaldívar, su época, desde la perspectiva fascinante y a la vez sencilla, nada simple, de quien le conoció tan de cerca como decirles que su padre era abogado financiero del general- presidente y su madre amiga personal.

La historia de Cuba, escrita por los comunistas, ha cercenado parte de la realidad con el objetivo de magnificar la epopeya de Fidel Castro. Es imposible entender al castrismo si no se conoce a fondo la personalidad de su oponente y la época en que estos hechos sucedieron.

Tome pues sus precauciones amigo lector, pues va a encontrarse con testimonios innegables, fuera de toda duda razonable, capaces de hinchar sus órbitas oculares. Al final es posible que asuma una conclusión similar a la mía: no es una contrahistoria, es la HISTORIA tal cual sucedieron los hechos.

El nuevo estado "socialista" creado en 1959, además de calcar el famoso manifiesto de Marx, publicado un siglo antes en la Europa que ni siquiera conocía los inventos de Tesla, nació de una farsa en el pleno sentido del término si de hechos históricos se trata y pretende eternizarse amplificando la falsedad sin límites.

Para quien no esté educado en la auto estima, la crónica habanera de Fernando Pruna Bertot induce a pecar por envidia. He escuchado la frase "sana envidia", bueno, pudiera aplicarse en su caso. Lo cierto es que las elucubraciones filosóficas cojean al explicar por qué aquel país pudo desaparecer de la mano de unos aventureros en tan poco tiempo.

Si hay explicaciones, debemos comenzar a encontrarlas leyendo libros como este.

Ex profeso, nada les cuento del texto, ni siquiera me permito citar a mi amigo el autor. Únicamente les sugiero hacerse muchas preguntas, por ejemplo: ¿Por qué los soldados rebeldes, con Fidel Castro al frente, corrieron a ocupar, sin pagar por supuesto, las lujosas habitaciones de los mejores hoteles capitalinos?

Y no dejen de averiguarlo, hubo un lagarto bautizado con el nombre de Fidel, el testimonio pertenece a este libro. Es una historia de amor por una bellísima mujer, donde nos encontraremos con un célebre actor estadounidense y una niña muy inteligente.

Casi es tan relevante esta anécdota que bien puede explicarnos la singularidad de la Revolución cubana, y de paso nos adentra en el próximo libro de Fernando, cuyas páginas contarán su largo avatar de lucha contra un proceso político que dejará una huella antropológica difícil de borrar en millones de seres humanos.

De tanto preguntarme, interrogué al autor, y como su respuesta no pertenece al libro, la reproduzco íntegramente, de colofón:

A tus 85 años, solo aspiro a la cruda verdad, ¿has llegado a odiar a los Castro?

"Vicente, te diré la verdad, decirte que odio a los Castro como un sentimiento personal de odio hacia ellos, yo no creo que sienta eso.

"Yo lo que siento es que los Castro han hecho un daño irreparable a nuestro país, un daño tan grande que quizás no se pueda curar en muchos años ese mal. Y por supuesto me gustaría desaparecerlos del mapa, más aún me gustaría que no hubiesen existido nunca jamás."

"Yo siento necesidad de políticas, pero no odios. No me caen bien, por supuesto, pero odio es una palabra que nunca ha formado parte de mi personalidad. Yo creo que yo no siento odio por nada, ni por nadie."

Vicente Morín Aguado, Miami, 15 de enero de 2021.

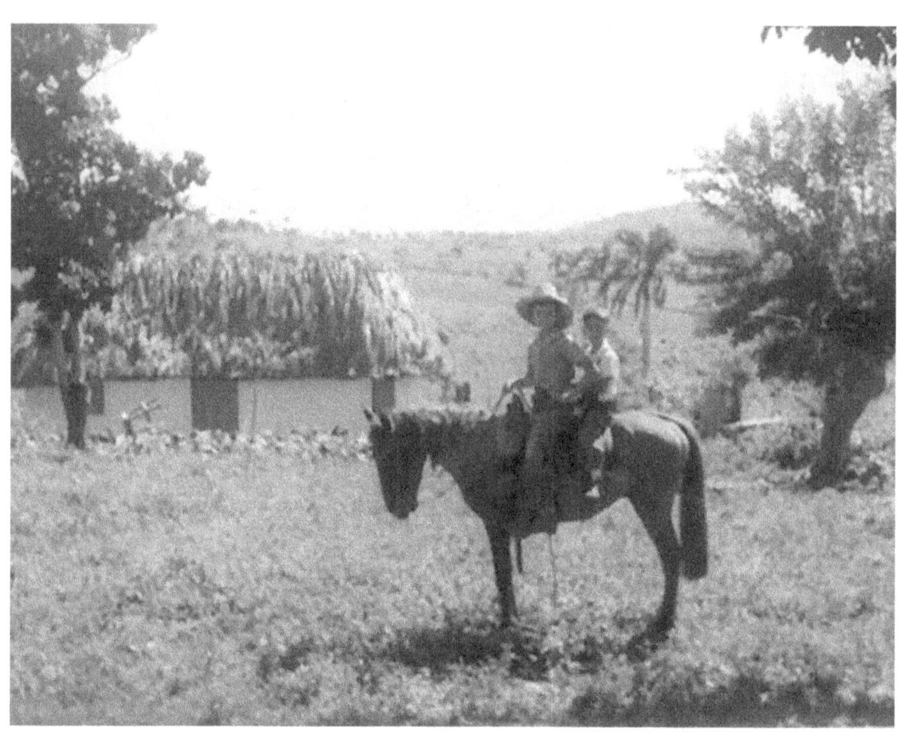

Ilustración 1 Fernando y Andres Pruna en la Finca Bellavista. Hacia 1945

1

LOS AÑOS QUE VIVÍ EN MI CUBA LIBRE

"Esta es la tierra más hermosa que ojos humanos hayan visto".
Cristóbal Colón
29 de octubre de 1492, al desembarcar en Bariay, en la provincia
de Oriente, Cuba

Finca Bellavista en Nazareno, San José de las Lajas, La Habana, Cuba, 1945

—¡Ven, Fernando, sube a la silla!

En la mañana soleada de aquel bello día, el niño se subió al caballo con agilidad y su hermano montó detrás de él. Entonces, ambos miraron a la cámara con orgullo, listos para la foto.

Las vacaciones siempre eran los días benditos del calendario. Eran los días de construir castillos de arena en la playa antes de sumergirse en las aguas azul turquesa del mar Caribe y bucear entre los peces de colores que formaban hermosos diseños bajo el agua. En esos días, también jugaban a la guerra e inventaban feroces batallas entre indios y vaqueros. Se arrastraban y se escondían en cuevas para tenderles emboscadas a los amigos, que ahora eran el enemigo, y los sorprendían con sus pistolas de plástico. El enemigo bajaba las armas y se rendía. Los neutralizaban y los hacían prisioneros. Los interrogaban. Gozaban de lo lindo negociando su liberación después de amenazar con matarlos... de mentiritas. Y de pronto, se acababa el juego. La guerra y la muerte eran tan divertidas... a la hora de jugar. Entonces, todos volvían a ser amigos. El enemigo era liberado y todos corrían a la casa, donde les esperaba una merienda colosal destinada a satisfacer los estómagos hambrientos de los bravos guerreros. Las risas infantiles resonaban en toda la casa y el delicioso aroma de la carne asada a la parrilla les producía un cosquilleo en la nariz. Vivir en Cuba era maravilloso.

Ilustración 2 Fernando Pruna foto tomada por su padre, el Dr. Pruna. Hacia 1945.

Mi nombre es Fernando Pruna Bertot y nací en La Habana, el 19 de noviembre de 1935. Mi padre, el Doctor Fernando Pruna Blanco, era abogado[1] y la mayoría de sus clientes eran miembros de las familias más opulentas del país, que le confiaban la protección de sus intereses financieros más valiosos.

Mi madre, Carolina Bertot Ortiz[2], por otra parte, tenía un alto compromiso social e intentaba ayudar a los pobres y los más necesitados de la sociedad. Era toda una militante. Hacía cuanto estaba a su alcance para expandir la alfabetización y las enseñanzas morales. Como devota católica, creía fervientemente en las enseñanzas de la Iglesia.

Vivía en una casa muy cómoda con mis padres, mi hermano menor, Andy, y la institutriz que nos había cuidado desde nuestro nacimiento. Cuando no estábamos en nuestra casa del campo, vivíamos en un apartamento amplio y muy confortable, que ocupaba todo el piso 17 de un imponente edificio[3] frente al Malecón de La Habana y ofrecía una espléndida vista del mar y de la ciudad.

Mi padre solía sostener animadas discusiones sobre política con el escritor Ernest Hemingway en el Bar Floridita. Éramos amigos de un vecino de Hemingway, que tenía una casa en San Francisco de Paula, un área rural de La Habana. Su nombre era Frank Steinhart y siempre que lo visitábamos terminaba llevándonos a la casa de Hemingway más tarde. Sobre mi padre, debo decir que era mi mejor amigo en el mundo y yo simplemente lo adoraba.

---

[1] Fernando Pruna Blanco (Nacido: 23 de agosto de 1905, La Habana, Cuba, Fallecimiento: 3 de noviembre de 1993, Miami, Florida, Estados Unidos), hijo de Manuel Pruna Latté y María del Carmen Blanco. Obtuvo su Doctorado en Derecho Civil en la Universidad de La Habana, egresando el 30 de abril de 1930.
[2] Carolina (Carola) Bertot Ortiz (Nacida: 01 de enero 1907, Manzanillo, Oriente, Cuba, Fallecimiento: 27 de Agosto 1997, Miami, Florida, Estados Unidos) hija de Walterio Bertot Céspedes y Clotilde Ortiz Jimenez.
[3] Edificio Someillan, Calle O número 2, El Vedado, La Habana, Cuba.

De niño, tenía una vida feliz y mis amigos en Cuba, pero me vi obligado a dejarlo todo abruptamente para prepararme para el futuro. Mis padres querían que fuera a las mejores escuelas para forjarme un porvenir brillante y tener tanto éxito como mi padre. Para ello, necesitaba hablar un perfecto inglés que me permitiera trabajar con nuestros amigos americanos. Tenía once años cuando mi padre me informó que muy pronto partiría de casa. Dejaría mi tierra natal como un adulto. Mi padre me explicó que iba a vivir en los Estados Unidos, en la escuela más prestigiosa que pudiera imaginarme. Sus palabras me aterraron.

– ¿Dónde está esa escuela? – preguntó el niño, preso de la inquietud y la aprensión, pero también de la curiosidad, por encontrarse en unas tierras vastas y desconocidas que parecían tan lejanas de su universo.

– En los Estados Unidos, en la parte norte – respondió su padre. – Saca el mayor provecho de estas vacaciones, mientras llega el momento de partir.

Su educación había empezado en La Habana, específicamente en la esquina de San Rafael y Manrique, dos calles del centro de la ciudad. Allí se encontraba la Escuela Católica Pía. Al principio, hubo algunas irregularidades en su educación ya que sus padres comprendieron, con el tiempo, que había comenzado los estudios demasiado pronto. Era tan pequeño cuando su madre lo envió a la escuela que en cuanto terminó el kindergarten, sus padres decidieron sacarlo durante más de un año, hasta que fuera mayor. Mientras, su madre lo enseñó a leer y a escribir en casa. Entonces, reinició los estudios por las vías formales, pero esta vez en la zona del Vedado de La Habana, en la Escuela Cristóbal Colón[4], conocida como la antigua Escuela Alemana. El nombre cambió durante la

---

[4] Colombus School.

Segunda Guerra Mundial, por razones políticas obvias. En esta escuela permaneció hasta que terminó el tercer grado y luego fue a la Academia Ruston[5], que estaba relativamente cerca. Allí solo cursó el cuarto grado, porque para entonces sus padres ya habían tomado la decisión de enviarlo a los Estados Unidos a continuar sus estudios.

Cuando tenía unos tres o cuatro años y aún asistía a la Escuela Católica Pía[6], tuve la primera pincelada de peligro en mi vida y pudo haber sido la última. Estaba todavía en el Kindergarten y las clases terminaban alrededor de la hora de almuerzo. A esa hora nos llevaban a un amplio vestíbulo en la entrada del edificio donde nos recogía un miembro de la familia o alguien del personal que trabajaba en la casa, a quien se le confiara aquella responsabilidad. A aquella hora, la confusión y el bullicio se apoderaban del vestíbulo repleto de niños y de padres que venían a buscarnos. Usualmente, me recogía Velia, que era como una segunda madre para mí. Pero esta vez, una señora negra y bastante mayor, vino hacia mí y me dijo que mi madre la había enviado a buscarme. En la ingenuidad propia de mi edad, no tuve la menor duda de que esta era simplemente otra señora que trabajaba en casa, así es que le dije al cura que estaba a cargo, el Padre Luis, que probablemente estaría abrumado por la multitud, que ya habían venido a recogerme y él contestó:

— Está bien, hijo, nos vemos mañana.

Salí de la escuela con aquella señora a la que no había visto nunca y empecé a charlar con ella mientras bajábamos por la calle Manrique hasta mi casa, que estaba a solo unas cuadras. En la esquina, a poca distancia de la escuela, había una tienda de

---

[5] Ruston Academu
[6] Escuelas Pías de la Habana

golosinas. Me quedé mirando los dulces que estaban en exhibición y le pregunté a la señora si podía comprarme unos bomboncitos cuadrados de chocolate que me encantaban. La señora dijo que sí, compró algunos y me los dio con gusto. Estaba encantado porque Velia jamás me habría permitido comer chocolate antes del almuerzo. Yo era un parlanchín y ahora que la señora me había comprado chocolate seguí hablando con ella sin parar. Me sorprendí cuando, un par de cuadras más adelante, me pidió indicaciones precisas para llegar a la casa. También me hizo otras preguntas, principalmente sobre mi familia, y yo respondí lo mejor que pude, sin pensar ni por un momento que había algo raro en todo aquello.

No tenía la menor conciencia del inminente peligro en que me encontraba, por supuesto. En aquella época, en Cuba se contaban de vez en cuando historias de niños que eran secuestrados para ser sacrificados según los ritos de algunas religiones y sectas africanas. Probablemente, más que historias reales eran una forma de asustar a los niños para lograr que fueran obedientes. Sin embargo, sí se llevaban a cabo secuestros y luego se pedía un rescate. Esto sí era un motivo para preocuparse.

Ahora, al mirar atrás y recordar el incidente, puedo asegurar que que aquella señora mayor, tan dulce y tan amable, en realidad me había secuestrado, aunque nunca sabré el verdadero motivo. Pero lo que nunca entenderé es por qué cambió de idea acerca de terminar de llevar a cabo el secuestro. La verdad es que me tenía en su poder y le habría sido muy fácil hacerlo. Creo que quizás el hecho de haberme mantenido conversando con ella durante todo el camino, de alguna forma la disuadió. Lo cierto es que no puedo saber con absoluta seguridad qué la hizo desistir. Yo continuaba guiándola, literalmente, a mi casa, hasta que llegamos a la bodega que quedaba en la esquina de donde vivía. Estábamos a solo media cuadra del enorme apartamento de la calle Campanario, donde vivíamos entonces.

Le señalé la casa y ella solo dijo:

– Ve. Yo todavía tengo algunos mandados que hacer, así es que nos vemos más tarde.

Corrí alegremente a nuestro edificio y una vez allí, subí corriendo los tres pisos que me separaban de nuestro apartamento y golpeé la puerta. Mi madre abrió y al verme, se puso como loca. Velia había ido a recogerme y había regresado a casa sin mí. El cura le había dicho que me había ido con una nueva criada. A mi madre casi le había dado un infarto. Cuando le expliqué quién me había traído a casa no podía creerlo.

La verdad es que nunca he olvidado aquel incidente. Me pregunto qué habrá pasado por la mente de la señora, que la hizo abandonar sus intenciones y dejarme en casa. ¿Qué pude haberle dicho, mientras hablaba con ella sin parar, para que desistiera de sus planes? Pero, sobre todo, qué la motivó a recogerme en la escuela, en primer lugar; la verdad es que ella no tenía la menor idea de quién era yo. Nunca más volví a verla. Creo que, si mi madre necesitaba otro motivo para sacarme de la escuela, aquel suceso fue la gota que colmó el vaso. Durante poco más de un año no asistí al colegio.

Aquellos años de estudios en Cuba fueron muy agradables, no solo porque regresaba a casa cada día y disfrutaba del calor de su hogar y de la deliciosa comida de Velia, sino porque fue en esos años que aprendió a jugar béisbol y, además, recibió lecciones de equitación de un reconocido entrenador español, experto en salto ecuestre, de apellido Solís. Los estudiantes le llamaban, respetuosamente, Profesor Solís.

Al principio, montaba en un establo ubicado en Miramar y luego empezó a hacerlo en el Club de Palatino, que contaba con excelentes instalaciones para practicar equitación. En este deporte, llegó a dominar el salto de obstáculos, una disciplina ecuestre que consiste en un evento sincronizado en el que los jueces evalúan la capacidad de caballo y jinete de saltar una serie de obstáculos en una secuencia. Estaba entrenando para competir e integrar el equipo ecuestre de Cuba, cuando llegó el momento de abandonar el país. Fernando amaba los caballos y solía montar en la Finca Desamparado, que era propiedad de su abuela Clotilde Ortiz y estaba ubicada en Jibacoa. También lo hacía en la Finca Bellavista, propiedad de sus padres, cerca del pueblo Nazareno. Las dos fincas estaban en la Provincia de La Habana. Uno de los caballos que solía montar, su favorito, de hecho, era un hermoso ejemplar de palomino llamado Relámpago. Había sido un regalo de su Padrino de Confirmación, Francisco Flores de Apodaca Unanue, que era el dueño del Central Carolina en Jovellanos, Matanzas, y un íntimo amigo del Doctor Pruna.

Ilustración 3 La familia en la Finca Bellavista con Relámpago.

Cuando el Doctor Pruna decidió enviar a Fernando a estudiar en los Estados Unidos, les pidió consejo a sus amigos americanos, Barron Otis y Werner Bruchlos. La conversación con este último le fue de mucha utilidad. Estaba casado con Ellen Otis y habían enviado a su hijo mayor, Barron, a la escuela Eaglebrook. Así es que fue allí a dónde el Doctor Pruna finalmente envió a su hijo. Eaglebrook era un colegio internado para varones ultra exclusivo, que estaba ubicado al pie de la Sierra de Pocumtuck, en Deerfield, Massachusetts. Su objetivo era proporcionarle a su hijo la mejor educación posible. Quería que experimentara el modo de vida y la cultura norteamericanos. El magnífico ambiente natural que rodeaba el internado propiciaba el aprendizaje, el desarrollo de aficiones artísticas y la práctica de deportes. Fue justo aquí donde Fernando aprendió a esquiar, ya que la escuela poseía su propia estación de esquí. Pero más importante aún es que en Eaglebrook, Fernando tuvo excelentes profesores y cultivó amistades duraderas.

Mi primera Navidad en los Estados Unidos la pasé en la casa de los Bruchlos. Tenían un enorme apartamento[7] de dos pisos en Nueva York. Los ayudé a decorar el árbol que era gigantesco, con una altura de dos pisos. Yo tenía 12 años, los había cumplido en noviembre. El día de Navidad comenzó a nevar. Era la primera vez que veía la nieve cayendo del cielo y no fue una nevada cualquiera. Aquella primera nevada de mi vida ahora se conoce como La Gran Tormenta de Nieve de 1947, porque fue un hecho sin precedentes e implantó un récord al durar desde el día de Navidad hasta el 26 de diciembre. En el Parque Central de Manhattan, la nieve alcanzó una altura de 67,056 centímetros. Yo estaba sencillamente encantado.

El día de Navidad recibí tantos regalos como los hijos de los Bruchlos, Barron y Hugh. Los dos hermanos se hicieron buenos amigos míos. Pasé tres semanas de vacaciones espectaculares en su casa y fue una de las celebraciones de Navidad más hermosas que recuerdo en toda mi vida.

Desgraciadamente, los dos hermanos tuvieron finales prematuros, inesperados y trágicos. Barron era un individuo brillante, que además poseía una memoria fotográfica. Podía leer una página

---

[7] La dirección del apartamento era el número 257 de la Calle 86 oeste. (257 West 86 Street, NYC)

completa de un libro y luego recitarla sin necesidad de volver a mirarlo ni una sola vez. Pero se dejó atrapar por los vicios del juego y las drogas. Tenía una tienda de comestibles en Greenwich Village, en la ciudad de Nueva York, que le servía de fachada para un negocio de juego ilícito de cartas. El 6 de diciembre de 1960, apareció muerto en el cuarto de atrás. Había sido asfixiado. Su padre intentó incansablemente de hallar al asesino, pero nunca se procesó a nadie. Barron tenía 28 años cuando lo asesinaron.

Su hermano Hugh, que era aproximadamente de mi edad, murió en un accidente el 14 de septiembre de 1963. Su novia y él volvían a casa desde la escuela en carro. Ella iba al volante. Era de noche y nevaba mucho. El vehículo resbaló y se salió de la carretera. La puerta del pasajero se abrió y Hugh salió disparado del carro y fue a dar contra el tronco de un árbol. Murió al instante.

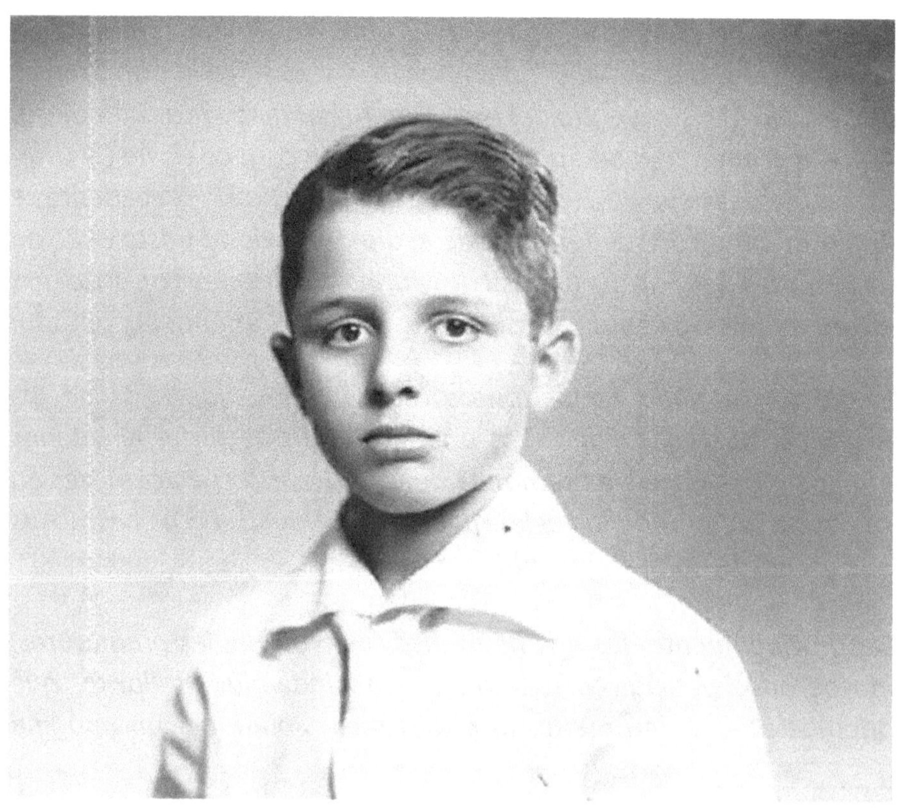

Ilustración 4 Primera Comunión, Fernando a los 9 años.

Siempre me ha intrigado y desconcertado la forma en que la familia Bruchlos desapareció de la faz de la tierra, en apenas unos años. El destino es algo asombroso. Cómo puede borrar la existencia de cualquiera en cuestión de minutos. De absolutamente cualquiera: gente rica, famosa, pudiente. Nadie está exento.

Ilustración 5   El Dr. Pruna lleva a su hijo a la escuela Eaglebrook. Deerfield, MA Otoño 1947.

En Eaglebrook, Fernando se entregó a dos de sus pasiones: la música y los deportes. Le apasionaba el jazz y formó una pequeña banda de músicos que tocaba en las tertulias que se organizaban en la escuela. Su amigo Peter Duchin[8], tocaba el piano y él lo acompañaba con la trompeta. Aunque hacía poco tiempo que había visto la nieve por primera vez, Fernando se convirtió en un esquiador excelente y compitió con éxito en múltiples eventos, en los que obtuvo premios y reconocimientos. También integró los equipos de béisbol y fútbol[9].

Durante los cinco años que estudió en Eaglebrook, desde el quinto grado hasta que se graduó de noveno, en 1952, aprendió a hablar y escribir inglés tan bien que incluso publicaba artículos en el periódico de la escuela, *The Hearth* (La chimenea). Pero lo más importante fue que hizo amigos para toda la vida[10].

Un viaje inesperado

Eran los primeros días de junio; para ser más exacto era el día que marcaba el fin de las clases en Eaglebrook y el inicio de las vacaciones de verano, y ese año, 1948, me trajo además una muy grata sorpresa: la llegada de mi madre, mi padre y mi hermano Andrés, a quien siempre he llamado Andy. Yo tenía entonces 12 años y él 7. Mi padre había decidido hacerun viaje por todos los Estados Unidosenautomóvil. Había enviado su sedán De Soto de cuatro puertas de 1948, desde La Habana hasta Cayo Hueso en ferry. Mi madre, mi hermano y mi padre viajaron en el mismo

---

[8] Peter Duchin se convirtió en un famoso pianista y director de orquesta igual que su padre, el pianista Eddy Duchin, famoso a nivel internacional.

[9] Junto a sus buenos amigos, Claudio Néstor Castillo (Mexicano) y Pablo Espinal (Venezolano) formaron un trio delatero formidable jugando futbol (soccer).

[10] Entre las amistades de esa época, que duraron a lo largo de toda su vida, estaban Michael "Mike" Robert Etarchy, Gardner "Pat" Cowles III, Perry Lewis, Eduard Lansing "Lanny" Ray, Andrew "Andy" Burden, Bill Echols, Jerry Crevier, Neil Devine, y muchos otros.

barco y al llegar a Cayo Hueso se montaron en el carro para conducir hasta Deerfield, Massachusetts, y llegar a tiempo para mi último día de clases. Me había fracturado un codo jugando béisbol y me encontraron con el brazo enyesado y apoyado en un cabestrillo que me colgaba del cuello. Mi padre me informó que su plan para mis vacaciones de verano era mostrarnos los Estados Unidos de América y eso hizo. Si no recuerdo mal, es lo que su padre había hecho cuando él estudiaba en la secundaria Horace Mann en el Bronx, Nueva York.

Regresamos a Nueva York, donde pasamos algunos días y visitamos Coney Island. Desde allí, comenzamos lo que me pareció un viaje interminable. El plan era cruzar el país, trazando una línea diagonal de Nueva York hasta San Diego, en California. Desde San Diego tomamos rumbo norte hacia Los Ángeles, donde permanecimos una semana más o menos para descansar un poco de la carretera. Desde Los Ángeles fuimos hasta la Isla de Vancouver en Canadá y hubiéramos llegado a Alaska como pretendía mi padre, pero le dijeron que la carretera no estaba en buenas condiciones. Además, corríamos el riesgo de no regresar a tiempo para el reinicio de mis clases, que era a mediados de agosto. La última parte del viaje nos llevó de Seattle, Washington a Nueva York, donde tome el tren en la estación Grand Central de regreso a Deerfield con un grupo de estudiantes de Eaglebrook. Mi padre, mi madre y mi hermano Andy regresaron a Cayo Hueso y allí tomaron el ferry de regreso a Cuba.

El viaje duró más de dos meses, desde principios de junio hasta mediados de agosto de 1948, lo que de acuerdo a la cuenta que sacó mi madre fueron veintisiete mil millas. Sólo condujimos por las carreteras interestatales; aún no existía el lujo de las autopistas y las vías rápidas. Las carreteras interestatales eran algo del futuro para ese entonces. Visitamos todos los parques nacionales famosos que encontramos por el camino. Cruzamos el desierto de Arizona, vimos el Gran Cañón y el Bosque Petrificado, fuimos a la Presa Hoover y, en California, al Yosemite y al Parque Nacional Sequoia. Por supuesto, visitamos Yellowstone, el Monte de Santa Helena, la Presa Grand Coulee, el Lago del Cráter e infinidad de lugares que ahora no recuerdo. Sorprendentemente, algunos recuerdos destacan con nitidez sobre otros que ahora lucen borrosos, y permanecen anclados en mi mente. Me quitaron el yeso en Los Ángeles y no pude estirar el brazo durante varios meses. En Eaglebrook, el Doctor Loew me había dicho que no me preocupara, que comenzaría a estirarse por sí solo. Recuerdo que, durante el viaje, la gasolina costaba apenas 11 centavos el galón y una Coca Cola, solo cinco. A mi hermano y a mí nos costaba trabajo permanecer dentro del carro por tanto tiempo, perohoy, al mirar atrás, piensoquenocambiaría aquella experiencia por nada en el mundo. Fue el viaje más educativo que he hecho en toda mi vida. También me hizo ver y comprender toda la grandeza de este gran país, los Estados Unidos de América.

El recuerdo más emocionante que tengo es que nuestro carro tenía placa de Cuba y eso provocaba mucha curiosidad donde quiera que íbamos. La gente era amistosa, pero se quedaban atónitos cuando veían la identificación del auto.

– ¿De dónde son ustedes? ¿De Cuba? ¿Qué significa eso? – preguntaban.

El hecho de ser cubanos nos hizo conocer a mucha gente. En 1948, decirle a la mayoría de la gente en los Estados Unidos que éramos de Cuba era cómo decir que éramos de Marte o algo parecido.

El rector de Eaglebrook era Thurston Chase, un individuo muy poco expresivo que, sin embargo, le hizo un comentario inesperado a mi padre:

– Doctor Pruna, mis felicitaciones. Les ha brindado a sus hijos el viaje más educativo que podrían haber hecho. Nunca lo olvidarán. El rector tuvo razón.

Tras graduarse del internado Eaglebrook, Fernando asistió a la Academia Hebron, una escuela preparatoria en Hebron, Maine. Sus miles de acres de tierra, sus montañas, sus lagos y sus bosques lo convertían en el escenario ideal para explorar y esquiar. No le tomó mucho tiempo destacarse en los deportes. En la Academia Hebron, uno tenía que sobresalir en todas las disciplinas deportivas que se practicaban allí, si aspiraba a participar en las competencias inter escolares de Nueva Inglaterra. Por tanto, Fernando compitió con éxito en los torneos de esquí. Sus compañeros no solo lo apoyaban y lo admiraban, sino que no podían ocultar su asombro:

– ¡Guao! En Cuba no hay nieve y este cubano esquía como si hubiese nacido sobre los esquíes. ¡Es increíble! – decían sus compañeros americanos.

Pero no siempre fui un esquiador heroico que ganaba todos los eventos. Una vez, celebramos una competencia de slalom en un encuentro con la secundaria Lewiston[11], en su propia colina de esquí. Lewiston tenía recursos limitados, así es que, en vez de usar palos de bambú para marcar las salidas y el resto del recorrido en la competencia, usaban postes hechos de árboles que habían cortado para la ocasión. Por supuesto, cada poste tenía una banderita ondeando en la punta.
La pendiente estaba helada y bastante resbalosa debido a que el día anterior había estado lloviznando y esto dificultaba muchísimo las maniobras de esquí. Cuando llegó mi turno, me sentía seguro y competente, pero perdí totalmente el control y en vez de atravesar las dos últimas salidas, pasé casi a horcajadas sobre los postes y los derribé todos. Cuatro postes con sus respectivas banderitas pasaron entre mis piernas atal velocidad que estaba seguro de haberme quedado castrado. El dolor era insoportable

---

[11] Lewiston Highschool, en Lewiston, Maine.

y grité cuando finalmente caí acurrucado sobre la nieve. Fue un momento muy embarazoso, porque había muchísima gente mirando la competencia, entre ellos la mayoría de los muchachos y las muchachas de la secundaria Lewiston. Todo lo que recuerdo es que alcé la vista y vi que la mayoría de los varones se reía del incidente. Sin embargo, las chicas cambiaron la vista; literalmente, se volvieron con un tímido respeto, para no ver mi estado lamentable... A pesar del dolor y de la situación en que estaba, me sentía impresionado. Aquellas muchachas tenían mucha clase.

Ilustración 6 Esquiando en la Academia Hebron. Fernando (a la derecha)

Desde el principio, Fernando hizo gala de iniciativa y liderazgo. Le gustaba intentarlo todo. Se involucró en varias actividades de la escuela. Cuando uno tiene dones para el deporte, no hay nada más placentero que destacarse también en otras disciplinas. Su pasión por escribir lo llevó a ser el editor literario del periódico de la escuela, *The Hebronian,* durante dos años consecutivos. También era el presidente del Coro de la Escuela y del Club del Disco, y era miembro de la Banda Escolar, en la que tocaba la primera trompeta. Creó, además, una banda de jazz y tocaba en los bailes de la escuela. Le puso por nombre *The Sans Soucis* (Los despreocupados).

Ilustración 7 Los "Sans Souci" en un baile en la Academia Hebron. Hacia 1955.

Mientras estaba en Hebron, también cultivó amistades duraderas, especialmente con el Rector de la escuela, el señor Claude L. Allen, un reconocido educador y un ser humano excepcional, que siempre se preocupó por la vida y el destino de Fernando.

Fue también durante estos años que Fernando descubrió otra pasión que lo fascinó a lo largo de su vida: las mujeres hermosas.

En la cima de su lista estaba la muy especial y enormemente atractiva Sandra Branson, una joven nacida en Maine, que estudiaba en un colegio privado solo para chicas, cerca de Hebron. Fernando nunca la olvidó.

Sandra Branson era una muchacha encantadora y muy atractiva de Portland, en Maine. Era la hija de un cirujano muy conocido y respetado. La conocí en uno de nuestros bailes escolares con la escuela Wayneflete de Portland, que en aquel entonces era un colegio principalmente para chicas. La Academia Hebron organizaba un par de bailes anuales con ellos. Las visitábamos una vez y luego ellas nos visitaban a nosotros. Y eso era todo. No veíamos chicas con mucha frecuencia en Hebron.

Esta chica en particular, Sandra, no solo resultó ser atractiva en extremo, sino, además muy valiente, un espíritu libre. Me encantó desde el primer momento.

Un fin de semana en que mi mejor amigo, Mike[12], y yo estábamos practicando el salto largo y la impulsión de la bala, vimos un auto detenerse junto al terreno de juego y de él bajó una chica que nos hizo señas. Era Sandra con una amiga, cuyo nombre no recuerdo.

– Vengo a visitarte – me dijo con la mayor naturalidad. - ¿Te parece bien?

Por supuesto que Mike y yo estábamos más que encantados con aquella visita sorpresa y después de charlar un poco, las muchachas nos invitaron a dar un paseo. Eso iba contra las reglas de la escuela, lo que no impidió que unos minutos después estuviéramos explorando el campo con aquellas dos, encantados. Mike y yo sabíamos que habíamos sobrepasado los límites completamente, pero este era un viaje sin regreso.

Sin entrar en detalles, porque sería impropio de un caballero, diré solamente que nos hicimos muy íntimos y empecé a llamarla Sandy. Las visitas de los fines de semana continuaron a un ritmo acelerado. Fue hermoso e inolvidable.

Ese año, Sandy se fue de Wayneflete y empezó a asistir a otra escuela privada para chicas en Vassalboro, también en Maine. La escuela Oak Grove era una escuela exclusiva, y tenía una rectora

---

[12] Mike Estachy

muy estricta y muy conocida, la señora Owens. La nueva escuela marcó el final de las visitas los fines de semana.

La Academia Hebron también organizaba un par de bailes al año con la Oak Grove, y Sandy y yo pudimos socializar durante aquellos bailes, además de escribirnos.

El día de mi graduación, en junio de 1955, Sandy Branson, que ya estaba de vacaciones, organizó una visita a Hebron. Condujo hasta la escuela desde Portland y pasamos el día juntos. Al final del día nos dijimos un romántico adiós y me pregunté si alguna vez volvería a verla. Ella regresó a Portland y yo a Cuba.

Un año más tarde, estando en La Habana, recibí una llamada en casa. Era Sandy. Estaba de vacaciones en Cuba con sus padres. Nos encontramos y fuimos a la playa y a navegar en el Habana Yacht Club. Fue un hermoso encuentro, aunque las horas navegando bajo el ardiente sol cubano le produjeron quemaduras en la piel. Su padre se enojó muchísimo y me sentí terriblemente mal.

Entonces nos separamos y nunca más volvimos a vernos. Mi vida dio un giro de ciento ochenta grados.

Por alguna extraña razón, nunca he olvidado a esta joven excepcional. A lo largo de los años, la he llevado en mi mente y en mi corazón. Seguramente, en nuestra relación había una química mágica y misteriosa que ha sobrevivido al tiempo y a la distancia[13].

Cuando recuerdo mis años de estudiante en Eaglebrook y luego en la Academia Hebron, siento que aquellos fueron algunos de

---

[13] Cuando regresó a los Estados Unidos, muchas décadas más tarde, Fernando intentó y consiguió comunicarse con Sandy. Ella aún vive en Maine y tiene una adorable familia. Le habían dicho que a Fernando lo habían matado en Cuba y ella pensaba que Fernando había muerto años atrás. Aún se comunican de vez en cuando y siguen siendo amigos.

los años más hermosos de mi vida. Les agradezco profundamente a mi madre y a mi padre por haberme dado la oportunidad de estudiar en unas instituciones educacionales tan maravillosas. También les estoy agradecido a aquellos brillantes profesores que se esforzaron tanto por proporcionarme una educación completa. Puedo decir que he sido feliz y muy afortunado al haber podido cultivar amistades que han durado a lo largo de toda mi vida.

Ilustración 8 **EL PRESIDENTE Y EL GENERAL: FULGENCIO BATISTA ZALDIVAR**

2

NUESTRO "DOBLE PRESIDENTE" FULGENCIO BATISTA Y ZALDÍVAR

"Salud, Salud, Salud."
Las tres palabras con las que Fulgencio Batista terminaba sus discursos.
Un poco de la historia política de Cuba

Conozco muy bien la historia de nuestro "doble presidente" Fulgencio Batista. Es lógico, ya que mi padre, el Doctor Pruna, era un abogado que se movía en las altas esferas del gobierno y representó diversos intereses del propio presidente y otras figuras políticas prominentes de la época, durante varios años.

Rubén Fulgencio Batista y Zaldívar[14] era, sobre todas las cosas, un hombre singularmente inteligente, autodidacta, que eventualmente llegó a alcanzar el grado de General y a convertirse en presidente de Cuba. Había nacido a principios del siglo veinte y tenía un origen humilde de campesino. A los veinte años, decidió enrolarse en el ejército y hacer una carrera militar. A principios de los años treinta, cuando era solo sargento, Batista se encontró por primera vez en medio de un embrollo político: fue el principal instigador de la rebelión que más tarde sería conocida como "La revuelta de los sargentos". Un grupo de miembros del ejército llevó a cabo una protesta por sus difíciles condiciones de

---

[14] Fulgencio Batista y Zaldívar (Nacido el 16 de enero de 1901, Cuba – muerto el 6 de agosto de 1973, Marbella, España)

trabajo y, especialmente, por sus bajos salarios. Así llegó Batista al poder por primera vez, conspiró y ayudó a derrocar al gobierno del dictador Gerardo Machado y Moralesi, que había gobernado Cuba con mano de hierro por años. El presidente Machado fue reemplazado por Carlos Manuel de Céspedesii y Quesada, a quien Batista obligó también a renunciar. Fue la época del juego de las sillas musicales. La gente lo llamaba así porque en cuanto alguien posaba sus asentaderas en la silla presidencial, venía otro y lo hacía caer de la silla para ocupar el trono. Eran los tiempos en que los "amigos" te clavaban un cuchillo en la espalda para reemplazarte en el poder.

Con su primer golpe de estado, que ejecutó el 4 de septi de 1933[15], Bati ta introdujo la infl ncia del ejército en el poder políti o del gobierno y se convirti en un aliado leal de los Estados Unidos. Cuba era gobernada entonces por la llamada Pentarquía de 1933[16]. Cinco

---

[15] El golpe depuso a Carlos Manuel de Céspedes y Quesada como presidente, instalando un nuevo gobierno encabezado por una coalición de cinco hombres, conocida como la Pentarquía de 1933. Después de solo cinco días, la Pentarquía dio paso a la presidencia de Ramón Grau, cuyo mandato es conocido como el Gobierno de los Cien Días. El líder de la revuelta, el sargento Fulgencio Bati ta, se convirti en el jefe de las fuerzas armadas y comenzó un largo período de infl ncia en la políti a cubana.

[16] La incapacidad de la Pentarquía para gobernar el país se hizo evidente de inmediato. El grupo carecía no solo del apoyo de los distintos partidos y agrupaciones políticas, sino también de Estados Unidos. La administración de Roosevelt, sorprendida y confundida por los hechos ocurridos en la isla, se negó a reconocer al gobierno de cinco hombres y se apresuró a enviar embarcaciones de guerra a aguas cubanas. Cuando un miembro de la Pentarquía ascendió al sargento Batista al rango de coronel sin la aprobación requerida de los otros cuatro, otro miembro renunció y el régimen colapsó. En una reunión con Batista y el ejército el 10 de septiembre de 1933, el Directorio, con el consentimiento de Batista, designó al Dr. Ramón Grau San Martín como presidente provisional. La Pentarquía de 1933, formalmente conocida como la Comisión Ejecutiva del Gobierno Provisional de Cuba, fue una coalición que gobernó Cuba del 5 al 10 de septiembre de 1933 luego de que Gerardo Machado fuera depuesto el 12 de agosto de 1933.

hombres gobernaban el país. Aunque Bati ta no era uno de ellos, se colocó a la cabeza de una Junta Militar que, incluso sin contar con la presidencia, movía los hilos del poder en el país y mantenía a varios presidentes, dicho en buen cubano, "al corti o". Bati ta contaba con la aprobación del Tío Sam, que consideraba esta situación como la ideal para desarrollar y expandir los intereses de los Estados Unidos en Cuba. De 1933 a 1939, se mantuvo al frente del ejército y fue ascendido de sargento a coronel.

En 1940, Batista se postuló para la presidencia en unas elecciones nacionales libres y honestas, y obtuvo la victoria en las urnas. Tras gobernar durante cuatro años, en 1944 se postuló de nuevo, pero perdió ante el candidato que había derrotado cuatro años antes, su adversario político por largo tiempo, Ramón Grau San Martín.

Tras la derrota, Batista decidió abandonar Cuba y vivir algunos años en el exilio, en los Estados Unidos[17], hasta finales de los años cuarenta, ya que fue electo senador "en ausencia", en las elecciones cubanas de 1948 y regresó victorioso al país.

El 10 de marzo de 1952, pocos meses antes de las siguientes elecciones presidenciales, hizo uso de sus conexiones dentro de las fuerzas armadas de Cuba y golpeó de nuevo. Con el apoyo del ejército, llevó a cabo un golpe de estado, derrocó al presidente constitucional y se reinstaló en la presidencia de Cuba. El presidente del país en el momento, Carlos Prío Socarrás, escapó apresuradamente de Cuba, y Bati ta enseguida comenzó a preparar nuevas elecciones, que tendrían lugar en dos años a parti del golpe.

Las elecciones cubanas de 1954 se realizaron el 1ro de noviembre de ese año. Fulgencio Bati ta fue electo presidente de la República de Cuba para el período 1955-1959. Su oponente, el expresidente

---

[17] Batista compró una casa en Daytona Beach, Florida, donde vivió durante su primer exilio.

Ramón Grau San Martí sospechaba que Bati ta cometería fraude, así es que renunció a su candidatura días antes de los comicios. Bati ta ganó las elecciones sin oposición y así se convirti en presidente por segunda vez.

Es por esta razón que lo llamo nuestro "doble presidente". Vino, se fue y regresó. Como si se tratara de dos personas distintas, pero fue la misma persona con dos mandatos, separados por un intervalo de algunos años. Muchos cubanos nunca le han perdonado a Batista el golpe de estado de marzo de 1952. Lo acusan, y quizás con razón, de violar la Constitución de 1940 y por tanto de interrumpir el consecuente flujo estable de la democracia. Sin embargo, también es cierto que el gobierno de Carlos Prío era profundamente corrupto y caótico, y la legalidad en el país sufría un rápido deterioro.

Se han dicho muchas cosas sobre el desempeño de Batista en la política, pero lo cierto es que mientras se enriquecía enormemente, también gobernó el país con eficacia, expandió el sistema educacional, patrocinó un programa masivo de obras públicas e impulsó el crecimiento de una robusta economía capitalista. Ciertamente había corrupción, pero también hay que decir que él conseguía que las cosas se hicieran y le puso freno al caos gansteril de la presidencia de Carlos Prío. Sin embargo, durante sus últimos años en el poder, su administración se volvió más brutal y corrupta, y su insistencia en retener el control a toda costa fue finalmente su perdición.

Desde el punto de vista personal, Batista era un individuo dotado de un gran magnetismo que resultaba muy atrayente para los militares. Su apariencia hacía un poco difícil ubicarlo dentro de la especie humana. reo que sus padres tenían mezcla de sangre blanca y negra, con una vena de aborigen y quizás más que una gota de sangre china.

Algunas veces, al General se le veía con estrellas de Hollywood, que iban a la Isla de vacaciones. Sin embargo, a muchos cubanos racistas, que se enorgullecían de su origen blanco español, les disgustaba por ser mulato. Otros lo despreciaban porque estaba involucrado en los negocios turbios de la mafia norteamericana en Cuba.

Cuando Batista veía a mi madre en eventos sociales, la llamaba "La anticomunista", ya que realmente mi madre tenía fama de anti comunista radical, quizás por su formación religiosa o por su percepción de la Segunda Guerra Mundial y lo que ella consideraba las atrocidades de los rusos.

Así es que, en esos momentos, el presidente se convertía en actor e interpretaba su papel favorito: el gladiador dispuesto a luchar hasta el final contra la plaga comunista y el nuevo enemigo que intentaba desestabilizar su gobierno. Ese rebelde, el abogado casi desconocido, de antecedentes turbios y cuestionables, que aún no se había dejado crecer la barba revolucionaria.

"*Condenadme, no importa, la Historia me absolverá*".
Fidel Castro – De su libro, La "*Historia Me Absolverá*".

"Pueden encontrarme culpable hoy, pero la eterna corte de la Historia me absolverá". Adolfo Hitler, 1924, en su defensa cuando la Corte Alemana lo juzgó por su intento fallido de golpe de estado en Rathaus, Alemania

3

EL MOVIMIENTO 26 DE JULIO

Orígenes. El nombre del Movimiento 26 de Julio tiene su origen en el fallido ataque al Cuartel Moncada, una instalación militar en la ciudad de Santiago de Cuba, el 26 de julio de 1953[18].

El ataque al Cuartel Moncada

Fernando y su padre casi nunca se involucraban en los asuntos políti os que agitaban el país de punta a punta. Fernando tenía otras preocupaciones y además, no vivía en Cuba ya que estudiaba en el extranjero. Después de todo, los agitadores que habían alarmado al gobierno no eran más que pequeños grupos subversivos que pronto estarían bajo control y el presidente sabía qué hacer para darles jaque mate.

No obstante, Batista la tenía cogida con los miembros más rebeldes del ala izquierda del Partido Ortodoxo, especialmente con un joven abogado de veintiséis años alentado por la llama de la subversión. Había sido de los primeros en oponerse al nuevo régimen. El abogado sentía que tenía el derecho de tomar acción legal contra Batista por violar la ley al ejecutar un golpe de estado contra las elecciones que debían haber tenido lugar en junio de 1952, y había presentado cargos contra él en el Tribunal de

---

[18] El Moncada significó el origen del Movimiento 26 de julio pero el nombre de esta organización solo se hizo oficial, (se fundó), al salir Fidel del Presidio en mayo 15 de 1955.

Excepción de La Habana[19]. El nombre de este joven abogado era Alejandro Fidel Castro Ruz.

El joven Castro había intentado presentar su candidatura al Parlamento por el Partido Ortodoxo. En sus pasquines para la campaña de las elecciones primarias, posaba con un fino bigote y una expresión pensativa y orgullosa; sus ojos, con una mirada calculadamente cuestionadora, se enfocaban en sus esperanzas para el futuro; su cabeza aparecía entre dos lemas: "Vergüenza contra dinero" y "Libertad o Muerte". Su voz era deliberadamente ardiente y apasionada. El golpe de estado propinado por Batista – que el General reivindicaba como un estallido de luz – había ensombrecido las esperanzas del primer partido de la oposición. Los adversarios políticos de Batista encarnaban la realización de los sueños del pueblo de justicia social y denunciaban lo que consideraban una corrupción que gangrenaba todos los niveles del gobierno. Sin embargo, Fidel fracasó en su iniciativa política al perder las elecciones primarias. Frustrado por sus limitados logros en la arena política por los canales tradicionales, Castro decidió lograr sus objetivos a través de la lucha armada, organizada en secreto con algunos partidarios del Partido Ortodoxo y otros jóvenes reclutados por él. Castro era fundamentalmente un terrorista motivado por una filosofía socialista. Durante sus años estudiantiles en la Universidad de La Habana había mostrado un irrespeto total por la ley y había sido acusado de estar involucrado en el gansterismo político. Tanto en su etapa estudiantil como en vida más adulta, entendió con claridad que no tenía ninguna oportunidad de obtener el poder político en elecciones libres. Incansable en su profunda ambición política, tomó el atajo del terrorismo para alcanzar el poder político. Su naturaleza era la de un forajido.

---

[19] Fidel Castro basó su alegato en una acusación formal cuyo basamento jurídico era legítimo, respaldado por un artículo constitucional (Constitución Cubana de 1940).

Docenas de estudiantes, trabajadores y algunos campesinos, se organizaron en grupos extremistas. Constituían un número signifi ati o de insurgentes decididos a tomar el Cuartel Militar Moncada en Santi o de Cuba. Escogieron el 26 de julio como fecha para el ataque, para aprovechar la confusión y la atmósfera festi a de los Carnavales de Santi o de Cuba que estaban en su apogeo en esos días. Castro planeó asaltar la fortaleza, neutralizar a los soldados de Bati ta, apoderarse del armamento almacenado allí y convocar a la insurrección general a través de la radio para desestabilizar la provincia de Oriente. En el Cuartel Moncada se almacenaba una gran canti de armas y municiones que esperaban usar para provocar un alzamiento popular. El resultado de la iniciati a fue un rotundo fracaso. La alarma se dio enseguida y el elemento sorpresa quedó inmediatamente eliminado de la ecuación. Los hombres de Castro fueron rápidamente desarmados y arrestados. El ataque apenas duró veinte minutos[20]. La instalación militar de Santi o de Cuba, segunda de importancia en el país y atracti o símbolo para las aspiraciones de los revolucionarios, permaneció inmutable. La reacción de Bati ta fue rápida y agresiva: persecución, arrestos, interrogatorios. El jefe de los rebeldes, Fidel Castro, y su hermano Raúl, así como la mayoría de los atacantes, ni siquiera pisaron el interior del Moncada durante el ataque. Dada la evidente y verti derrota, los hermanos optaron por huir prudentemente. Fidel junto a un grupo de sus seguidores, pudo refugiarse en una granja cercana llamada Siboney[21].

Ni Fidel ni Raúl llegaron a disparar sus armas. Fidel Castro abandonó el campo de batalla dejando atrás rebeldes heridos y a otros que quedaron expuestos y serían capturados. Existen

---

[20] The Moncada Attack – Antonio Rafael de la Cova. Raul Castro fue arrestado un di después del asalto caminando por unas líneas de ferrocarril.
[21] La Finca Siboney había sido alquilada antes del ataque por los asaltantes como un lugar de reunión y coordinación antes del asalto. Ahora la iban a utilizar como refugio.

suficientes documentos históricos que demuestran que los soldados no torturaron a nadie y que los rebeldes no cometieron ningún asesinato. Sin embargo, los soldados del Cuartel Moncada estaban furiosos porque se consideraban víctimas de un ataque perverso en el que veintidós soldados habían perdido sus vidas. Muchos de ellos eran parientes de los sobrevivientes. Así es que, durante las horas que siguieron al ataque, ejecutaron despiadadamente y sin juicio previo, a un número importante de revolucionarios arrestados en las afueras del cuartel y en las áreas cercanas a Santiago de Cuba[iii]. Se ha confirmado históricamente que sólo ocho de los atacantes cayeron en la acción, mientras que 56 fueron asesinados en los días siguientes[22]. Debido a la masacre, personalidades importantes y figuras de la sociedad civil solicitaron a Batista que intercediera por los rebeldes y detuviera la masacre perpetrada por los furiosos soldados que habían sufrido el ataque. Batista respondió ordenándole enérgicamente al jefe militar del Cuartel Moncada, el coronel Alberto del Río Chaviano, que respetara las vidas de los rebeldes arrestados. A partir de ese momento, Chaviano detuvo las ejecuciones.

Mientras tanto, el Obispo de Santiago de Cuba, Monseñor Pérez Serantes, envió una nota al oficial al mando del Moncada y sostuvo varias reuniones con él, en las que le solicitó autorización para ir a encontrar a los fugitivos, principalmente a Fidel Castro, y la garantía de que sus vidas serían respetadas. En cumplimiento con las órdenes de Batista, el coronel del Río Chaviano estuvo de acuerdo. Así es que Monseñor Pérez Serantes fue capaz de salvar, directa y personalmente, las vidas de Fidel Castro y otros pocos insurgentes que se habían

---

[22] Ramón Barquín, en su libro "Las Luchas Guerrilleras en Cuba" señala que murieron 22 militares, 8 asaltantes en combate y 56 fueron posteriormente asesinados.

escondido con él. Fidel se rindió en presencia del Monseñor, el 1ro de agosto de 1953. Los asaltantes que habían sobrevivido y habían sido arrestados fueron sometidos a juicio más tarde[iv].

Ilustración 9 Fidel Castro Interrogado por el Coronel Rio Chaviano después de su arresto. Agosto 1953.

Unas horas antes de su entrega voluntaria en la finca, Las Delicias, Fidel Castro, angustiado y profundamente frustrado por su catastrófi o fracaso y las posibles consecuencias, agarró su pistola 45 y, en un arrebato de desesperación, se apuntó a la cabeza con la intención de matarse. El más cercano a él, Mario Chanes, saltó rápidamente y le quitó el arma de la mano para evitar el suicidio. Jaime Costa y Juan Almeida, también presentes, ayudaron a desarmar a Fidel. Si no hubiera sido por estos tres allegados compañeros y de su rápida acción, Fidel Castro se habría disparado[23].

Todo esto sucedía en el este del país, en la provincia de Oriente, muy lejos de La Habana que permanecía en paz y mayormente indiferente a los acontecimientos de Santiago de Cuba.

Aniversarios

El 4 de septiembre y el 10 de marzo eran fechas de celebración en el Campamento Militar Columbia, en La Habana. A estas celebraciones estaban invitados políticos, oficiales militares, representantes diversos y figuras influyentes de toda la Isla. El "Doble Presidente" Batista organizaba una enorme recepción cada año para conmemorar sus dos llegadas al poder. Fernando conocía bien el lugar porque había acompañado a sus padres a actos oficiales y celebraciones allí. Batista desfilaba ante los comensales que se sentaban en mesas largas y preparadas elegantemente, algunas veces lucía un pomposo uniforme militar y la gorra con visor angular que se quitaba de vez en cuando para exhibir su cabello brillante y engominado, y otras veces llevaba su impecable traje de lino blanco almidonado.

Batista se acercó a la mesa de los Pruna para saludar a la señora Pruna, a quien apreciaba mucho. Su cara mostraba las huellas de un continente en dependencia del ángulo desde el que se le

---

[23] Mario Chanes de Armas, Jaime Costa Chávez (El catalán) y Juan Almeida Bosques también participaron en el Desembarco del Granma algunos años después y los tres obtuvieron el rango militar más alto posible en el Ejército Rebelde: **comandante**. Sin embargo, tanto Chanes como Costa fueron encarcelados por Fidel después de que se volvieron contra de él cuando tomó la ruta comunista. Solo Almeida lo siguió hasta el final y alcanzo el grado de General y encabezó las Fuerzas Armadas de Cuba y el Partido Comunista. Por el contrario, Jaime Costa Chávez fue condenado a 30 años de prisión en la causa 412/64H. Mario Chanes de Armas fue condenado a 30 años de prisión en la causa 556/61H.

mirara. Aquel día en específico, resaltaban sus ojos orientales bajo las cejas arqueadas y pobladas que podía fruncir con el encanto de un galán de cine.

— Buenas noches, señora Pruna. ¿Cómo se encuentra esta noche?

— Muy bien, gracias. ¿Y cómo está usted, señor presidente?

— Bien, también, gracias.

Lanzó una de sus galanterías con una mirada burlona.

— ¿Puedo preguntar además cómo se encuentra la excelente anticomunista?

Y ambos rieron. Batista no siempre se enorgullecía de la habilidad política que lo llevó a la presidencia por primera vez, en 1940. Porque si en aquel momento pudo derrotar a su eterno rival político, Grau San Martín, fue gracias al apoyo de una coalición de partidos políticos que incluía a... ¡Los Comunistas!

— ¿Puedo suponer que aún los persigue? – preguntó la señora Pruna.

— Por supuesto que sí.

— Igual que nuestros amigos norteamericanos, ¿no es así?

— Así es, igual que nuestros aliados. Los perseguimos, los atrapamos y después sabemos exactamente qué hacer con ellos. Los que han estado causándonos tantos problemas últimamente han sido arrestados y muy pronto serán juzgados en un juicio justo. Por lo tanto, no hay nada que temer. Todo está bien.

Batista contaba con el apoyo del vicepresidente de los Estados Unidos en aquel entonces, Richard Nixon, quien lo había visitado en La Habana recientemente. Nixon había estado en la vanguardia del movimiento anticomunista en los Estados Unidos, al igual que el senador Joseph McCarthy, ambos ansiosos de librar al mundo del comunismo.

Con toda certeza, Fidel Castro, enemigo jurado de Batista desde el asalto al Cuartel Moncada, recibiría su castigo por sus actos. Sin embargo, podía considerarse afortunado en extremo de que no lo hubieran ejecutado enseguida. Los soldados, rabiosos ante lo que consideraban una agresión injustificada en la que habían muerto compañeros y parientes, habían decidido tomarse la justicia por sus manos. Ejecutaron a un número significativo de rebeldes al momento de arrestarlos, con el consentimiento del jefe militar del Moncada, el coronel del Río Chaviano.

Es importante señalar que cuando comenzó el asalto al Cuartel Moncada, el coronel del Río Chaviano se encontraba ausente de la instalación militar. Se rumoraba que era adicto a los bacanales. De hecho, estaba participando en una orgía privada, organizada por algunos amigos íntimos de Santiago de Cuba, para celebrar los carnavales. El repentino aviso del asalto lo agarró en medio de la fiesta y sin pantalones. Se los puso rápidamente y arrancó para el cuartel a toda velocidad. Cuando llegó, el ataque ya había terminado. Confundido, frustrado y probablemente avergonzado, descargó toda su furia en los insurgentes.

Fidel, al haber huido a toda prisa, se las arregló para llegar a la Granja Siboney, donde, con un grupo de diecinueve hombres, decidió esconderse en los bosques aledaños a la granja para evadir el arresto. Aunque no llegaron lejos y deambularon medio perdidos en un perímetro de cinco kilómetros, lograron permanecer ocultos lo suficiente para ganar tiempo. Con el paso de los días, la rabia de los soldados se mitigó gradualmente y, además, Batista había ordenado que se respetaran las vidas de los que fueran arrestados. Cuando Fidel y su grupo por fin se entregaron, bajo la supervisión y la protección personal del Obispo de Santiago de Cuba, Monseñor Pérez Serrantes, las ejecuciones ya habían paradov. Sin embargo, evidentemente, Fidel fue increíblemente afortunado durante aquellos días y, desafortunadamente para el pueblo de Cuba, lo sería a lo largo de su vida.

En esta ocasión, como en muchas otras durante su vertiginosa vida política, Castro se salió con la suya.

– ¿Pero, esos terroristas que atacaron los cuarteles son comunistas?

– En todo caso, son revolucionarios, lo que significa que son tan peligrosos como los comunistas.

Batista volvió a sonreír. Teniendo a los americanos como aliados, no tenía nada que temer.

Fidel Castro Plagió a Adolfo Hitler

Cuando Fidel fue juzgado, terminó su alegato de defensa con las siguientes palabras:

– No estoy pidiendo mi libertad. Uno cuenta con el apoyo del pueblo cubano, aunque ustedes nos condenen. El silencio de hoy no importa. La Historia lo dirá todo24.

Más tarde, cuando Fidel publicó su panfleto político bajo el título "La Historia me absolverá", cambió las palabras finales que había pronunciado durante el juicio por otras más dramáticas: **"Condenadme, no importa, la Historia me absolverá".** Estas palabras me recuerdan otras, muy similares, que pronunció Adolfo Hittler en su defensa cuando la Corte Alemana lo juzgó

---

[24] Versión original de Marta Rojas de su transcripción de 179 páginas de la defensa de Fidel Castro cuando fue juzgado por el ataque al Cuartel Moncada. Versión idéntica fue publicada en la Revista Bohemia el 27 de diciembre, 1953.

por su intento fallido de golpe de estado en Rathaus, Alemania[25]. **"Pueden encontrarme culpable hoy, pero la eterna corte de la Historia me absolverá".**

Fidel siempre había simpatizado con el líder nazi. Plagiarlo era una forma de mostrar su admiración por Adolfo Hitler y el Nazismo.

Fidel Castro terminó su alegato de defensa en estos términos, el 16 de octubre de 1953, en el juicio contra los asaltantes del Cuartel Moncada.

También utilizó su alegato de defensa para exponer y criticar al régimen de su enemigo. La prensa libre de entonces dio amplia cobertura al evento. Los acusados fueron sentenciados a quince años en prisión en la Isla de Pinos, un mundo creado por el dictador anterior, Gerardo Machado, durante los años veinte, el "Presidio Modelo".

El proceso contra los asaltantes, incluyendo a Fidel Castro, fue un juicio civil justo con todas las garantías de un debido proceso y desprovisto de cualquier parcialidad[26]. El proceso legal aplicó el Código Civil que estaba en vigor en Cuba, con celo y absoluto apego a la justicia. Fidel, al igual que otros acusados, lo reconocieron y lo expresaron públicamente en varias comparecencias y publicaciones impresas, en un tono agradecido y respetuoso, después del juicio. Indudablemente, habían sido tratados con justicia y generosidad, y lo sabían.

Otras personas cuestionaron si Fidel y los demás asaltantes debieron haber sido ejecutados. De acuerdo al general Roberto

---

[25] The Moncada Attack – Antonio Rafael de la Cova.

[26] Al iniciarse la vista del juicio, la Causa 37 estaba compuesta por 15 Piezas -se trabajaba en la número 16- de 200 fojas cada una. Iban a ser juzgados 122 encartados y actuarían en su defensa 26 abogados: Revista Bohemia.

Fernández Miranda[27], cuñado de Batista, el delito fue, según el Código Penal en vigor, fundamentalmente un delito militar, ya que había ocurrido en una Unidad del Ejército. Nada impedía que los asaltantes fueran juzgados por tribunales militares y fusilados en el mismo lugar donde tantos hombres habían caído debido a sus acciones. El general Fernández consideraba que en Batista había prevalecido un espíritu civil errado, pero se abstenía de criticar a su cuñado en público, por la decisión equivocada que había tomado. Sabía que Batista había cometido un grave error y el tiempo confirmaría las consecuencias de su colosal desatino.

Muchos profesores de derecho y reconocidos juristas cubanos del momento compartían el criterio del general Fernández. La verdad es que, la historia demostró que este "civismo" de Batista resultó ser uno de sus muchos y más peligrosos errores. Fidel, que aprendió muy bien la lección, nunca ha mostrado ningún gesto cívico de este o ningún otro tipo hacia sus enemigos. Durante su gobierno comunista, Fidel pasó por las armas o condenó a largas sentencias a tantos oponentes como consideró conveniente matar o encarcelar, sin un proceso legal justo y consecuente y sin tener en cuenta en lo absoluto si eran culpables o inocentes. Durante toda su carrera política, Fidel Castro demostró inequívocamente, su crueldad y total falta de empatía o sentido de justicia.

Si durante la revolución comunista en Cuba, hubiese ocurrido un acto similar, en el que se hubiese atacado una importante instalación militar y se hubiese matado a numerosos soldados, los perpetradores habrían sido interrogados durante meses en la sede central de la Seguridad del Estado (Villa Marista) hasta que confesaran y firmaran sus confesiones. Después, habrían sido juzgados por un Tribunal Militar Revolucionario de alto nivel, totalmente controlado por Fidel Castro, que condenaría

---

[27] Mis relaciones con el General Batista" - General Roberto Fernández Miranda

a la mayoría de ellos, sino a todos, a muerte por fusilamiento. Nunca habría un debido proceso y la sentencia se haría firme sin apelación posible. La sentencia se ejecutaría en solo cuestión de horas, una vez terminado el juicio. Con toda probabilidad, basándonos en el conocimiento histórico que existe sobre los sistemas judiciales comunistas, todos los acusados habrían sido hallados culpables y debidamente ejecutados por un pelotón de fusilamiento. Durante sus largos años en el poder, Fidel Castro y su hermano Raúl Castro, dejaron muy claro que la pena de muerte por fusilamiento sería aplicada a cualquiera que se cruzara en su camino, sin excepciones. Los fusilamientos son el arma de terror más importante que ha empuñado la Revolución Cubana[28].

El asalto al Cuartel Moncada resultó ser históricamente determinante para Fidel Castro y sus combatientes. Significó el nacimiento del Movimiento 26 de Julio, nombre con el que Fidel Castro reivindicó, orgullosamente, la acción, con el sentimiento de que el movimiento revolucionario cubano había empezado a enraizarse. Pese al rotundo fracaso del asalto, desde el punto de vista militar, Fidel fue capaz de convertir ese revés en una victoria política de largo alcance. Logró el objetivo de convertirse en una figura conocida a nivel nacional e internacional. En un parpadeo, el joven, anónimo y mediocre abogado, con un pasado gansteril se convirtió en una figura esencial en la política nacional cubana. A Fidel Castro no le importó el derramamiento de sangre que provocó ni los sacrificios que hicieron otros para que él alcanzara sus objetivos. Para Fidel Castro, el fin siempre justificaba los medios, sin importar ninguna consideración moral o ética.

Sin embargo, y para hacer honor a la imparcialidad histórica, hay que apuntar que la victoria política de Fidel fue propiciada, en

---

[28] La Revolución Cubana le puso punto final al "amiguismo" cubano. Fidel ejemplarizo este concepto condenando a muchos de sus íntimos amigos y colaboradores sin la mas mínima compasión Ejemplos: Rafael del Pino, el General Ochoa, los hermanos La Guardia, Mario Chanes de Armas, etc.

gran medida, por las crueles, ilegales e injustificadas ejecuciones que llevaron a cabo los soldados del Moncada, furiosos tras el asalto. El desencadenamiento de estas ejecuciones, sin relación con el asalto en sí, causó una impresión negativa en el pueblo de Cuba, que vio a Batista como un asesino. Aunque es verdad que él no ordenó personalmente las ejecuciones y que se llevaron a cabo bajo el mando y con la aprobación del coronel del Río Chaviano[29], Batista ha sido culpado históricamente por esos actos, como presidente de Cuba cuando los sucesos tuvieron lugar, lo que lo hacía responsable de las ejecuciones. Así es que Batista, sin proponérselo y sin ser consciente de ello, fue uno de los que contribuyó, de manera significativa, a convertir el extraño asalto, fracasado desde el punto de vista militar, en una clara victoria política para Fidel Castro.

Batista volvió a postularse para la presidencia en 1954, aunque las encuestas publicadas estaban muy lejos de favorecerlo, pues lo colocaban en tercer lugar, detrás de sus adversarios políticos. Sin embargo, sus oponentes renunciaron a solo días de llevarse a cabo las elecciones, dejando a Batista como único candidato, sin oposición.

También es un hecho que Batista contaba con el apoyo de los Estados Unidos. Washington estaba dispuesto a reconocer a cualquier gobierno confiable que se asegurara de apretar las clavijas para impedir el avance de los comunistas.

El fantasma del comunismo estaba en todas partes, incluso en los círculos de Hollywood. La paranoia del senador McCarthy hacía crecer la lista negra. El director Elia Kazan pronto se convirtió en

---

[29] El ministro de Información de Batista, Ernesto de la Fe, declaró que el coronel del Río Chaviano debió haber sido llevado ante una corte marcial por no cumplir las reglas de guerra y ejecutar a los prisioneros. Eso fue lo que permitió a Fidel Castro convertir una derrota militar en una victoria política. – Antonio Rafael de la Cova, *The Moncada Attack*.

el colimador. El FBI trató por todos los medios de demostrar la infiltración de los comunistas en los estudios fílmicos; con Gary Cooper llamado a testificar, el actor John Garfield acusado de ser un simpatizante, o incluso Dolores del Río, a quien los estudios de Los Ángeles negaron un papel. El Comité de Actividades Antiamericanas se aseguró una buena publicidad en esta Cacería de Brujas. La fiesta del Macartismo estaba en su apogeo.

La respuesta al gobierno de Batista llegó de movimientos clandestinos en las ciudades. Batista, sin embargo, permanecía tranquilo. Podía derrocar a cualquier gobierno en cuestión de horas. También estaba seguro de poder sofocar cualquier intento de alzamiento. Con el tiempo, comenzó a amordazar a la prensa y a establecer una censura gubernamental en las publicaciones.

Durante todo este tiempo, Fernando, que aún era muy joven, permanecía a miles de millas de todas estas luchas y debates. Su atención estaba enfocada en otras estrategias ofensivas. Mientras McCarthy llevaba a cabo su cacería de brujas, Batista cortejaba a Lansky, uno de los mayores mafiosos de todos los tiempos, y el vicepresidente Nixon volaba a La Habana para apoyar, él también, a Batista. Mientras tanto, la política de Fernando se concentraba en otros terrenos que encontraba igual de fascinantes o aún más: las mujeres hermosas. Durante las vacaciones de la escuela, entre conquista y conquista, trabajaba como monitor de esquí en la sofisticada estación de deportes de invierno Belleayre Mountain Ski Resort, en el estado de Nueva York. Esto le permitía ganar un dinero extra que incrementaba la mesada que le enviaba el Doctor Pruna desde La Habana. En ese entonces, Fernando ignoraba la situación política de Cuba.

—El próximo semestre, si todo va bien, iré a la Universidad. Mientras tanto, me gustaría ganar un poco de dinero extra. Tengo una oferta de trabajo en la Sociedad Grolier, en Nueva York.

Había visto un anuncio, en el que se solicitaban vendedores. Pero, después de graduarse de la Academia Hebron, sentía que primero necesitaba unas vacaciones soleadas en Cuba.

Después de entrar en la Universidad de Colombia, Fernando fue a las oficinas de la compañía Grolier en Nueva York. En la entrevista todo fue bien.

–Tus estudios te han proporcionado una buena base, pero eso no basta.–Había decidido estudiar finanzas y administración de empresas, materias para las que tenía un talento natural.

El Doctor Pruna estaba orgulloso de su hijo. Estaba seguro de que triunfaría. Mientras estudiaba en la Universidad de Columbia, Fernando empezó a trabajar para la Sociedad Grolier, una empresa creada a finales del siglo XIX, que llevaba el nombre de su fundador, el francés Jean Grolier, todo un símbolo entre los lectores de buenos libros. La empresa distribuía colecciones de enciclopedias, y Grolier era uno de los nombres más prestigiosos en ese campo. El joven pronto se familiarizó con los métodos de venta de Grolier. Los aprendió muy bien. La venta de puerta en puerta enseguida empezó a formar parte de su rutina. Trabajaba desde la tarde hasta la noche, porque era el mejor horario para las ventas, cuando todo el mundo estaba en casa, toda la familia reunida. Fernando mostraba los hermosos volúmenes de las enciclopedias, con un elocuente despliegue de sus habilidades como vendedor. Se convirtió en el mejor del equipo y en poco tiempo obtuvo un ascenso a administrador de ventas y director regional de ventas. El joven ganaba muy buenas comisiones a través de las ventas en su sector asignado desde el Bronx hasta Staten Island, así como Queens y algunas áreas de Long Island.

Su rápido ascenso le permitía ganar entre mil y mil quinientos dólares a la semana, lo que era una fortuna en aquella época.

Su éxito financiero pronto se hizo notar. Compraba sus ropas, casi exclusivamente en Brooks Brothers, que estaba en la esquina de la avenida Madison y la calle 44, notablemente cerca de los clubes de Harvard y Yale, así como del New York Yacht Club. Un guardarropa elegante, luminoso y chic, para un joven chic, elegante y radiante.

Se compró un flamante Oldsmobile en un selecto concesionario en Park Avenue. Era un descapotable negro impresionante con los interiores forrados de cuero blanco. Desde que se instaló en la universidad, algunas compañías se mostraron interesadas en sus habilidades como vendedor, y enseguida obtuvo algunos trabajos a medio tiempo en el sector financiero.

—Ahora, hijo mío, no olvides que debes continuar tus estudios. La Universidad de Columbia te ofrece las mejores enseñanzas en el sector de los negocios y la administración de empresas.

El Doctor Pruna no podía dejar de repetir eso, preocupado por su hijo, que era muy inquieto y sobre todo tenía demasiada testosterona.

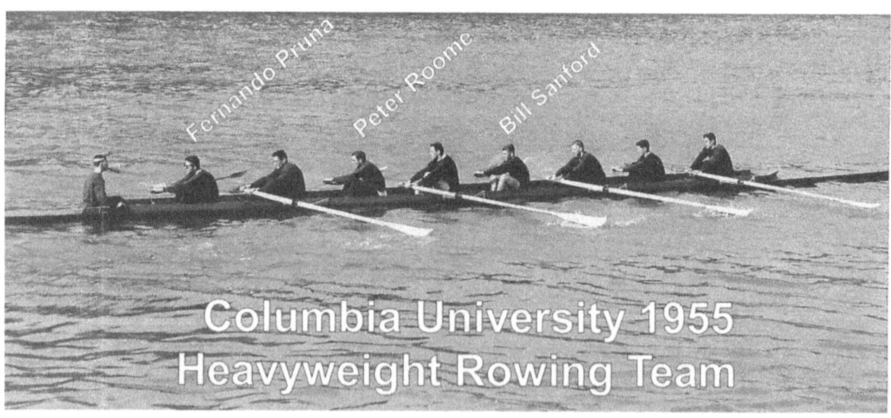

4

EL GENERAL Y SUS PADRINOS

"Lansky podría ser considerado un criminal en los Estados Unidos, pero no en Cuba. Allí le habían dado la bienvenida como el hombre ideal para poner orden en los negocios. Batista se proponía convertir La Habana en el Monte Carlo del Caribe, con la ayuda de Meyer Lansky".
Robert Lacey, "Le parrin des parrins, Meyer Lansy ou la vie des gansters".

Después de llevar a cabo un golpe de estado en 1952 y teniendo que preparar su campaña presidencial para las elecciones de 1954, Fulgencio Batista había colocado a su socio de negocios por mucho tiempo, Andrés Morales del Castillo, en la silla presidencial durante algunos meses. Tras este período transicional, su principal adversario político, Ramón Grau san Martín, lanzó acusaciones de fraude flagrante y renunció a su candidatura pocos días antes de las elecciones, pero primero, llamó al pueblo a boicotearlas. Sin embargo, Batista fue electo, sin oposición. El General estaba satisfecho de estar a cargo "legítimamente", otra vez.

Perdón imperdonable

Por su parte, Fidel Castro, que había sido sentenciado a quince años de prisión, cumplió solo 22 meses de su sentencia y fue excarcelado el 15 de mayo de 1955. Algunos decían que Batista lo había liberado para poder matarlo más tarde, pero la verdad es que, durante su relativamente corta estancia en el Presidio Modelo de Isla de Pinos, Fidel y sus compañeros vivieron cómodamente en el hospital del Presidio, con toda clase de beneficios. Se aprobó una ley de Amnistía que los favoreció tanto a él como a sus compañeros de armas y el presidente Batista la firmó. La Amnistía significaba en realidad, el perdón total por el crimen del asalto al Cuartel Moncada. La Amnistía no era una libertad condicional sino libertad absoluta y ellos incluso podían abandonar el país si lo deseaban.

Pese al trato excelente que Fidel y sus compañeros recibieron durante los veinti meses que estuvieron encarcelados en el Presidio Modelo de Isla de Pinos, tras el triunfo de la Revolución, el 1ro de mayo del propio 1959, Castro condenó a muerte y fusiló al ofi Juan Capote Fiallo, que era el director del Presidio cuando él era prisionero allí. Aunque Capote no había cometi ningún crimen, Fidel nunca le perdonó el hecho de que una carta que le había escrito a Naty Revuelta (su amante) fue entregada por error a Mirta Díaz-Balart (su esposa), lo que indignó tanto a esta últi que enseguida solicitó el divorcio. Debido a ello, Fidel sentí íntimamente que Capote, indirectamente, había provocado su divorcio, aun cuando Capote no había tenido nada que ver con el desti de la carta. Sin embargo, Fidel Castro, que era vengati o por naturaleza, hizo que Capote fuera acusado de falsos crímenes y ordenó, personalmente, su ejecución. Ernesto "Che" Guevara, llevó a cabo su fusilamiento en la Fortaleza de la Cabaña.

Rafael-Díaz Balart, congresista en aquel entonces, se destaca entre los que se opusieron firmemente a la Amnistía. Era hermano de Mirta, la esposa de Fidel, y consecuentemente, cuñado de este, por lo que lo conocía mejor que muchas personas. Su discurso en oposición a la Amnistía que liberaría a Fidel Castro es uno de los más elocuentes y significativos que hayan sido pronunciados por un estadista cubano. Su clara visión de quién era Fidel Castro y lo que representaba fue una predicción exacta y precisa de la destrucción, el odio y la muerte que su cuñado traería a Cuba si alguna vez llegaba al poder. Su advertencia sobre el riesgo que constituía garantizarle una amnistía es de una evidente clarividencia porque todo lo que predijo se cumplió[vi].

Poco después de su liberación, Castro partió para México. Sorprendentemente, Batista le envió diez mil dólares para financiar su partida[30]. Quizás, se guiaba por el viejo dicho español: "Al enemigo que escapa, ofrécele puente de plata".

Lejos de Cuba, Fidel pondría en marcha todo un plan para organizar su regreso, con la ayuda dela Unión Soviética y el comunismo internacional.

La Mafia Norteamericana en Cuba

En Cuba, Fulgencio Batista recordó su mina de oro norteamericana: el rey del crimen organizado. El padrino de los padrinos. Un gánster que, por su parte estaba encantado de tener un extraordinario campo de juego en el hermoso trópico cubano gracias al General. Eran viejos amigos que habían estado colaborando unos veinte años, para la prosperidad de ambos.

Ilustración 10 Fulgencio Batista, Meyer Lansky y una amiga. La Habana, Cuba

---

[30] "Perfiles del Poder", Pedro Corzo. También este dato es mencionado en el libro de Ramón Barquín, "La Lucha Guerrillera en Cuba" Primer Tomo.

Meyer Lansky, cuyo nombre real era Meyer Suchowljansky, había nacido en la Rusia zarista a principios del siglo veinte. En La Habana, había operado con total inmunidad, tras haber tenido que dejar de lado sus negocios en territorio norteamericano, debido a sus problemas legales en aquel país. En Cuba, se estaba abriendo paso en todas partes, pero, sobre todo, en los casinos internacionales de juego del Hotel Nacional. Cuando Batista se aferró a Lansky su fortuna creció. En Nueva York, durante la Ley Seca, el entonces muy joven Lansky se había sentido atraído por los capos de aquel ambiente, que habían llegado de las mafias italiana e irlandesa: Charles Salvatore Luciano, apodado "Lucky", de la mafia siciliana, y Benjamín "Bugsy" Siegel, arquetipo del mafioso elegante, con un físico digno de Hollywood, que, de acuerdo a las leyendas urbanas, hacía desmayar a las mujeres. Cuando Lansky se asoció a estos amigos de su infancia, los negocios florecieron al ritmo de los dados y con la música de las ruedas de la ruleta. Casinos, hipódromos, clubes nocturnos. Sus negocios prosperaron gracias a la aprobación tácita de los políticos locales, que llenaban sus propios bolsillos gracias a aquellos negocios. A esta lista hay que agregar una serie de clubes nocturnos y casinos en Las Vegas y New Orleans, durante las décadas del treinta y el cuarenta del pasado siglo.

Batista ya había recurrido a la Mafia a finales de los años treinta, cuando escaló al poder por primera vez, y más tarde, durante su primer período presidencial, hasta 1944. Así comenzó su influencia en los engranajes económicos del juego y otras actividades relacionadas con este en el país. Otras connotadas figuras de la misma categoría de Lansky hicieron su entrada en la escena cubana y se quedaron por muchos años. Uno de ellos fue Lucky Luciano. El ítalo americano había sido liberado de prisión en los Estados Unidos, con la condición de no volver a pisar territorio americano. Pero con la bendición de Batista en los negocios, era difícil resistir las tentadoras propuestas que iban en aumento. Así es que el capo de la mafia siciliana abandonó Europa y regresó, en secreto, a Cuba. A finales de los años treinta, Batista ya había entregado el control de los casinos y los hipódromos a la mafia, asegurándose, por otra parte, de que recibiría una parte substancial de las ganancias. Haciendo un poco de historia, los nombres más famosos del hampa se reunían en La Habana; una de las reuniones más importantes tuvo lugar en los salones del Hotel Nacional: allí estuvieron Frank Costello, Vito Genovese y Santo Trafficante hijo., entre otros. Una asamblea sindical de la mafia, que culminó con un espectáculo que tuvo como estrella principal a Frank Sinatra.

Después del golpe de 1952, las relaciones entre Cuba y los Estados Unidos estaban en su punto máximo, y Batista se acercó a Meyer Lansky una vez más para reorganizar el negocio del juego en Cuba. Lansky fue invitado cordialmente a poner orden en los casinos porque el negocio del juego en Cuba había estado envuelto en algunos escándalos desagradables. Lansky era el hombre de la limpieza de los casinos, el individuo al que recurrías para restablecer la confianza y limpiar la imagen de ciertos salones ensombrecidos por la mala publicidad de las acusaciones de fraude. Por ejemplo, el escándalo del juego de dados. Con ocho dados en la mesa, el jugador solo tenía una oportunidad entre mil de ganar. Sin embargo, el croupier tenía que usar todas sus habilidades de seducción para convencerlo de que todas las probabilidades estaban a su favor. Cuando el Sans-Souci practicaba este tipo de juego, otros cabarets hacían lo mismo. La mayoría de las veces, este juego proporcionaba más ganancias que todos los demás juegos juntos: miles de dólares por noche. Los turistas empezaron a quejarse, aparecieron investigadores por los casinos, pero la presión por parte de estos era tanta que los investigadores tuvieron que desistir.

El asunto llegó a oídos de Batista. El engaño disgustó al gobierno, que ordenó el cierre de los casinos durante varias horas, en la Víspera de Año Nuevo. Desde su regreso al poder, Batista recurrió a sus asociados en el hampa para que lo ayudaran a pulir la vidriera del negocio del juego. Así funcionaba el sistema, a veces, paradójicamente, gracias a estas importantes personalidades de la corrupción, que mantenían sus salones bajo estrecha vigilancia para evitar cualquier acusación de trampa y velar por la "decencia" en sus negocios.

Meyer Lansky convirtió La Habana en un plato giratorio de contrabando de drogas, mientras Santos Trafficante Junior le daba a Batista una buena tajada de las ganancias de los casinos. Trafficante era el segundo de los grandes padrinos de la Isla, apodado "el asesino de los ojos verdes". Sus actividades relacionadas con el rentable juego de "la bolita" – la lotería clandestina – en Tampa, Florida, habían sido amenazadas. Su padre, Trafficante padre, había muerto dos o tres años antes. El hijo lo había reemplazado como digno heredero: dirigía el mayor cabaret de la Isla, el Sans-Souci. Con el apoyo del sindicato del juego, manejaba otros salones por debajo del tapete. Muchos otros mafiosos también tenían intereses en el juego en los casinos, ya fuera en el Hotel Nacional, en el Capri o en la mayoría de los lugares destinados al placer en La Habana. El FBI los vigilaba de cerca, así como a Albert "Mad Hatter" (Cabra Loca) Anastasia, uno de los peces más gordos, o Lefty Clark (Clark el zurdo), que controlaba el casino del cabaret Tropicana. Drogas, prostitución, juego. Las puertas del Sans-Souci, del Sevilla Biltmore, del Comodoro o del Club Montmartre, estaban abiertas para hacer grandes ganancias. Cuando no encargaban a sus hombres de confianza, eran los propios mafiosos los que cargaban las bolsas con cientos de miles de dólares del juego, por las noches. Las chicas se asomaban a las ventanas, formando espirales de humo que exhalaban por la nariz, antes de vaciar sus bolsas en los bolsillos de la Policía Nacional. El crimen organizado continuaba sus operaciones con algunos contactos norteamericanos en la mafia mundial y con el visto bueno de Batista.

La mafia americana dirigía el negocio del juego en Cuba, con muy pocas excepciones, pero eran reservados y no causaban ninguna alteración de la paz. Podías caminar por las calles de La Habana de día y de noche, y sentirte completamente seguro y a salvo. A los delincuentes comunes los mantenía a raya un departamento de policía muy bien organizado. Los únicos indicios de disturbios sociales aparecieron cuando el movimiento revolucionario clandestino empezó a llevar a cabo actos terroristas para desestabilizar al gobierno.

El hermano menor de Fernando, Andy, estaba consciente de las protestas estudiantiles contra el dictador, pero, pese a la naturaleza rebelde que es tan natural en los adolescentes, la política aún era parte de un mundo ajeno, reservado a los adultos.

Andy prefería divertirse, como cualquier joven de su edad. Además, el Doctor Pruna no tenía nada que reprocharse; si Batista estaba interesado en alguna nueva trama de corrupción, no lo llamaba a él. Sin embargo, a Batista también le eran útiles los profesionales honestos e inteligentes: le proporcionaban cierta legitimidad a su gobierno. Andy había entendido esto muy bien.

De benefactora social a criadora de gallinas ponedoras

Con respecto a la señora Pruna, tenía una vida social intensa en su localidad. También estaba muy comprometida con las políticas de la Iglesia Católica y enseñaba Catecismo. Se preocupaba de que los maestros siempre recibieran sus salarios. A veces, iba a los lugares más remotos, a caballo, para ayudar a los que vivían muy lejos de las iglesias católicas y las escuelas. Se las había arreglado para obtener subvención del gobierno para los más necesitados. Abogaba por la alfabetización sin excepciones. "Los niños deben aprender a leer". Ese era su credo.

Por iniciativa propia, la señora Pruna decidió empezar un proyecto que parecía muy prometedor, en la finca familiar, Bellavista. Había decidido poner una granja de pollos. Los Estados Unidos estaban exportando huevos a Cuba. Ella consideraba que la Isla podía producir huevos para el pueblo y que no sería necesario seguir importándolos de los Estados Unidos. Este tipo de negocio podía ser muy rentable, mientras no te metieras con los intereses del gobierno. La señora Pruna invirtió una fuerte suma de dinero y mandó a construir varias estructuras rudimentarias tipo bohío[31], con techos hechos de hojas de palma.

Muy pronto, llegaron miles de pollos a Bellavista. A los machos los engordarían para consumir la carne y las hembras serían ponedoras. Su negocio empezó a ir muy bien. Ponía miles de huevos en el mercado todas las semanas.

Sin embargo, el optimismo no duró. Los productores americanos, al ver amenazado su mercado de exportación, empezaron a protestar. Los huevos cubanos eran más baratos y más frescos. Batista fue informado al respecto. Es muy probable que haya recibido un buen cheque en su cuenta a cambio de bajar los impuestos aduanales de los huevos importados desde Estados Unidos. Los precios bajaron tanto que muy pronto, el negocio de la señora Pruna dejó de ser rentable. Una vez más, los americanos inundaron a Cuba con sus huevos para destruir el mercado. La señora Pruna se percató de que el gobierno que su esposo asesoraba era tan poco ético que el propio General había torpedeado el mercado de huevos producidos en Cuba.

—Parece que el principal interés de Batista es el dinero. ¡Sólo por el simple hecho de tenerlo!

Andy comprendió esto también.

---

[31] Casa típica de los campos de Cuba fabricada con techos de guano y tablas de madera provenientes de la Palma Real.

Ilustración 11 Solange, bajo el sol Cubano.

 5 

SOLANGE, UN ÁNGEL

"J'attendrai, le jour et la nuit,
J'attendrai toujours,
Ton retour..."

La Habana, verano de 1955

-¡Mama mía!

Fernando dejó Nueva York y voló a Cuba una vez más, para pasar allí sus vacaciones de verano. Esta noche estaba sentado en una mesa al aire libre, junto a una de las entradas del restaurante El Carmelo, tomándose un refresco con su querido amigo, Charles Lee. El restaurante estaba en el encantador barrio del Vedado, en La Habana, en la Avenida Calzada; era uno de los favoritos de la sociedad elegante, que iba allí a merendar o a tomar algo después de asistir a un concierto o al teatro. El restaurante se hizo famoso por su extraordinaria selección de frutas tropicales y sus exquisitos manjares. Tenían apenas veinte años y el aturdimiento de cualquier joven de esa edad, cuya principal diversión consiste en mirar a las hermosas mujeres que entraban o salían del restaurante. Las seguían con la vista hasta que se perdían en la multitud o en la distancia, cuando doblaban la esquina. El lugar estaba colmado: turistas americanos ricos. Bailarinas exóticas. Actrices. Sirenas de la clase alta internacional. Socios de la mafia. Políticos. Señoras y señoritas de la alta sociedad. A su paso, las damas dejaban una sutil estela de perfume que parecía inaccesible y, sin embargo, curiosamente daba la impresión del estar al alcance de la mano y que uno podía atrapar aquel perfume e impregnarse de él.

Sin embargo, Charles y Fernando, como de costumbre, no tenían un centavo, y como mirar era gratis, se limitaban a contemplar a las chicas que pasaban.

–¡Mama mía – repitió Charles –, mira eso!

Un ángel acababa de entrar. Tenía un rostro magnífico y un cuerpo lleno de gracia. Caminaba como si danzara.
–¡Un gran premio! – afirmó Charles sin dejar de mirarla.
–Me recuerda a una actriz. ¿Cómo se llama? De todas formas, es el tipo de mujer que me encanta y que, con toda seguridad, tendré, algún día.
–Pobrecito, espera a ver otras chicas. Hay que tener lo que hace falta para seducir una mujer como esa.
–¡Coño! No tengo un centavo. Pronto voy a tener que dejar los estudios y empezar a trabajar para ganar el dinero que me permita entregarme a la buena vida y las mujeres hermosas.

Los dos se echaron a reír. Sentados en la terraza del restaurante, se revisaron los bolsillos y encontraron una moneda de cincuenta centavos que usaron para compartir una Coca Cola servida en dos vasos. El camarero se quedó esperando la propina. Un hombre caminaba detrás de la bailarina. Su amigo del momento, quizás. La imaginación de Fernando empezó a deambular. ¿Su amante?

Usó su gracia para deslizarse de lado entre dos mesas dentro del restaurante, como si estuviera ejecutando un nuevo paso de ballét.

¿Sería su esposo?
Este nuevo ángulo, un poco extraño, le reveló a Fernando otras curvas atractivas que terminaron de seducirlo. No se percató de

que la joven había chocado ligeramente con un cliente sentado en una de las mesas.

–¡Qué sutileza! – exclamó Charles.
–¿Cuál?
–¡Nunca he visto nada parecido!
–¿A qué?
–¿No has visto con quién chocó tu belleza, cuando pasó entre las dos mesas?
–¡Coño! ¿A quién se me parece? ¡Pero si es Lucky!
–El mismo que viste y calza.

El que mantenía estrechas relaciones con el gobierno de Batista. El rey de la mafia italoamericana, que tenía el apodo más apropiado, porque era un tipo suertudo de verdad. Era el tipo que traficaba con mercancías que le proporcionaban a la mafia muchos, muchísimos dólares. Los Estados Unidos lo habían expulsado de regreso a su país, Sicilia, pero el hombre había regresado a Cuba para hacer negocios. La hermosa bailarina había molestado, elegantemente, al famoso rey del hampa: Lucky Luciano.

–¡Qué suerte tiene Lucky! Ya me gustaría a mí que un trasero como ese chocara conmigo. – Fernando había dejado que aquella belleza luminosa desapareciera. Su fantasía del momento. Había caído el telón.

–He tenido suerte. Incluso, si se hubiera acercado a nuestra mesa, no habría podido invitarla ni siquiera a una copa, de hecho, ni siquiera a una coca cola.

El Bar "La Arboleda" del Hotel Nacional

Después de haber tenido que comparti una botella de coca cola y sin tener un centavo en el bolsillo, qué podía ser más natural que ir, impecablemente vestido, unos días más tarde, a los salones del

Nacional, un centro para los placeres de la clase alta. Sin embargo, los dos jóvenes estaban acostumbrados a estos contrastes. Charles era el hijo de Conrad Lee, el presidente de la Gillette en Cuba, y el padre de Fernando era un abogado muy exitoso. El Hotel Nacional de Cuba es un edificio antiguo español de estilo ecléctico, ubicado en La Habana, que abrió en 1930. Está ubicado frente al malecón, en el Vedado, y se alza sobre un promontorio rocoso de la colina Taganana, que ofrecía una vista abarcadora de todo el Malecón. Era uno de los lugares favoritos de los famosos. La increíblemente sublime Ava Gardner iba siempre. Frank Sinatra se hospedaba allí con regularidad. Ernest Hemingway era parte de la decoración del hotel. Entre los políti os y las estrellas de Hollywood, los capos de la mafi italoamericana también acudían al Nacional con frecuencia. Santos Traffi ante, Meyer Lansky y Lucky Luciano sostenían allí sus reuniones en la paz más absoluta.

Uno podía pasarse toda una noche en el Piano-Bar La Arboleda del Hotel Nacional y senti que las horas se desvanecían al ritmo de las teclas del piano. Esta noche, Frank Domínguez, el conocido compositor, tocaba allí. ¡Cuántas historias, pasiones, dramas, se podían contar junto a esta colina rocosa en Punta Brava, en el lado opuesto de la Bahía de San Lázaro! Pero aquella noche, la hermosa desconocida que acababa de aparecer en el Hotel Nacional eclipsó cualquier misterio e hizo esfumarse a cualquier belleza que rondara la mente de Fernando.

En el salón del hotel, Frank acariciaba las teclas de su piano con dedos muy lánguidos. Una voz embriagadora se alzó. No podía entender la letra, pero sentía que las palabras le tocaban el alma.

> *"J'attendrai, le jour et la nuit,*
> *J'attendrai toujours*
> *Ton retour..."*

La Cantante lo hipnotizó: era "su" dama misteriosa. Era la belleza fascinante, sensual y seductora, que había visto en el Restaurante Carmelo unos días antes.

Al esposo de Solange le gustaba exhibir a su joven y bella esposa. Cuando entraba en una habitación, era un imán para todas las miradas. Si subía al escenario, el éxito estaba garantizado y él sentía la satisfacción de ver al público conquistado por la belleza de su encantadora esposa. Los clientes de La Arboleda también parecían seducidos por ella y Fernando no era la excepción. Sin gota de vacilación, fue el primero en acercarse a felicitar a la joven cuando terminó de cantar.

–Usted es francesa, por supuesto.

–Exactamente.

Solange había nacido en Paris y se había formado en casi todas las disciplinas artísticas: danza, canto, teatro. Formaba parte de una de las compañías del Ballet Ruso en París. "No me sorprende", pensó Fernando, "tiene la gracia de una gacela". La habían elegido para trabajar en la televisión y colaboraba en el programa "La Rueda de la Fortuna" en Nueva York. Luego había conocido a su esposo, David Podell, quien estaba comenzando sus estudios de medicina, y se mudó a Canadá con él cuando decidió seguir estudiando en aquel país. Desde que se había casado utilizaba el apellido americano de su esposo, Podell, y había tenido una hija, Claudia.

–También he formado a actores jóvenes. Me he dedicado casi por completo a preparar una compañía de Teatro Shakesperiano en Canadá. Recibimos a compañías inglesas. Actores de teatro clásico.

–¿Entonces, no actúa en el teatro?

–Solo formo actores, que son casi tan jóvenes como yo. Me gusta mucho. Yo me formé en la Comedia Francesa, en París.

Solange parecía querer contarle al joven la historia de su vida. Le explicó que cuando era muy jovencita había aparecido por primera vez en una película, en Francia, bajo la dirección de Marc Allégret. Había actuado en unos diez filmes antes de comenzar sus estudios de teatro. Todavía era una adolescente cuando Hollywood la tentó, pero prefirió superarse en el New York Actor's Studio.

–¿Y usted?
–Yo simplemente soy un estudiante. Acabo de graduarme de la Academia Hebron, en Hebron, Maine, y me ha aceptado la Universidad de Columbia, que está en Nueva York. Comenzaré mis estudios en septi mbre.
–¿Así que seremos vecinos ocasionalmente? Voy a Nueva York con mucha frecuencia. A veces trabajo para CBS.
–Eso suena fantástico. ¿También trabaja para la televisión? Creo que es usted encantadora y que tiene una voz adorable.
–Gracias, le agradezco mucho el cumplido. Sí, algunas veces hago televisión.
–Sinceramente, estoy encantado de que nos hayamos conocido.
–Siento lo mismo.

Ilustración 12 En el Restaurant Monseigneur. El Vedado, La Habana.

–Si me permite la sugerencia, podríamos encontrarnos más tarde esta noche, en el restaurante Monseigneur está a menos de una cuadra de aquí y es un sitio encantador, con ambiente francés. Si acepta mi invitación – propuso – y le gusta la música interpretada por piano y violines, este es el lugar y la ocasión para deleitar sus oídos. Además, quién sabe, quizás podría deleitarnos con otra de sus adorables melodías francesas.

–Será un placer – terminó Solange con una dulce sonrisa. David, que ahora estaba de pie junto a ella, asintió.

–Creo que podríamos beber algo en este sitio y luego podemos caminar hasta allí.

Frente al Hotel Nacional, había un magnífico restaurante, propiedad de un hombre de negocios llamado Efrén J. Pertierra, un cubano del que se rumoraba que estaba asociado con Lucky Luciano en el negocio del juego: el Monseigneur, con su elegante atmósfera parisina, "Un lugar de encuentro para la crema y nata de la sociedad", como anunciaban los panfletos publicitarios. Lo frecuentaban los ricos. A esa gente le gustaba todo lo francés. La soberbia cocina, la música interpretada por un conjunto de cuerdas importado directamente de Francia, las personas elegantes. Errol Flynn y Nat King Cole cenaban allí de vez en cuando. También era el local favorito del pianista y cantante Ignacio Villa, más conocido como Bola de Nieve, que cantaba en francés mientras tocaba el piano. Esa noche, el conjunto estaba dirigido por Jacques Louissier, un pianista Frances que años más tarde alcanzaría fama internacional.

Pero esa noche, la principal atracción del Monseigneur para Fernando era la exquisita figura que había descubierto por casualidad días antes, cuando estaba en el Restaurante Carmelo con Charles Lee. Había caído bajo el hechizo de Solange. La joven cantó otra vez. Su voz se deslizaba entre las notas del pianista francés, acompañada por violines y otros instrumentos de cuerda. Se tomaron algunas fotos para eternizar aquel instante. Fernando invitó a los Podell con un cheque que firmó de parte de su padre.

Solange amaba sinceramente a su esposo. Pero, contra su voluntad, se sentía desconcertada por este joven misterioso, audaz, sonriente, atento y, sobre todo, terriblemente seductor. Era quizás, el hombre más atractivo que había visto nunca. Así es que el sentimiento que parece empujar nuestra alma más allá de las estrellas era recíproco: Fernando sentía que le crecían alas. El lazo era tan desconcertante que, desde ese momento, los tres amigos no dejarían de verse durante sus breves vacaciones en Cuba.

Fernando no podía dejar de pensar que necesitaba volver a ver a Solange de nuevo, pero en Nueva York, y preferiblemente, a solas.

México, finales del verano de 1955

Tras abandonar Cuba, mientras Solange y su esposo disfrutaban los últimos días de verano en Acapulco, dos hombres pasaban su primera noche juntos en México. Acababan de conocerse. Fue un flechazo político a primera vista: Fidel Castro había conocido a un joven médico argentino, educado en la doctrina marxista-leninista. Este joven había pasado algunos meses en Guatemala, donde se había entusiasmado con las reformas llevadas a cabo en aquel país. Había conocido a algunos revolucionarios cubanos exiliados que habían participado en el asalto al Cuartel Moncada. Antes, el presidente de Guatemala, Jacobo Árbenz, había sido derrocado por un golpe patrocinado por la CIA. La operación secreta había estado destinada a poner fin a una política que el presidente de los Estados Unidos, Eisenhower, consideraba peligrosamente comunista. En aquel contexto, el nuevo amigo de Fidel Castro no podía hacer otra cosa que dejarse reclutar por la iniciativa revolucionaria cubana. Esa noche, los dos camaradas pasaron largas horas discutiendo sobre el "enemigo imperialista", mientras planeaban su próximo paso: conquistar el territorio cubano a través de la lucha armada. Esta discreta reunión sería la llave que abriría la puerta de la revolución cubana. Al amanecer, Ernesto "Che" Guevara se uniría al Movimiento 26 de julio.

Nueva York, otoño de 1955

Solange había tenido la precaución de guardar el número de teléfono que Fernando le había dado, antes de irse de Cuba. Había pensado en él mientras estaba en México. Extrañamente, no podía sacárselo de la cabeza. Cuando llegó a Nueva York, lo llamó en cuanto se presentó la primera oportunidad.

–Fernando, ¿cómo está?
–¡Solange, qué sorpresa! Me alegro tanto de oír su voz. ¿Cómo está? ¿Cómo está su familia?
–Claudia está bien, pero mi esposo no. Se enfermó en México. No puede salir a ninguna parte, al menos por ahora. Debo quedarme en casa y cuidarlo, pero...
–¿Pero qué?
–Le confi so que me aburro terriblemente aquí, de verdad. Si por lo menos pudiera salir a tomar un poco de aire. Mi esposo incluso ha sugerido que usted podría acompañarme, para salir un rato y distraerme un poco.

Antes de su llegada a los Estados Unidos, unos meses antes, ya el público había descubierto a Marcel Marceau, el hombre que se expresaba increíblemente sin necesidad de hablar, en las antípodas de las comedias musicales y los clásicos de Broadway. Los neoyorkinos habían sido seducidos por esta criatura ágil y luminosa que viajaba a mundos invisibles y fascinantes, caminando contra el viento, escalando una escalera imaginaria que surgía de la nada, moviendo hilos de otra dimensión. Fue un éxito rotundo.

Fernando veía la cara del artista, pintada de blanco y coronada por un sombrero de muelle con una flor encima, que bailaba sin cesar al ritmo de los saltos de Marceau. Sus cejas parecían un acento circunflejo y sus labios estaban pintados de un rojo intenso. Su elocuente silencio le hablaba a lo más profundo de tu interior. Solange lo conocía personalmente, así es que después de visitarlo en su camerino para felicitarlo, decidieron dar por terminada la velada. En el taxi que los llevaba de regreso, ella iba sentada muy cerca de él, y Fernando ardía de deseos de ser el mimo del amor. Habría bastado con colocar sus labios sobre los de Solange, sin decir nada. Solo los ojos hablaban. Regresaron tranquilamente, como buenos amigos.

—Si su esposo no tiene ninguna objeción, puedo acompañarla de nuevo mañana por la noche, si usted lo desea, por supuesto.
—Estoy segura de que él no tendrá ningún inconveniente. No le gusta que me prive de salir. Además, a mí me gustaría mucho.

Así es que salieron. Fernando eligió un lugar excelente. Cenaron y bailaron en el lujoso Salón Persa del Hotel Plaza en Quinta Avenida y Parque Central Sur. Mientras bailaba muy pegado a ella, los cinco sentidos de Fernando estaban alerta para captar la delicadeza de su perfume y sentir el calor de su cuerpo. La Nueva York nocturna puede ser electrizante en octubre. Hacía un delicioso frío otoñal en la ciudad aquella noche, una de esas que nunca se olvidan.

Quizás, bebieron un poquito más de la cuenta. El champagne era perfecto. En el taxi que los llevaba de regreso, una vez más, Solange estaba tan cerca del joven que el menor movimiento del carro lo hacía sentir el roce de su vestido de seda. Se inclinó y la besó. La joven lo rechazó suavemente, al principio, y, sin embargo, él siguió besándola una y otra vez. Ella quería resistirse, pero fracasó.

—No, por favor, no está bien.
—No pude evitarlo. Eres una mujer deliciosa. ¿Me perdonas?
—Sí. ¿Cómo podría no hacerlo?
—Eres…
—¿Qué?
—Un Ángel. Un Ángel Soleado. Un delicioso Ángel. Eres mi ángel del sol.
—Dices unas cosas tan graciosas.
—¿Te recojo mañana otra vez, frente a los Estudios de CBS?
—Más te vale. Quiero que me recojas. Te estaré esperando.

Sin embargo, tuvo que soñar un poco más en esos últi días de felicidad. Solange y su esposo tenían que regresar a Canadá muy pronto. Era hora de separarse.

—He pasado momentos tan encantadores contigo. Me siento tan cerca de ti. Estoy realmente abrumada.
—Sí. Yo siento lo mismo.
—Quiero regresar enseguida, pero…
—¿Cuándo?
—Ahora tengo que esperar hasta Navidad. No puedo regresar antes, pero estaré contando los días.

Mientras ansiaba la llegada de las Navidades, Fernando creía poder reconocer todas y cada una de las cabinas de teléfonos públicos en Broadway, desde donde llamaba a Solange regularmente. Ella siempre lo llamaba de día o de noche al teléfono que él había instalado en su dormitorio en la Universidad.

—Te extraño.
—Estaré contigo en Nueva York en Navidad. Por favor, ten paciencia.
—¿Crees que también puedas ir luego a La Habana?
—Sí. Haré todo lo que tú quieras.
No le dijo que no tenía nada de dinero; que había gastado casi cada dólar que le enviaba su padre para el trimestre, o que aquellas llamadas de larga distancia lo tenían en bancarrota. Por suerte, en las últimas semanas, había comido en un pequeño restaurante chino en la Avenida Ámsterdam, a una cuadra de la Universidad. No era caro y además el pan era gratis, así es que podías comer todo el que quisieras. Gracias a aquel pan gratis no se había muerto de hambre. Sin embargo, no le importaba porque pronto vería a Solange de nuevo y, por primera vez, estaría sola, completamente sola. Le había dicho:

—Llegaré a Nueva York en unas semanas y mi esposo arribará unos días después. Estaré sola.

Solange llegó con su hija Claudia y su niñera. Había alquilado una suite en un hotel muy cómodo, cerca del Parque Central Sur. La pequeña y la niñera ocupaban una habitación adyacente que era totalmente independiente de la suya. Solange y Fernando se vieron todos los días. Y todas las noches.

Cuando fueron a bailar a uno de los clubes nocturnos más exclusivos e íntimos de Nueva York, el Embassy Club, en el Hotel Embajador, en la esquina de Avenida Parque y Calle 51, los envolvió la banda de Chancy Gray con un lánguido *Something's gotta give*.

> "When an irresistible force such as you
> Meets an old immovable object like me
> You can bet as sure as you live
> Something's gotta give
> Something's gotta give
> Something's gotta give…".

Bailaron casi toda la noche, casi hasta la hora de cierre del club. Aquel baile al ritmo de Chancy Gray y su banda permanecerían anclados en la memoria de Fernando para siempre. *Something's gotta give*. Algo tiene que ceder. Solange tampoco lo olvidaría nunca. Y sí, algo cedió finalmente.

Mientras Fidel Castro recolectaba fondos en el Este de los Estados Unidos para organizar su revolución y pronunciaba discursos, el esposo de Solange llegó a Nueva York. El trío feliz enlazaba una velada con otra en las noches humeantes de Manhattan, desde el Copacabana hasta el Club Stork. El esposo de Solange pagaba todo, gracias a la generosidad de su adinerada madre.

—¡Esta noche, amigos míos, vamos al Elmo!

Solo los clientes habituales lo llamaban Elmo, que era la abreviatura de El Morocco. En aquel club, te envolvía una atmósfera elegante, con sus famosos bancos rayados imitando piel de cebra – una famosa decoración de Vernon MacFarlane. Tomarse una foto sentado en ellos se consideraba una muestra de buen gusto. El fotógrafo oficial de El Morocco, Jerome Zerbe, había definido a sus clientes de la siguiente forma: "Aquí admiramos a la clase alta neoyorkina e internacional, a las que podemos atribuir casas llenas de tesoros. Son los maestros del arte de vestir con la mayor elegancia. Las mujeres llevan las joyas más hermosas. Son personas salidas de un sueño, a las que uno observa y espera conocer o a las que uno quisiera parecerse".

Al día siguiente, se encontraron en el Club Stork, que conservaba su fachada de los años treinta, aunque, en la Víspera de la Navidad de 1931, los agentes de la Ley Seca cerraron el club por ser un bar clandestino En 1934, el Club Stork fue ampliado con un cabaret ubicado en el número 3 de la Calle 53. Desde entonces, la aristocracia neoyorkina empezó a frecuentar el lugar. Allí podías esperar conocer a Sinatra, a Elizabeth Taylor o a Marilyn Monroe, tomarte algo con ellos, pedirles un autógrafo o una foto. Quizás, incluso un baile; quizás algo incluso mejor.

El Stork había sido el centro de una controversia recientemente, particularmente por su política de admisión. El dueño era reticente respecto a los clientes de color. Algunos años antes la cantante Lena Horne, que iba del brazo de George Jessel, fue increpada por el dueño, Sherman Billingsley, en la entrada del Club.

–¿Quién hizo la reservación?

A lo que Jessel, que no tenía ningún problema para responder, dijo:

–Abraham Lincoln.
–¿Disculpe?
–Abraham Lincoln personalmente hizo la reservación por nosotros.

Es más, ambos personajes se quedaron parados, con una dignidad incuestionable, ante el asombro y la vergüenza de Billigsley. En una ocasión, Josephine Baker acusó al Stork de racismo porque, después de ordenar un bistec, tuvo que esperar una hora por el servicio. Grace Kelly, que había visto la escena, fue hasta Baker, la tomó del brazo y salió del club con sus amigos, asqueada, después de jurar que nunca más iría a aquel sitio. Cumplió su palabra.

Sin embargo, para Fernando, recorrer las pistas de baile de estos clubes legendarios representaba algunos instantes de intensa felicidad, con una compañía encantadora, después de haber comenzado sus estudios en la Universidad, algunos meses antes, y de haber trabajado durante las tardes y las noches.

–¡Corre!
–¿Qué?
–Ven. ¡Toma mi mano y corramos! Corramos juntos.
–¡Estás loco!
–¡Sí, estoy loco! ¡Loco por ti! ¡Volvámonos locos!

Fernando y Solange salieron del club y empezaron a correr hasta quedarse sin aliento, tomados de la mano en la fría y húmeda noche de diciembre. Sus pasos resonaban en la acera, como en una comedia musical en la que bailaran sobre el asfalto. Como si fueran niños o como Gene Kelly y Debbie Reynolds. ¡Chip chap! Saltaban de charco en charco. Así, se olvidaban de todo en las calles de la gran ciudad hasta que se apagaban las luces. Cuando se volvieron, los otros no eran sino puntos detrás de ellos. Fernando y Solange, que apenas habían doblado la esquina, se apoyaron en la pared del edificio y unieron sus labios. Sin abrir los ojos. Sin aliento. Intercambiaron besos furtivos que se hacían más intensos con el latido de sus corazones. Corrían un riesgo, teniendo en cuenta que David y Kirk, el amigo que lo acompañaba, estaban a punto de doblar la esquina. Entonces, su pequeña comedia musical terminó. Los besos permanecieron en secreto. Eran besos clandestinos.

En el mismo instante, otro grupo de amigos se puso en movimiento. Fidel Castro, acompañado por algunos jóvenes revolucionarios, también había viajado a Nueva York. Solo que aún no tenía barba ni uniforme verde olivo, sino un fino bigote, y pronunciaba sus discursos enfundado en un traje elegante. Su propaganda iba dirigida a los cubanos exiliados, entre los que esperaba reclutar hombres y recaudar fondos. En Nueva York, en Nueva Jersey. En Filadelfia y en Miami. Su mente estaba enfocada en su objetivo final: El poder absoluto.

Ilustración 13 **EL PERSIAN ROOM DEL HOTEL PLAZA EN LA CIUDAD DE NUEVA YORK.1955**

6

RELACIONES PELIGROSAS

"Nada humano me es ajeno"
Mario Kuchilán, periodista cubano32

En camino desde Nueva York a La Habana. Diciembre de 1955

–¿Te veremos en La Habana?

Fernando asintió a la proposición.

–Tomaremos un avión hasta Cuba. Puedes ir en Carro a Cayo Hueso y entonces, un vuelo corto a La Habana. Y reunirte allí con nosotros. Eso si tú quieres. Tengo un carro en Nueva York, un Studebaker. Funciona de maravillas. Te lo presto con gusto. Es un viaje hermoso por carretera hasta Cayo Hueso. Cuando llegues allí, puedes coger el ferry o un avión, si prefi res.

La propuesta de David entusiasmó al joven. Era una oferta generosa.

–Velia, nuestra nana, podría cuidar de Claudia – sugirió Fernando.
–Se la recomiendo.

---

32 Una cita famosa de Terence dice: "Homo sum, humani nihil a me alienum puto", o "Soy humano, y creo que nada humano me es ajeno". Este apareció en su obra Heauton Timorumenos.

Si Velia cuidaba de Claudia, significaba que Solange estaría más disponible. Velia había sido una empleada confiable de los Pruna por muchos años, desde que Fernando y Andy habían nacido.

–Y está asegurada – agregó el joven, ocultando una sonrisa.

–Tengan en cuenta que Velia me ha cuidado desde que nací. Entró a nuestro servicio cuando yo solo tenía cuarenta días de nacido. Es una persona maravillosa, la persona perfecta para cuidar de Claudia, su hija. No encontrarán a nadie mejor. Es mi segunda madre.

Fernando tomó prestado el Studebaker del esposo de Solange y de inmediato se puso en camino hacia la Florida, hacia Cayo Hueso, para ser exactos, con un amigo de la Universidad Columbia. Andy, su hermano menor, que para ese entonces estudiaba en Eaglebrook, estaba de vacaciones y también se les unió, al igual que Kirk, el amigo canadiense del esposo de Solange, que también estudiaba medicina en la Universidad Queens de Kingston, Ontario, Canadá.

¿Estaba consciente David Podell de que, al prestarle su carro a Fernando, también podría estar cediéndole a su esposa?

La Habana está a veinte minutos de Cayo Hueso en avión. La distancia es de solo noventa millas. En Cuba, Solange y su esposo se quedaron en el Hotel Rosita Hornedo, en Miramar, un distrito muy chic en La Habana. Era maravillosamente moderno y estaba muy bien valorado. Era de reciente construcción y, curiosamente, todas las ventanas estaban alineadas de forma paralela. Su habitación en el hotel tenía una vista fabulosa del golfo de México.

–¡Solange! ¡Sooooolange! ¡Hola!

Fernando gritaba. La joven se asomó a la ventana.

–¡Estás loco! ¿Cómo se te ocurre gritar así? ¿Qué haces aquí? – Ella sonreía pese a su aparente disgusto.

–Acabo de llegar. Vi que ustedes habían llegado y aquí estoy. ¿Vienes?

–¿A dónde?

–No sé. ¡A cualquier parte! Quizás podamos dar un paseo a pie o en carro. Quiero verte y estar solo contigo, conversar un rato.

Por la tarde, los dos tortolitos se encontraron secretamente en una calle cercana y discreta, y desde allí fueron en carro hasta un motel tranquilo y apartado, ubicado en uno de los bulevares más elegantes y animados de la ciudad: el de Quinta Avenida, en Miramar.

Aparcaron en un garaje anexo al hotel y oculto de la vista a propósito; desde ahí caminaron hasta la habitación por la puerta trasera. Fernando levantó el teléfono para informar a la recepción que tomaban la habitación. No hubo contacto visual con el personal de la administración. La discreción era la norma. Se sentaron en el sofá y comenzaron a charlar casi en susurros, muy cerca el uno del otro. Se abrazaron, se besaron suavemente al principio hasta que la creciente pasión se deslizó por sus cuerpos. El corazón de Solange palpitaba agitado; un sentimiento abrumador e inexplicable se apoderaba de su mente y la confundía. Perdió el control de sus emociones mientras los labios de Fernando acariciaban los suyos. Su pecho se elevaba ligeramente con cada suspiro. Sentía un profundo deseo y a la vez una profunda angustia. Se sentía demasiado bien y, sin embargo, se levantó bruscamente, haciendo acopio de fuerzas y su mejor esfuerzo para librarse de prisa del deseo y la pasión que la inundaban.

"Debo irme", se dijo a sí misma. "Debo escapar ahora mismo". De alguna forma, tenía que desbloquearse emocionalmente. Quizás era el lugar, no le gustaba. Pero también estaba su consciencia, las cosas que venían a su mente: "Mi esposo, mi hija".

Se arregló el vesti , que no se había quitado del todo después de besar a Fernando interminablemente. Se acomodó el pelo con las manos lo mejor que pudo antes de salir corriendo a la calle, huyendo como una vulgar ladrona, mientras Fernando se lavaba las manos. Cuando salió del baño, vio con ojos atónitos que Solange corría como un cervati aterrorizado.

En aquel barrio habanero, la Quinta Avenida estaba muy colorida y concurrida. La elegante joven que corría asustada por la acera no pasó inadvertida para el carro patrullero de la policía secreta. Corría por una calle rodeada de palmas y casas hermosas. Fernando corrió tras ella rápidamente hasta que la atrapó y la sostuvo en sus brazos.

–¿Qué bicho te picó? ¿Qué pasó, te volviste loca?
–Ay, Fernando. Todo esto me parece realmente sórdido.
–¿Qué? ¿Qué quieres decir?
–Ese lugar en el que nos metimos, me avergüenza, Fernando.
–¿No te pareció conveniente?
–No, y no quiero hablar de eso. Creo que no entiendes. Somos nosotros los que no hemos actuado de manera conveniente.
–No sé qué decir. No entiendo.

¿Era la vergüenza al pensar en su hija Claudia que estaba allí con ella de vacaciones? ¿La terrible sensación de estar engañando a su esposo, de quien, en medio de su confusión, creía estar enamorada aún? ¿El misterioso efecto de sentirse magnetizada por aquel joven hermoso al que deseaba y, a la vez, necesitaba rechazar con todas sus fuerzas? Una paradójica contradicción y una simple síntesis de todas las historias de amor. Se decía a sí misma que Fernando era un perfecto don juan, un seductor y un mujeriego, pero se sentía atrapada en su telaraña, cuando su dulce sonrisa traducía la expresión de sus ojos, que permanecían ocultos detrás de los espejuelos oscuros.

Se oyó un bocinazo alto y claro. El jefe del carro patrullero los había seguido. Su voz sonó tras ellos:

–¡Deténganse! ¡No se muevan! Es la policía – ordenó el oficial por el altavoz, a través de la ventana abierta del carro. La joven pareja obedeció.

El oficial salió del carro patrullero y caminó hacia ellos. Dentro del carro, tres agentes observaban la escena.

–¿Señorita, este hombre la está molestando?
–¡No, en lo absoluto! Es solo un juego.
–Un juego, pero usted parecía querer escapar de él a toda costa. ¿Le ha hecho daño?
–No, no. – Solange insistía, molesta consigo misma por provocar un incidente tan embarazoso.
–Puedo asegurarle que se trata de un error – le dijo Fernando al oficial.
–No le pregunté a usted. Por favor, muéstreme su identificación. ¿Es usted cubano? Sus documentos, por favor.
–Mi nombre es Pruna. Fernando Pruna. Y sí, soy cubano.
–Le dije que me muestre su identificación – lo amonestó el agente.

Fernando no protestó. Con tantos revolucionarios por todas partes, cualquier comportamiento inusual resultaba sospechoso en La Habana. Los controles policiales se habían vuelto rutinarios. Había arrestos en todas partes. Se había arrestado a algunos estudiantes de la Universidad de La Habana y a algunos de Santiago de Cuba que habían protestado contra el régimen de Bati ta. Los carros de la policía patrullaban las calles de La Habana día y noche, y tenían autoridad para arrestar a cualquiera que consideraran sospechoso de estar involucrado en acti revolucionarias. La represión era particularmente intensa contra los agitadores que ondeaban la bandera de la revolución en escuelas y universidades. La fuerza represiva policial no vacilaba en detener a cualquiera que causara problemas. A veces, todo ocurría tan rápido que uno podía encontrarse arrestado y sometido a un violento interrogatorio sin haber tenido tiempo de entender lo que sucedía. El mal entendido le había puesto la carne de gallina a Fernando. Estaba preocupado.

–Oficial, este es un asunto privado entre un hombre y una mujer. Permítame informarle que mi nombre es Fernando Pruna y mi padre es un abogado que pertenece al círculo de colaboradores más cercanos del presidente Fulgencio Batista.

El joven le entregó sus documentos al oficial de la policía. Además de su identificación, le entregó un salvo conducto firmado por el propio presidente Batista, que le había dado su padre para su protección.

La cara del jefe de la patrulla se relajó enseguida y mostró una sonrisa discreta y respetuosa. La tensión del momento se disipó al instante.

—Me complace ver quién es usted, joven. Por favor, continúe con sus asuntos. – fue la lacónica respuesta del agente. – Sin embargo, debe saber que tenemos órdenes de arrestar a cualquiera que parezca sospechoso. Lamentamos mucho el incidente y le rogamos que tenga cuidado, la calle puede ser muy peligrosa en estos momentos.

—Entiendo, oficial. Muchas gracias.

Tan pronto como el agente abandonó el lugar, Fernando agarró a Solange por los hombros.

—¿Qué pasó? Nos abrazamos, nos besamos, y al minuto siguiente saliste corriendo como una loca.
—Lo siento, Fernando, no me gustaba ese lugar. Era sórdido. Estar contigo me hacía sentir bien, pero el lugar me hacía sentir mal. Estoy desconsolada. No me gusta este juego.
—Quiero que seas feliz. Mereces sentirte satisfecha.
—Eso no es fácil, estando con mi esposo. Tengo la sensación de que me frena, me controla todo el tiempo. Pone obstáculos a mi vida y a mi carrera. Hace poco, justamente, me dejó ir a una audición en Toronto. Es un personaje soberbio en una obra de un gran dramaturgo ruso. Pudo haber sido muy bueno para mi carrera.

Solange permaneció absorta por un instante, perdida en sus propios pensamientos, recordando su audición en Canadá, para un papel en La historia del soldado, de Igor Stravinski. Ya había hecho una audición para la obra en Nueva York, cuando había ido a ver al rey de la mímica, Marcel Marceau, con Fernando. En el último momento, su esposo le había dicho que no quería que actuara en la obra. Le había hecho lo mismo en Nueva York. Ella tenía un proyecto magnífico con CBS para un programa de televisión e incluso un personaje en una película con Orson Welles y Eartha Kitt. En el último momento, la misma situación. David dijo que no.

—Decidió que teníamos que ir a Acapulco por unos días. Así es que tuve que dejarlo todo. El resultado fue que los estudios ya no quieren que trabaje para ellos. Me han puesto en la "lista negra" de actrices. Es muy raro que los estudios contraten a alguien para un espectáculo en vivo y que les fallen en el último momento. Es algo inaudito, sin precedentes, sencillamente inconcebible.
—¡Si te sientes así, debes dejarlo, Solange! Tú mereces más. En cuanto a mí… No terminó la frase ni dijo las tres palabras más difíciles. Solange ya lo había cortado.
—A pesar de todo, creo que David y yo nos amamos. Podría estar engañándome a mí misma, pero es lo que creo. Así es que sí, no sé. Me siento perdida y confundida, y tengo miedo, estoy muy asustada. Tú me asustas, Fernando. Me asustas mucho.
Luchaba consigo misma.
—Tengo que volver. ¿Me dejas, por favor? Me resulta muy difícil separarme de ti, pero tengo que hacerlo. Al menos, por ahora. Necesito recuperarme.
—¿Te veré esta noche?
—Esta noche voy al cabaret Tropicana con David. ¿Sabes quién canta? Solange evocó a la actriz con emoción.
—Va a ser magnífico. Tienes que escuchar a Edith Piaf algún día, si aún no la has escuchado.

Recordaba cuando había visto a la cantante en Francia, años antes. Después de la Segunda Guerra Mundial, ambas actuaban en la misma revista musical en ABC, el famoso Teatro de Variedades de París. Incluso, bajo la ocupación nazi, el cabaret no había dejado de cantarle a la felicidad, y ahora, en una ciudad liberada y embriagada de alegría, Maurice Chevalier celebraba su regreso. El año siguiente, Solange, una joven actriz en aquel momento, se unió a la compañía como bailarina. Con la cantante intercambió algunas palabras sobre el trabajo y sus respectivas carreras.

Después de separarse de Fernando, Solange regresó inmediatamente a la Quinta Avenida. En la calle, la combinación de colores, sonidos y deliciosos efluvios creaba una fiesta para los sentidos bajo la luz del sol. Tendría que haberse sentido aplacada y, sin embargo, se sentía deprimida. Cuando David le preguntó dónde había estado por la tarde, le respondió con evasivas. Le contó que había estado dando un paseo, intentando aprovechar los últimos instantes privilegiados bajo el sol, ya que empezaba a oscurecer.

> *"Canta vestida de negro, sin joyas,*
> *Calzada con zapatos sin tacón",*
> *Bohemia -Revista cubana*

Tropicana

Cuando uno viaja a La Habana, uno de los lugares de obligada visita es el cabaret Tropicana, bautizado con el rutilante nombre de "Paraíso bajo las estrellas". El escenario era enorme, las palmas se alzaban desde las pistas de baile hacia el cielo, atravesando la arquitectura moderna y atractiva del local. Las cantantes avanzaban contoneándose entre las mesas con sus vestidos de lentejuelas. Era el Montecarlo de las Américas, como anunciaba la publicidad, y había sido construido en 1939, en una amplia propiedad con vegetación exuberante, en las afueras de la ciudad.

Durante el período que siguió a la depresión, el club, cuyo nombre inicial fue "Edén", se transformó en el *Beau Site*, en el que se combinaban un cabaret de primera categoría y un casino. Sin embargo, pronto fue rebautizado "Tropicana" debido a su ambiente tropical. La sílaba "na" se agregó al final porque era la última sílaba de Mina, nombre de la primera dueña. Para el momento en que Solange y su esposo acudieron a ver cantar a Edith Piaf, el local era propiedad de Martin Fox, uno de los pocos cubanos que poseía un cabaret de este tipo. En él se mezclaban el ambiente parisino y el calor tropical cubano. El asfalto brillaba bajo las luces de los carros. En La Habana caía una fina llovizna y en aquella atmósfera húmeda del trópico, los reflectores iluminaron un pequeño punto en el escenario. En las antípodas de mundos de hierro, enfundada en un brillante vestido de lentejuelas que producía un frufrú con cada movimiento, y ataviada con las plumas a las que los habituales del Tropicana estaban acostumbrados, apareció, como si flotara en el aire. Las primeras notas musicales de un color perfecto dieron paso a la actuación. La orquestación era excelente.

–Es maravillosa – susurró Solange, mientras sus oídos devoraban *La vie en rose*.

Lloró de emoción ante la visión de la pequeña mujer. En el escenario al aire libre, ubicado en el centro de Tropicana, la llovizna caía sobre *La Móme*. La joven no podía evitar pensar "esa lluvia son lágrimas del cielo".

La "Grande de Francia", como la llamaban los periódicos, había viajado a Cuba dos veces antes. Cantó primero en el Sans-Souci, y luego, al año siguiente, en el Montmartre de La Habana.

–¡No, no! – le dijo al luminotécnico, que la miró desconcertado – Quiero luces blancas, muy simples, nada más.

–¿Está segura? – le preguntó el coreógrafo. – La gente apenas podrá ver sus vestidos Christian Dior.

–Llevo un vestido negro precisamente para que el público vea mis gestos, los movimientos de mis manos, no mi vestido – respondió ella.

No le importaba en lo absoluto si el público veía o no sus vestidos Christian Dior; era en su voz y en sus gestos en lo que debían concentrarse. Cuando uno trataba con una artista de esta talla, de la misma categoría y cachet de un Nat King Cole o un Bing Crosby, no había nada que discutir; había que dejarla hacer lo que quisiera. En cuanto uno la escuchaba cantar, sentía que podía perdonarle cualquier cosa, incluso si uno tenía que sentarse allí con el estómago vacío y la garganta seca, ya que ella exigía que no se sirviera nada de beber o de comer mientras cantaba, ni siquiera un vaso de agua. Con las luces iluminando el escenario de acuerdo a sus deseos, la voz de *La Móme* alegró los corazones. Era emocionante. El público no tuvo problemas con tener la garganta seca mientras *L'Hymne de l'amour* se deslizaba entre las mesas e inundaba el aire, arrancándoles a los presentes una enorme ovación. Solange no dejaba de susurrar "Es hermoso". Al final del espectáculo, ella y David fueron a saludar a la artista en su camerino, pero el ícono estaba tan solicitado que tuvieron que irse sin tener la oportunidad de hablar con ella. Una vez en casa, David volvió a emprenderla a preguntas con Solange.

—Entonces, ¿dónde estabas esta tarde? Apenas acabábamos de llegar y desapareciste. Apuesto a que fuiste a ver a Fernando.
—Por última vez, no. ¿Qué quieres decir? Estaba paseando en la playa, relajándome, disfrutando la vista del mar.
—Creo que es un poco insistente y avasallador.
—¿Qué quieres decir? No sé de qué estás hablando.
—Vamos, por favor, no te hagas la inocente. Está todo el tiempo revoloteando alrededor tuyo como una abeja alrededor de la miel. Además, parece que tú lo disfrutas y que te atrae. Las miradas que cruzas con él, la forma en que lo miras. Si crees que no me he dado cuenta, te equivocas. Esta noche, parecías absorta, como si estuvieras en otra parte.
—Bueno, me dejé llevar por la emoción. La Piaf estuvo sublime.
—Hay un lazo entre ustedes dos. Lo percibo. Lo sé.
—¿Puedes callarte? No dices más que tonterías, estás delirando.

–Voy…

–¿Vas a qué?

–¡A volverme loco!

–¡Loco! ¿Qué estás diciendo?

–Me has entendido perfectamente. Loco de celos.

–No sabes lo que dices. No hay nada entre nosotros. Fernando es solo un buen amigo.

Varias tramas y estrategias se desarrollaban al mismo tiempo. Lejos de allí, se sostenía una conversación de una naturaleza muy distinta.

–Me ha retrasado. Todo el tiempo que tuve que pasar en prisión fue tiempo perdido.

–Era necesario para reclutar a los mejores, los que estuvieran dispuestos a regresar para liberar al pueblo de la tiranía y de la opresión. Pero agarraré cualquier arma y lo mataré. Debe morir.

–Va a ver lo que le tengo preparado – exageró Ernesto.

–Es un obstáculo para mi carrera – siguió hablando Fidel.

–Agarraré un arma y lo mataré si es preciso –. Repitió Camilo.

Fulgencio Bati ta podía haberle perdonado la vida, pero, en nombre de la Revolución, Fidel tenía que hacerlo pagar por sus crímenes como se merecía. No habría perdón para Bati ta ni sus seguidores. Fidel había sido perdonado, pero no estaba dispuesto a perdonar. Ni entonces ni nunca.

Complicaciones familiares

–Buenos días, señora Pruna. Me he tomado la libertad de llamarla.

–David, ¿cómo está? Qué gusto saber de usted.

–Precisamente, quería hablar con usted. Creo que Solange pretende dejarme.

–¿Qué dice usted? ¿Habla en serio?

–Creo que es cierto. Solange se está viendo con su hijo. Creo que se siente atraída por él.

—¿Qué? No, imposible. Solange y Fernando no son más que buenos amigos que se aprecian mutuamente.

—No estoy tan seguro de eso. Hay más, creo que hay mucho más.

—Escúcheme, hablaré con mi esposo de este asunto. Él tendrá una conversación seria con nuestro hijo si es preciso. Honestamente, David, creo que usted podría estar equivocado. Su esposa luce muy enamorada de usted. Además, ustedes tienen una hija adorable, y están casados. No, no puedo creer lo que me está diciendo.

En otra parte

—Papá, es la joven de la que te he hablado, Solange, la hermosa actriz francesa.

—Creo que estoy al tanto. David ha hablado con tu madre por teléfono.

—¿Y qué le ha dicho?

—¿En qué atolladero te has metido?

—Su esposo está hecho una furia, está como loco. Quizás hasta quiere matarme, Solange me lo ha insinuado.

—¿De qué me estás hablando, Fernando? ¿No puedes ser un poco más prudente? Si ese es el caso, tienes que olvidarte de ella. Estás jugando con fuego. Escúchame, vas a hacer exactamente lo que te ordene. No te metas en más problemas. Yo voy a hablar con él. Voy a tratar de calmarlo y hacerlo entrar en razones. Parece que está muy enamorado de su esposa.

—¿Te das cuenta de lo que me pides que haga? No es justo.

—No discutas. No tienes ningún derecho a reclamar. Creo que hay solo una cosa que puedes hacer para evitar más problemas. Toma el primer avión para Cayo Hueso y regresa a Nueva York. Sería mejor si salieras de La Habana lo antes posible.

—¿De verdad crees que la situación requiere unas medidas tan drásticas?

—Regresa a Nueva York y reinicia tus estudios en la Universidad. No debes volver a verla, al menos durante largo tiempo. Aunque lo mejor sería que te olvidaras de ella por completo, hay otras mujeres en el mundo, sabes. Te sugiero evitar las mujeres casadas en el futuro. Por el amor de Dios, qué desastre. Ayudaría mucho que te pusieras en marcha.

–¿Por cuánto tiempo? Quiero decir: ¿por cuánto tiempo no debo verla?

–¡Cómo voy a saber yo! ¿Podrías dejar de preguntar tonterías? No tienes idea de las complicaciones que has creado. Sería de mucha ayuda que regresaras a la Universidad. No vuelvas a verla durante al menos un año, eso debe ser tiempo suficiente para que las cosas se calmen. Sería mejor que no volvieras a verla nunca más, pero te conozco. Déjame manejar esto; voy a invitarlos a los dos a almorzar al Habana Yacht Club. Me gustaría que actuaras con más sensatez y diplomacia con respecto a las mujeres. Particularmente, con las mujeres casadas. Mientras tanto, haz tus maletas. Te voy a poner en el primer avión y no hay peros que valgan. Te vas.

–Solange, nos gustaría invitarlos a usted y a David a almorzar en el Habana Yacht Club. Creo que lo van a disfrutar.

Solange colgó con cierto nerviosismo, aunque la señora Pruna le había asegurado que Fernando no estaría allí. La situación sería un poco menos tensa. La atmósfera elegante del Habana Yacht Club lo hacía el sitio ideal para llevar a cabo negociaciones delicadas. Sin embargo, la señora Pruna y Solange mantenían la distancia.

–Por favor, Solange, permítame invitarla a bailar. Estaremos más cómodos para hablar. Mire, considero que todo este asunto es desconcertante, pero creo que mi hijo se siente muy atraído por usted, y que quizás usted siente lo mismo – comenzó el Doctor Pruna.

–La verdad es que me gusta mucho su compañía: bailar con él, conversar. Pero...

–¿Lo dejaría por Fernando?

–¿A quién?

–A su esposo, David.

–No, no. Yo amo a mi esposo. Adoro a mi hija. No y mil veces, no.

–Creo que tiene que olvidarse de Fernando. Es joven y honestamente, si me permite decirlo...

–Pero no tengo ninguna intención de ...–interrumpió Solange.

–Es joven, es simplemente un estudiante y como tal no tiene dinero propio, menos aún para asumir la responsabilidad de una familia. De su pequeña hija. Además, no sería razonable de su parte abandonar a David. No sería inteligente. Pronto será médico ¿no es cierto? Es solvente desde el punto de vista financiero. Puede mantenerlas a usted y a su hija. Debe sopesar estos hechos.

Solange, confundida, aturdida, ni siquiera tuvo tiempo de responder. El Doctor Pruna habló primero:

–Me pregunto si mi hijo es adecuado para usted. Es un poco salvaje. Déjeme decirlo así: Cuando conoce a una verdadera hembra, él...

Solange se sentía atrapada en la red de un triángulo amoroso que era difícil desentrañar, y en el que la sombra de Fernando solapaba la figura de David continuamente. Miró de reojo hacia la mesa y notó que la señora Pruna, por su parte, trataba de calmar a David.

–Tiene usted una esposa tan adorable.

Los Pruna hicieron cuánto estaba a su alcance por tranquilizar a David y desalentar a Solange. Eran excelentes diplomáticos. Cada territorio permaneció a salvo. No se desenfundó ningún arma.

Persistió una guerra fría, pero la tensión pareció disminuir. Solange suspiró, de alivio, quizás, esperando el próximo ataque.

"A veces, me gustaría tener algunos meses más para ver qué me depara el futuro" – meditaba ella. Necesitaba más tiempo para poner sus sentimientos y sus deseos en orden. Pero no había tiempo. Tenía que seguir adelante.

"En 1956, seremos héroes o seremos mártires"

Fidel Castro acababa de pronunciar un melodramático discurso en un teatro de Miami. Estaba decidido a invadir el territorio cubano. Se preparaban en México y creían que el General estaba ansioso por enfrentarse, en medio de la guerra fría entre los Estados Unidos y la Unión Soviética. En cuanto a Fernando, no había hecho sus maletas aún.

Un huracán surgía en el horizonte y amenazaba con sacudir estas latitudes cubanas y desatar la fuerza de los elementos. El barómetro caía y el termómetro subía. Las temperaturas aumentaban, . Se sentía el calor.

Ilustración 14 DENISE DARCEL

CAPITULO SIETE

LA VIVAZ DENISE

"Es una ola de calor tropical
Que hace subir la temperatura hasta 35 grados."
Marilyn Monroe

El Monseigneur, Vedado, Navidad de 1955

Los turistas se afanaban en hacer sus compras de fin de año. Los almacenes estaban llenos y las tiendas de la calle Galeano, iluminadas. En el cálido ambiente del restaurante Monseigneur, una orquesta interpretaba las suaves notas de un bolero. Solange y su esposo empezaron a bailar. Fernando interrumpió y abrazó a su chica bajo la mirada escrutadora de su esposo.

–Les deseo a ambos una Feliz Navidad – exclamó una joven – ¡Que Santa Claus vacíe su bolsa de felicidad en su chimenea!
No se daba cuenta de que en Cuba no había chimeneas, pero la alegría era ilimitada. Hablaba con un acento deliciosamente arrullador y fuertemente francés.

–¡Eh, esta mujer me parece familiar, déjame mirarla! – exclamó una voz masculina. – Pero ¿esa no es? ¿Cómo se llama? ¡La protagonista de **Vera Cruz**, la película deL oeste!

–¡Ese escote lo puede matar de un infarto, se lo advierto!

Las miradas masculinas intentaban sumergirse en el provocativo escote. Las mujeres descubrieron que tenían motivos para preocuparse y que la bomba sexual francesa no tenía nada que envidiarle al busto hiperbólico de Jane Mansfield. Por esta razón se había permitido, una vez, dirigirse a un fotógrafo en estos términos:

–Por favor, llévese estas flores tan bonitas. ¿No se da cuenta de que obstruyen la vista de mi escote? Y apuesto a que usted no quiere obstruir esta vista.

–Hace años, Francia nos hizo el magnífico regalo de la Estatua de la Libertad, para agradecernos todo lo que habíamos hecho por esta. No sé qué habremos hecho bien esta vez los americanos para merecer este segundo regalo que viene directamente de Francia. ¡Para ustedes...

Así comenzó el espectáculo de **Dean Martin y Jerry Lewis**, el 2 de noviembre de 1951, en la NBC.

... la señorita Denise Darcel!

Todo era sensualidad en la señorita Darcel. Los americanos la adoraban y la francesa lo sabía. Se dio cuenta enseguida, en cuanto aterrizó en la ti a del Tío Sam, a fi s de los años cuarenta. Cuando bajaba de una limusina para asisti a un estreno, era como una diva a la que envolvía el misticismo en la misma forma que la envolvía su abrigo de visón. Causaba sensación con sus vesti Christi Dior. Los periodistas ya decían que había algo en ella que la haría saltar muy pronto a los ti es de los periódicos. También habían notado que tenía un interesante vicio femenino: ¡no dejaba de hablar! Denise era una parlanchina y gesticulaba todo el tiempo. Repetí interminablemente su zze of zziss, y a los americanos les fascinaba ese toque exóti o. Era muy inusual y le gustaba bromear, lo que, en cierta forma, era su marca. Un creati o coctel de humor y extravagancia para una hermosa mujer, que emanaba atracti o sexual, con una lengua afi que decía todo lo que le pasaba por la mente. Esta bomba sexual de la postguerra lo tenía todo para encantar a los hombres. Sobre todo, a David y, por supuesto, a Fernando.

Solange fue a saludar a Denise.

–*¡Bonjour!* Veo que las dos somos francesas y estamos en el mismo negocio.
–¿Usted también es cantante? – preguntó Denise.
–Algo así. Además, he hecho películas – incluso televisión. Pero lo que más amo es el teatro.

Denise fue amigable, locuaz y divertida desde el principio.

–Como yo, entonces. ¿Puedo presentarle a mi hermana Hélène? Tiene una de las voces más hermosas que se pueden escuchar y sin embargo es tan modesta. Nunca se alaba a sí misma. ¡Así es que lo hago yo por ella!

Denise estalló en una carcajada. Hélène, una encantadora morena de ojos oscuros, sonrió y solo dijo un discreto "Hola". Era obvio que Hélène, pese a su belleza, era muy modesta y tranquila, en comparación con la personalidad abrumadora de su hermana. Denise explicó que su hermana cantaba en hoteles y clubes nocturnos.

–Me uní a Denise en Nueva York hace algunos años. Denise empezaba a ser conocida del otro lado del Atlántico en ese momento.
–América me asustaba un poquito, al principio. ¡Es tan grande, y está tan lejos de mi país! Sin embargo, era tan emocionante a la vez.

Los contratos llegaron uno detrás del otro. Entonces, Jack Benny, el famoso showman de la televisión, la descubrió cuando trabajaba en un club nocturno, en Nueva York.

–Jack Benny me invitó a su programa, en la transmisión del 31 de diciembre.

–¡Pero por favor, presente a sus amigos! – interrumpió tajantemente Denise, dirigiéndose a Solange.

–David, mi esposo. Fernando, nuestro amigo cubano.

–Encantada de conocerlos. ¿Cómo están? Vayan a verme al cabaret del Sans-Souci mañana. Ahora canto allí. Mañana va a ser una gran noche.

Lefty Clark abrió su nuevo casino cabaret de dos millones de dólares. Había recuperado el Sans-Souci para relanzarlo bajo las estrellas. Su nombre era William Bishoff, más conocido en La Habana como Lefty Clark, Clark el zurdo. Llegó de Miami, donde manejaba los grandes clubes y Balnearios de la Florida. Era una figura simbólica en estos ambientes.

Con sus grandes y hermosos pechos, Denise tenía buenos argumentos para ser contratada como estrella del espectáculo. Iba a explotar cuando entrara en la pista y empezara a cantar y a bailar. Denise hacía arder la esencia de los cubanos. Si hubiera sido un puro, los hombres la habrían inhalado y fumado hasta quedarse calcinados. Si hubiera sido un vaso de ron, se la habrían bebido hasta la última gota, emborrachándose con su cuerpo. Si hubiera sido un baile, habría sido un mambo, uno de esos que te atrapa y no te dejan soltarte.

Mientras tanto, en el Monseigneur, cuando Fernando no estaba cerca de ella, David no estaba lejos. Solange no se dejaba engañar por su risa disimulada ni su apariencia. Era tan hermosa, tan vivaz, tan libre, tan sexy, tan llena de vida, que era una amenaza para todas las mujeres a su alrededor. Podías verlo en sus ojos y sentirlo en su voz, en su sensualidad palpable. Entre película y película, iluminaba los clubes nocturnos, los cabarets y los salones elegantes de los grandes hoteles de América, desde Las Vegas hasta Los Ángeles y desde Nueva York hasta Montreal. Durante sus giras como atracción principal de los espectáculos cautivaba a los distintos públicos con su personalidad y su espíritu vibrante. (...) ¡Denise era una revolución francesa en suelo cubano! Tan pronto como un hombre empezaba a alejarse de ella, lo reemplazaba otro que también quería probar suerte. Con la señorita Darcel ocurría como con el juego en los casinos: Todos esperaban ganar, pero la gran mayoría fracasaba.

—He trabajado toda mi vida. Quiero decir que comencé muy temprano, a los doce años de edad. ¡Éramos cinco hermanas en casa! Mi padre era panadero y luchaba por alimentar a todas sus hijas. Durante la guerra, los nazis vinieron a casa un día y lo mataron de un tiro. Así como así, lo asesinaron. Al final de la guerra, encontré empleo como vendedora de rayón perfumado en uno de los grandes almacenes de París. Inesperadamente, un día alguien me vio y me dijo que quería fotografiarme.

"¿Se lo pueden imaginar? ¡Quería fotografiarme a mí! No podía creerlo. Las fotos se convirtieron en mi pasaporte para entrar a América. Me habían descubierto. Como por arte de magia, de pronto me convertí en 'La Chica Más Hermosa de París' y 'La Chica más fotografiada de Francia'".

"Cuando era una niña, solía soñar con llegar a ser actriz o cantante. Así es que no me hice de rogar y tomé el primer barco a Nueva York. Así fue como mi sueño se hizo realidad. Y encima, como la guinda del pastel, en América. ¡No podía pedir más! No, no soy tan conocida allá, en Francia. Ah, seguramente soy mil veces más conocida en Montreal que en París. Además, me gustan los canadienses y ellos me adoran. Incluso hablamos el mismo idioma. Bueno, es un poco distinto, pero al menos puedo hablar mi propio idioma. Me hace bien.

Se acercó un periodista.

—¡Denise, Denise, por favor, unas palabras!

Quería captar los momentos más cruciales de su vida.

–¿Qué piensa de los americanos?
–¿De los americanos? Bueno, piensan más en el dinero que en el amor.
¿No es cierto?

Después de reflexionar por un segundo, con el mentón entre el índice y el pulgar, y el ceño fruncido, en una pose estudiada, agregó:

–A menos que el amor sea un negocio. ¡El negocio del corazón! Sí, es un mercado indetenible con partes todavía por conquistar. Pienso que los americanos son muy parecidos al vino francés. ¡Se te pueden subir a la cabeza!

–¿Le gusta el champagne, señorita Darcel?
–Por supuesto que me gusta el champagne. ¿Qué clase de pregunta es esa?

Denise estalló en una carcajada burbujeante como el propio champagne y después de un par de sorbos en silencio, exclamó:

–¡Excepto cuando me lo lanzan a la cara!

No había olvidado que su exesposo – bueno, uno de sus exesposos – le había lanzado a la cara una copa de champagne en medio de una discusión, una vez.

–¿Con qué sueñan las mujeres hoy?
–¿Con qué? ¡Con los hombres, por supuesto! ¡Con el hombre prefecto, con su alma! Pero la envoltura del alma también debe ser atractiva. Por favor, no me haga hablar de los hombres, estaría hablando de ellos por horas, y entonces usted escribiría lo que le viniera en ganas. Una vez, me sentí muy ofendida por una publicidad muy despreciable sobre mí: Si el dinero creciera en los

árboles, yo estaría dispuesta a casarme con un gorila. Pues no, eso no es cierto.

El atractivo sexual de esta mujer resultaba inquietante. Por supuesto que a Fernando eso no le desagradaba en lo absoluto, ya que no era insensible a sus miradas ni a sus guiños. No hay negocio como el negocio del espectáculo. En consecuencia, el mercurio subía en el termómetro de este caballero.

CAPITULO OCHO

 **8** 

LA VIDA COLOR DE ROSA

"En La Habana no existe el aburrimiento.
Es el París de Las Américas
La muy sublime perla de las Antillas
La ciudad más sexy del mundo".
Jay Mallin Sr, Havana Night Life, 1956"

Cabaré Sans-Soucí, La Habana, 1956

En la entrada del Sans-Souci, en una esquina, una rubia murmuraba al oído de su afortunado caballero. Le vendía sus encantos, y entre suspiro y suspiro dejaba escapar dulces gemidos. Se echó el pelo hacia atrás como una actriz que acabara de ver a un fotógrafo aproximarse.

Es el reino de las tres "R", *mon cheri.*

Incluso, pronunciaba la palabra *Cheri*, con acento francés, prolongando la "R" en un esti sudamericano, marcándola con fuerza para proporcionarle una sensualidad que ella consideraba propia de los lati

—¿Las tres "R"?

—Rrrrrrr — ronroneó ella como una tigresa que haría palidecer de envidia a la felina Earth Kit, que era, sin embargo, la reina del ronroneo.

Caminó alrededor de él.

—Ron
Ejecutó un paso de baile.
—Rumba.
Y entonces, otro paso de baile.
—¿Coca cola americana y dólares? – Se aventuró, caminando hacia él con contoneo exagerado.
—No, vamos a ver... Ron, rumba y ... Estalló en una carcajada.

—¡Y, además, la Ruleta!

El nombre era perfecto para el lugar. Deje sus preocupaciones en la entrada. Era un paraíso para los ojos, los oídos y las gargantas. Durante los segundos de silencio entre dos números musicales, uno podía oír las copas rebosantes de champagne entrechocar. Nadie se aburría. Nunca.

Sin embargo, una naciente revolución había estado agitando la isla y se hacía sentir en todas partes. Estaba en cada esquina de la ciudad. Pronto reclutó a todos los que se dejaron seducir y hechizar por ella. Era capaz de adoctrinar y confundir a cualquiera. Contaba con turbas de partidarios. Hombres. Mujeres. Sin distinción. Se movían en filas perfectamente sincronizadas. Aquella revolución se había hecho tan popular que aquellos que no se le unían lucían sospechosos. Contaba con poderosos y rutilantes ejércitos de cuero, que disparaban y hacían a miles seguir el paso. Esta revolución te golpeaba en cada esquina, sin ninguna advertencia previa. Te agarraba por sorpresa, te apresaba por horas interminables, sobre todo a altas horas de la noche. Si te daba un respiro era solo para acosarte mejor y machacarte con su ritmo. Esta revolución era el ... Mambo. La Habana se convirtió en una hoguera de música, en un estruendo de dólares en un temblor de cuerpos. El ritmo de las congas ponía a los clientes a bailar de manera frenética en las pistas de baile y desinhibirse tanto como las bailarinas y bailarines de las revistas.

A unos diez kilómetros de La Habana, el Sans-Souci había sido construido después de la Primera Guerra Mundial y era frecuentado por americanos ricos. Nunca cerró del todo sus puertas, ni siquiera durante la Gran Depresión que siguió a la caída de la bolsa, cuando gradualmente desaparecieron los turistas del lugar y empezó a recibir gánsteres. Todos los días se escuchaba el mantra de las máquinas traga perras y las voces de los crupieres, que siempre se las arreglaban para hacer que el usual "Hagan sus apuestas" sonara como si uno lo escuchara por primera vez, renovado y alentador.

Cuando uno entraba allí, tenía la sensación de entrar en un jardín. Era la magia justo a dos pasos del Aeropuerto Norteamericano de Cayo Hueso: Paquetes turísticos de fin de semana, boletos de avión totalmente asequibles, restaurantes *happy hour*, noches en los clubes nocturnos y noches en hoteles para vivir unas horas de locura. Dentro del cabaret, las bailarinas meneaban las caderas y las orquestas tocaban en vivo toda la noche. Apenas dos horas después de aterrizar, los turistas ya podían entregarse a la pasión de la ruleta, a los dados, al blackjack o al bacará. Las opciones de juego eran múltiples. Otros venían en yates con paquetes de todo incluido.

En la punta de la pirámide del Sans-souci, el lugar de honor lo ocupaba el número dos de los capos de la mafia, después de Meyer Lansky: Santos Trafficante Jr.

Cuando alguno de los clientes que visitaba el cabaret reconocía al dueño, le daba un golpecito discreto con el codo a su vecino en la ruleta. Con sus espejuelos y su aspecto serio de intelectual, era más fácil tomarlo por un profesor universitario que por un mafioso.

Ilustración 15 En el Cabaret Sans Souci:. Fernando, Solange, David, Denise and Kirk.

El Sans-Souci era el reino del bajo mundo. Aquellos mafiosos no eran tacaños en lo absoluto en cuanto a inversiones: remozarlo había costado casi un millón de dólares. Un millón de dólares de entonces valía lo que diez millones de dólares ahora[33]. Lefty Clark sabía cómo hacer tener un show atractivo de manera permanente. Una vez, había intentado seducir al campeón de los pesos medianos, Rocky Marciano, con un contrato por 350.000 dólares – una bagatela para negociantes de esta talla – por pelear con el campeón cubano, el "Niño" Valdés. El brillo del show del Sans-Souci deslumbraba. Allí, uno podía jugar en un ambiente de dinero fácil y, al mismo tiempo, admirar boquiabierto un espectáculo sorprendente durante toda la noche: un derroche de colores, plumas, melodías diabólicas que hacían a un conjunto de bellas mujeres sacudirse, con sus atractivos atuendos, apenas unos centímetros de tela entre el ombligo y la parte superior del muslo, al ritmo del sonido ensordecedor de los tambores y rodeadas de jóvenes negros o de piel color café con leche.

---

[33] Valor del dólar americano en el 2019.

Estar en el Sans-Souci equivalía a sumergirse en el set de una película, donde el director revivía la noche Habanera mecida por la briza tropical y los ecos de unas congas fascinantes. Los Cadillac y los Buicks estaban parqueados no muy lejos de la entrada. La noche hacía que las mujeres hermosas brillaran, que las joyas centellearan y que valiera la pena vivir. Sans-Souci. Un nombre que adquiría significado en dependencia de la cantidad de alcohol consumido o la suma de dinero ganada – o perdida – en la ruleta. Si eras afortunado en el juego, podías incluso ganar un Cadillac flamante.

Uno perdía la paciencia delante de las máquinas traga perras, pero veía la vida a través de espejuelos con cristales color de rosa y libre de preocupaciones.

Aquella noche, Denise cantaba en el Sans-Souci para la apertura del casino renovado de Left Clark, entre una constelación de músicos y bailarinas. Cantaba su canción feti la que la había hecho ganar reconocimiento a su llegada a los Estados Unidos: *La vie en rose*. Su lánguida versión de **"Ombres de París"**, su primera película, había hecho perder la cabeza a muchos hombres. Aquel pequeño papel de cantante de un cabaret le había abierto las puertas de los clubes nocturnos y cines más prestigiosos, incluso después de haber vegetado mientras esperaba un nuevo papel en algún fi Su segundo, **"Campo de batalla"**, vino luego y la acción se desarrollaba en Francia, durante la Segunda Guerra Mundial. Denise aparecía en pantalla durante solo seis minutos, pero su atracti o sexual se desparramó a través de la pantalla. Vesti con un ajustado pulóver negro que moldeaba sus generosos pechos, cortaba una gran barra de pan con un enorme cuchillo. Para hacerlo, necesitaba apretar el pan contra sus pechos. En los cines, la escena causaba conmoción y arrancaba aullidos y silbidos a la audiencia masculina. Más tarde, un hombre con mirada salvaje caminó hasta Denise y dijo:

–Usted es la joven que cortaba el pan en ***"Campo de batalla[34]"***.

–¡Por favor, demos un fuerte aplauso a Denise Darcel!

Denise bajó las escaleras del Sans-Souci con movimientos lascivos, apretada dentro de un vestido blanco tubular. Cuando cantó las primeras notas, Fernando quedó hipnotizado. Puso a un lado la voz y se concentró en su cuerpo. La bomba sexual acababa de explotar ante sus ojos y él agarró todas las chispas. La guerra de los sentidos estaba declarada.

–Quand il me prend Dans ses bras… Il me parle tout bas…

Denise no solo era la encarnación de la belleza; era la generosidad hecha carne. Cuando bailaba y cantaba, sus ojos te devoraban mientras sus labios te abrazaban.

–Je vois la vie en rose.

Sus limitaciones como cantante resultaban perdonables a cambio de su acento inimitable a la vez que encantador, y su famoso "the" que se transformaba en zze. Un ambiente parisino se instaló en el salón. Los artistas franceses siempre tenían más éxito que el resto de los artistas locales o internacionales. Maurice Chevalier había hecho a la audiencia rugir cuando cantó su *Ma Pomme* y Edith Piaf había arrastrado al público con su *L'homme*. Así era la vida en rosa, sin preocupaciones.

Fernando miraba el pequeño mundo a su alrededor. Ahí estaba Solange. Casada. Su esposo también estaba allí. ¿Estaría Denise

---

[34] ***Battleground***

casada también? Parecía tan libre como el aire, libre por completo. También estaba la exótica Hélène, tan dulce y tan tranquila que lo intrigaba; tan discreta que casi pasaba desapercibida, aunque era muy atractiva. Se sentía atrapado en un tejemaneje femenino que lo aturdía. "Aunque ahora mismo, mi 'tejemaneje' eres tú" – se dijo mientras miraba a Denise.

Estallaban risas, se gastaban billetes verdes, entrechocaban copas de champagne. Denise y Fernando sintieron ganas de bailar. Ella bailaba el swing al ritmo de los tambores y los metales de la orquesta que interpretaba un mambo diabólico. Los pies golpeaban el suelo al ritmo de uno de los últimos hits de Rosemary Clooney que estaba de moda en el momento.

> ¡Hey, *mambo! ¡Mambo Italiano!*
> ¡Hey, *mambo! ¡Mambo Italiano!*
> *Go, go, go you mixed up Siciliano.*

–¡Qué ambiente! ¡Me encanta! – exclamó Denise y tomó un sorbo de su copa de champagne antes de echarse a reír, meneando sus caderas y mostrando provocativamente la promesa de sus pechos blancos como la leche.

¿Cómo podía uno no disfrutar semejante ambiente? La Habana estaba llena de calor y de corrientes musicales exóti as que se sucedían, se entremezclaban o se encabalgaban; eran como serpientes que se deslizaban bajo los vesti de las bailarinas metiéndose por los poros de su piel y las arrastraban a ejecutar aquellos endiablados pasos de baile. Los encuentros y los romances también se sucedían, se entremezclaban o se encabalgaban. El mambo y el chachachá te apresaban con su ritmo y sus trances mágicos y deliciosos que solo se detenían para permiti que los aterciopelados dedos de un pianista explorar el teclado del piano o el calor de una banda de jazz invadir al público.

David parecía haber olvidado su rivalidad con Fernando. Giraba en torno a Denise. Solange observaba como se movía ante sus ojos este extraño triángulo amoroso y se preguntaba hasta dónde llegaría, mientras los celos subían por su estómago.

–Hace un poco de calor aquí. ¿Nos movemos? ¡Vamos afuera! Fernando siguió a la actriz.

–¿Me enseñarías algunas palabras? *Quand il me prend dans ses bras...*

Denise se acercó más y más a él mientras seguía cantando.

Il me parle tout bas

–Veo la vida color de rosa – terminó Fernando.

–Acerca tus labios a los míos, *darling*.

Denise y Fernando desaparecieron en la calurosa noche cubana y no se dejaron ver otra vez hasta el día siguiente. Se fueron sin decir buenas noches y sus amigos se quedaron asombrados.

En algún momento antes del acto de desaparición, mientras estaban en la mesa en primera fila, Fernando había hecho una propuesta.

–Amigos, me gustaría que nos encontráramos mañana para nadar un rato y después almorzar en el Habana Yacht Club. ¡Eso si la resaca nos lo permite!

El Habana Yacht Club ya era el sitio favorito de la clase alta: una deliciosa piscina, una playa privada, veleros, yates, cocina fabulosa, barra de champán. Nada podía ganarle a la elegancia de aquel sitio icónico, fundado en 1886. La membresía estaba cerrada. Sin embargo, una de las únicas maneras de hacerse miembro del club era casarse con la hija de algún miembro activo. ¡Por supuesto, estos miembros cargaban siempre con el estigma de ser "miembros de portañuela"!

La otra alternativa era ser el hijo de un miembro del club. Era el club privado más elitista de La Habana. Tan exclusivo que incluso el Doctor Pruna, después de haber cancelado su inscripción años antes, tuvo que pagar por todos los años de ausencia cuando quiso inscribirse de nuevo de manera que sus hijos pudieran ir al Club. Ser miembro del Habana Yacht Club no era algo que se pudiera improvisar o comprar, ni siquiera con una enorme cantidad de dólares. Incluso Fulgencio Batista, cuando era presidente de Cuba, solicitó la membresía y fue rechazado, aun cuando le había ofrecido a la administración del club una significativa suma de dinero para ampliar los terrenos del club, a cambio de su membrecía. Fue todo en vano. Además, no tenía la menor oportunidad de hacerse miembro porque no era blanco y el Habana Yacht Club era muy estricto con la cuestión de la segregación racial. En cuanto a Fernando y su hermano Andy, se convirtieron automáticamente en miembros precisamente porque su padre había pertenecido al club y había actualizado su membrecía. Los hijos perpetuaban la tradición familiar de la alta sociedad.

Ilustración 16 Fundado en 1886 El Habana Yacht Club - El club privado más exclusivo de Cuba antes de la Revolución Comunista.

Solange, Denise, Hélène y David. La presencia de las otras dos jóvenes le hacían sombra a Solange, que en realidad estaba más que un poco celosa. La desaparición de Fernando con Denise la noche anterior, no había pasado desapercebida. Las tres llevaban unos trajes de baño muy provocativos, pero muy a la moda, para la ocasión, y desfilaron alrededor de la piscina, exhibiendo desafiantes sus cuerpos cincelados. Denise emanaba un aire tal de libertad y alegría de vivir que se acercó a Fernando y le dio varios besos de lengua con agresividad, mientras sus cuerpos se entrelazaban ante la mirada del grupo de amigos que ahora lucía intimidado. Tras haber pasado la noche juntos, trataba al joven con absoluta falta de inhibición y total familiaridad, como si le perteneciera. Le mordió el labio con sensualidad y unas gotas de sangre adornadron la boca de Fernando, que ella limpió con otro beso. Sin embargo, esta ola de sensualidad no pasó inadvertida para la administración. El director del Habana Yacht Club quería una explicación. Se acercó a Fernando y lo llevó aparte.

—Quiero hablar con usted, señor Pruna.

—Sí, por supuesto. ¿De qué se trata?

—Voy a tener que cancelar su membrecía y prohibirle la entrada al club. Al menos, por el momento.

—¿Por qué?

—No finja que no entiende. Al parecer, ustedes no respetan nada. ¿Cómo se ha atrevido usted a traer a esas extranjeras semidesnudas y ligeras de cascos? Aquí hay niños, sabe. Tenemos reglas.

—Está cometiendo un error, Director. Ese no es el caso. Se trata de damas muy talentosas y famosas. Son bellas y pertenecen a familias decentes. Están muy lejos de ser el tipo de chicas que usted sugiere. Para zanjar este asunto, permítame explicar. ¿No se da cuenta de que una de ellas es la famosa estrella de cine francesa, Denise Darcel?

—¿Quién? Espere, a ver si nos calmamos, jovencito, no tiene que gritar.

–No quiero calmarme. ¿Quién se cree usted que soy yo? Usted invitó a la actriz Sara Montiel con todos los honores a su Club, por haber actuado en la película *"Vera Cruz"*, en la que solo interpretaba un papel secundario. Incluso, se fotografió con ella y las fotos se publicaron en la revista de nuestro club.

–Sí, es cierto. ¿Y qué, qué está tratando de decirme?

–¿Cómo que qué? ¿No ve que Sara Montiel es la actriz que actuó junto a Denise Darcel en la misma película? ¡Sí, en la misma película! Es más, el papel más importante lo interpretaba la actriz francesa, Denise Darcel, la misma chica que usted está mirando ahora mismo. ¡Denise Darcel es la estrella en *"Vera Cruz"!*

–Podría ser…

–¿Qué significa ese "podría ser"? ¡Es bastante evidente! Si lo desea, estaré encantado de presentársela.

Fernando podría haber agregado en la película Vera Cruz con Gary Cooper y Burt Lancaster como coprotagonistas. Denise besó lánguidamente al virtuoso Burt Lancaster, que era tan fácil de envidiar por la blancura de sus dientes brillantes y su perfecta sonrisa. Quizás por eso, Denise aparentaba tanto placer al poner sus labios sobre los de Lancaster. En cuanto a Gary Cooper, era muy alto, medía seis pies y, como Denise no era tan alta, era mejor que besara a Lancaster, con lo que dejaba a Cooper para la Montiel.

–¿Bueno y cuál es su punto? – continuó el director del Habana Yacht Club, regresando a la realidad.

–Pues que son mujeres de la misma categoría y por tanto se les debe tratar de la misma forma, así es que pueden acudir al Habana Yacht Club como invitadas de un miembro, sin ser consideradas mujeres "fáciles". Muy por el contrario, se trata de damas famosas y talentosas.

–Me doy por corregido. Su explicación es válida, así es que me disculpo. Es solo que había cierta ambigüedad y cometí un error – murmuró –. Le ruego que me disculpe; el incidente está olvidado. Más aún, me gustaría que me las presentara.

–Será un placer – respondió Fernando, ocultando una sonrisita burlona.

Ilustración 17 GARY COOPER, SARA MONTIEL, DENISE DARCEL, BURT LANCASTER – FILM: VERA CRUZ

Mientras, el director ordenó unas botellas de champán para darle la bienvenida a Denise Darcel, así como a Hélène Darcel y a Solange Podell. Se había entusiasmado tanto que no quería dejar al grupo y continuaba hablando con las chicas y solicitando fotos para la revista del club. El director pasó un rato delicioso.

Los prejuicios eran uno de los motivos de preocupación para la alta sociedad, mientras los estudiantes se manifestaban y miles de trabajadores hacían reclamos en los cañaverales. Los conflictos sociales generan disturbios y, tarde o temprano, revoluciones.

–¿Fernando?
–¿Sí, Denise?
–Por favor, no te sientas mal por lo que voy a pedirte. Eres un hombre muy atractivo y te adoro, pero me gustaría que pasaras un poco de ti con mi hermana. Me siento mal por ella. Es tan dulce y tan adorable.

Sabes que está aquí conmigo. Me ayuda todo el tiempo. Por favor, llévala de paseo, muéstrale un poco de Cuba. Yo estoy demasiado ocupada con mi producción. Ha sido mi asistenta durante todo este tiempo en La Habana. Le vendrá bien. Necesita distraerse un poco y creo que tú podrías ser el guía turístico perfecto. ¿Podrías hacer eso por mí? Tú y yo podemos seguir viéndonos todas las noches después del espectáculo. Denise se acurrucó junto al joven.

–Está bien, te lo prometo. Le enseñaré a tu hermana La Habana Vieja, los monumentos históricos y las fortalezas. Lo va a disfrutar, estoy seguro.

Fernando descubrió a una dulce y tranquila Hélène en las antípodas de su volcánica hermana. Era de una belleza exótica muy fascinante que emanaba calma y serenidad. Fernando estaba impresionado.

–¿En Francia solías cantar en clubes nocturnos?
–Sí, debuté en París. Después, Denise vino a intentar probar suerte en los Estados Unidos y yo llegué un poco más tarde, ya hace algunos años. Tuve suerte.
–¿Fue Jack Benny quien te descubrió?
–Sí, como te dije, me oyó cantar en un club nocturno, en Nueva York. Entonces, me invitó a su programa en la televisión. Fue

crucial para mí ya que el famoso programa de Jack Benny era uno de los más vistos en el país.

Había sido un gran momento: tener un programa en la televisión llamado el programa de Hélène Francoise.

—¿Hélène Francoise?

Su nombre artístico era Hélène Francoise. Más adelante, usó la fama de su hermana y se lo cambió por Hélène Darcel.

—Dos semanas más tarde, estaba en su programa de radio, por la *réveillon* de San Silvestre[35]. El programa se llamó *"Rendezvous Avec Une Francaise pour la Saint Sylvestre."*

Entonces, rápidamente, triunfó en los salones, en los hoteles y en los clubes nocturnos. El famoso cabaret, **La Vieja Nueva Orleans** le dio la bienvenida en Washington D.C. Fue a cantar a México por varios meses, y Montreal también pudo escucharla. En Nueva York, cantaba en el **Sherry-Netherland.**

—Me gustaría mucho oírte cantar. Denise dice que cantas divinamente.
—Si quieres, pronto cantaré en Nueva York. Por favor, ven.

Las vacaciones llegaban a su fin. Las múltiples y encantadoras citas galantes con Denise también se acababan. Con ella, eran los sentidos y terminaban agotados; el sexo era intenso y apasionante.

¿Habría más? La actriz estaba muy solicitada.

—Escucha, Fernando, cuando llegues a Nueva York, por favor llámanos. Toma, este es el número donde puedes encontrarnos a Hélène y a mí. Es el número de mi casa. Lo digo en serio, Fernando, llámanos; te estaremos esperando.

---

[35] El espectáculo de Año Nuevo

Helene Darcel

CAPITULO NUEVE

LA MARAVILLOSA HÉLÈNE

"Hélène nunca se casó
Algunas mujeres, muy pocas, aman solo una vez.
Hélène era una de esas mujeres".
Denise Darcel

Nueva York, enero de 1956

Era hora de regresar a la Universidad. Denise aún no había llegado a Nueva York como él esperaba. Estaba actuando en Las Vegas. Cuando Fernando llamó, fue Hélène quien respondió. Para cuando Denise regresó, la prensa se hacía eco de un naciente romance. La actriz quería tanto a su hermana que solo podía estar feliz por ella. La cuidaba como una hermana mayor, cuando en realidad era Hélène la mayor de las dos.

"Hélène Darcel, hermana menor de Denise Darcel, y Fernando Pruna, de las familias azucareras cubanas, están saliendo. Él estudia en la Universidad de Columbia".

Igor Cassini, autor de una de las columnas más importantes a nivel nacional en cuanto a chismes de la clase alta, llamada Cholly Knickerbocker, hacía una publicación semanal protagonizada por las hermanas Darcel y Fernando Pruna.

Fernando veía su nombre continuamente en algún panfleto de crónicas del Palm Beach Post, entre la boda del comediante Efrem Zimbalist y los nuevos amoríos de Grace Kelly, una estrella de Hollywood que comenzaba a revolotear alrededor de los principescos acantilados de Mónaco. La referencia al romance era escueta, la edad de su conquista era alterada ligeramente, y la hermana mayor transformada en la menor. El ambiente familiar y profesional de Fernando también se modificaba y, a veces, su apellido estaba mal escrito, pero no importaba porque todo parecía sonreírle. Esta repentina notoriedad le hizo gravitar en el círculo de las celebridades del mundo del espectáculo, con aquellas dos adorables criaturas colgadas de cada brazo. La vida era como una comedia musical. El romance de Fernando y Hélène despegó al ritmo de *My Funny Valentine*, en la voz de Chet Baker.

Denise no parecía celosa en lo absoluto, sino todo lo contrario. Adoraba a su hermana y se sentía satisfecha con contarles sobre sus últimas aventuras.

—Estuve en un espectáculo para todos esos pilotos.

El espectáculo, filmado en la Base Áerea de Nellis, cerca de Las Vegas, estaba destinado a entretener a unos miles de pilotos de combate. De pronto, con su parloteo y sus bufonadas, la bomba francesa había plagiado incluso las zze de Zsa Zsa Gabor. Ambas estaban invitadas al show de Milton Berle ante el público de soldados norteamericanos. A Denise le gustaban los norteamericanos, los soldados apuestos; le habían gustado los que había visto en París al final de la Segunda Guerra Mundial. Así es que los soldados le rindieron el merecido tributo.

—¡Hola, mis *darlings*! Estoy encantada de verlos. ¡Oh, es fantástico ver a tantos jóvenes apuestos! ¡Estoy tan contenta de estar aquí! ¡Me encantan los pilotos norteamericanos!

Denise había dicho todo esto en francés y sin respirar. El subyugado público reunido para ver el espectáculo de Milton Berle seguramente no había entendido una palabra, pero la sonrisa sensual de Denise y su sentido del humor bastaban para compensar por sus lagunas lingüísticas.

–Dos hermosas chicas de dos países distintos de Europa, que sin embargo comparten la misma línea costera.

Milton Berle había dicho esto mientras seguía, con mirada pícara, las líneas de los provocativos escotes de ambas chicas.

La chispa prendió, y Zsa Zsa Gabor, que tampoco se mordía la lengua, interpretó el papel de la chica pálida y tímida, al lado de la audaz y pícara colega francesa.

Si Denise obtenía unos cinco o seis mil dólares a la semana de sus contratos como cantante, Hélène no ganaba tanto, quizás dos mil dólares. Sin embargo, la voz de Hélène deslumbró a Fernando, que nunca había escuchado una voz con un timbre tan hermoso o con tanta sensibilidad al cantar. Hélène era puro "sentimiento". Los movimientos de su cuerpo, sus manos y sus brazos, mientras cantaba, poseían una gracia mágica y resaltaban su exquisita elegancia. Las notas musicales envolvían su voz con sagacidad y cautivaron al joven. "En esta tierra, mi única alegría, mi única felicidad, es mi hombre".

Hélène cantaba en varios clubes elegantes de la ciudad de Nueva York: El Starlight Roof en el Waldorf Astoria, el Chez Vito, el Club Casanova, y siempre en el Viennese Lantern, un club de moda con un maravilloso conjunto de cuerdas que deleitaba el oído. Los neoyorquinos acudían en masa a verla cantar, después disfrutar de un musical de Broadway o de un concierto en el Carnegie Hall. Escuchar a Hélène cantar en francés, español o italiano, rodeada de violinistas, era una fiesta para los ojos y los oídos. Evocaba una sofisticación europea y una elegancia fascinante. Además, su exótica belleza y su adorable figura resultaban profundamente seductoras.

Entonces, un día, para sorpresa de Fernando, Denise le soltó:

—Puedes quedarte en nuestra casa todo el tiempo que quieras, Fernando – le dijo con seriedad –. Te estoy invitando a vivir con nosotras de forma permanente. ¿Entiendes? ¿Tú qué opinas, Hélène?

Su hermana asintió con una sonrisa tímida. Fernando aceptó pronto la invitación y se mudó al hermoso y cómodo apartamento en el edificio Brownstone, en la calle 63, entre la Quinta Avenida y la Avenida Madison. Era uno de los vecindarios más exclusivos de la ciudad.

A veces, cuando salía a pasear por la zona, se sentía intrigado al ver a la famosa actriz sueca, Greta Garbo, que lucía casi irreconocible con sus grandes espejuelos oscuros y sus vestidos severos. Aparentaba más edad de la que tenía en realidad, con su hermoso rostro desprovisto de maquillaje y marchitado por los años de soledad. Se había retirado, por elección propia y por las decepciones sufridas, no solo del cine, sino de la vida misma. Cada vez que Fernando se la encontraba casualmente, se sentía impactado por su presencia y no podía evitar reflexionar en la fugacidad de la pasión, la belleza y la fama.

Las Gabor también eran sus vecinas. Vivían en el apartamento de al lado. Eran una familia de artistas exiliados de Hungría, de la que formaban parte la excéntrica actriz, muy prolífica en matrimonios, Zsa Zsa, sus hermanas Eva y Magda, y la *mamma* de la familia, la señora Jolie Gabor. Todas las hijas eran hermosas y la madre, encantadora. A Jolie le encantaba escuchar a Hélène cantar. Cuando Hélène cantaba en el Viennese Lantern, "mamma" Gabor estaba allí con frecuencia, sentada junto a Fernando. Le gustaba conversar con el joven cubano. Se apreciaban mutuamente y, mientras Hélène se preparaba para su actuación, ellos disfrutaban de uno o dos Martini, mientras hablaban un poco de todo.

—Canta divinamente esa chica – decía ella. Además, es preciosa.
—Sí, estoy de acuerdo. ¡Hélène tiene una voz fantástica! – confirmaba Fernando.
—Dígame, Fernando. ¿Usted ha estado casado alguna vez?
—No, no.
—¡Consérvela! No la deje escapar. Se ve que está loca por usted. *Mamma* Gabor también podría haberle dicho:

—¡Mi hija se pasa el tiempo coleccionando maridos!

Era un mundo pequeño. Fernando había visto a Zsa Zsa Gabor en varias ocasiones en Bayshore, Long Island, en la casa de Marie y Barron Otis. Entonces, él era solo un muchacho que aún asistía a la Escuela de Eaglebrook. Zsa Zsa se había casado – entre otros – con el actor George Sanders, que era también íntimo amigo de Barron Otis, con quien el Dr.

Pruna mantenía una larga amistad que se remontaba a la época en que estudiaba en Nueva York y ambos asistían a la academia preparatoria Horace Mann, de donde se graduaron.

¡Yo fui Miss Hungría! – reivindicaba Zsa Zsa con su gracioso acento cada vez que veía una oportunidad.

> *"¿Has visto a los adinerados*
> *recorrer la Avenida del Parque*
> *de Arriba abajo?"*

Su vida parecía plagiada de la letra dorada de *Puttin' on the Ritz*, la canción que cantaba Fred Astaire. Cuando los tres recorrían las calles de Nueva York, Hélène, Denise y Fernando eran un trío distinguido, llamativo y cautivador. Un joven y elegante caballero cubano con su traje gris Oxford hecho a medida, su camisa blanca y su corbata de seda; una actriz de Hollywood vibrante y voluptuosa, envuelta en su estola blanca de visón, y una cantante dulce y atractiva, que era la mismísima encarnación del encanto. **El Morocco, el Harwin, el Copacabana, el Club 21.** Fernando, Hélène y Denise no podían ausentarse de estos clubes nocturnos de moda, donde exhibirse o divertirse con toda la clase alta de Nueva York, se consideraba de buen gusto. En El Morocco, Fernando posaba con orgullo para un fotógrafo, sentado entre una actriz con escote pronunciado y los hombros cubiertos por una estola de piel, y la discreta cantante de la que estaba enamorado, un cubo lleno de hielo con una botella de champán en el centro de la mesa, junto a un humeante puro cubano. Fernando alternaba para bailar con las dos chicas, primero una y luego la otra, aunque a Denise la cortejaban todo el tiempo cuando recorrían los clubes. Si la madrina de todo Hollywood y de las crónicas mundanas, Hedda Hopper, estaba informada, resaltaría en una de sus columnas que había visto a Denise Darcel del brazo de un nuevo caballero en el Harwin; o su viperina rival Louella Parsons, disfrutaría escribiendo que la señorita Darcel bailaba con su última conquista en El Morocco.

Un tipo de prensa muy diferente informaba sobre manifestaciones estudiantiles contra Batista en La Habana. Exigían elecciones libres.

Unas semanas más tarde, el presidente cubano fue huésped de honor de la ciudad Daytona Beach en la Florida. Descendió del avión con su esposa y sus hijos. Se organizó un desfile en su honor. Turistas y locales agitaban banderas cubanas a su paso. A Batista le gustó volver a ver el lugar que había conocido durante su exilio. La policía mantenía bajo vigilancia a algunos agitadores dentro el exilio, seguramente los mismos que habían protestado pacíficamente días antes, el 10 de marzo, en el aniversario del golpe de Estado propinado por Batista. Afirmaban que había reprimido las protestas estudiantiles que habían tenido lugar en La Habana.

Ilustración 18 UNA NOCHE EN EL MOROCCO CON HELENE Y DENISE DARCEL.

Al final de semestre en la Universidad de Columbia, Fernando le anunció sus nuevos proyectos a su padre.

–Sabes, no logro ajustar mis actividades extraescolares para responder a las exigencias del curso en la universidad.

–¿Te refieres a los empleos que tienes?

–En otras palabras, sí. No consigo hacer frente a todo.

–¿Y entonces?

–Entonces, necesito escoger. Estoy pensando en dejar la universidad y encontrar otros empleos para incrementar mis ingresos.

–¿Quieres dejar los estudios?

–Quiero seguir trabajando. Pero no voy a dejar los estudios. Me voy a matricular en el curso nocturno de la Universidad de Columbia.

–No creo que estés haciendo lo correcto, pero es tu decisión. Tienes la ambición necesaria para triunfar, pero la educación es crucial. La educación es la que refina las herramientas que necesitas para triunfar. La base sobre la que vas a estructurar tu vida depende de tus conocimientos. Lo más importante es que no te disperses demasiado, intentando realizar demasiadas actividades a la vez.

Del otro lado del teléfono, el Dr. Pruna permaneció en silencio por un instante y entonces susurró:

–O persiguiendo demasiadas liebres al mismo tiempo.

¿Se refería a sus historias de amor o a sus actividades profesionales?

De vez en cuando, el Dr. Pruna hacía referencia al episodio con David y Solange en el Habana Yacht Club, meses antes. Sin embargo, esta cantante francesa, aunque un poco mayor para Fernando, era de una elegancia tan exquisita – y, sobre todo, soltera – que el Dr. Pruna no podía hacer otra cosa que tolerar esta relación.

Sin embargo, el Dr. Pruna tenía otras preocupaciones en su mente. Dentro del círculo más ínti de Bati ta, algunos decían que Castro había muerto. Otros afirmaban que estaba vivo y que el Movimiento 26 de Julio estaba creciendo, y que Castro estaba usando una propaganda políti a muy efecti a en el extranjero: la radio y boleti s de noti Los rebeldes siempre perseguían sus objeti os y trabajaban en su logística en el extranjero. Los estudiantes se manifestaban en las universidades y elevaban el tono de las protestas. Por otro lado, el General aseguraba que tenía la situación bajo control. Tenía confi a en la absoluta capacidad de su jefe de las fuerzas armadas, el general Francisco Tabernilla, para doblegar a los rebeldes, así como en su lealtad incuestionable hacia él.

Pero los estudiantes cubanos tenían aspiraciones diferentes.

–Queremos que las elecciones se celebren enseguida. Exigimos elecciones inmediatamente. Más aún, Batista insiste en no organizar elecciones para que se vote por un nuevo presidente.

–¡Mejor te callas!

–Queremos sacar a Batista de la presidencia y traer cambios al país.

–Sólo ve sus propios intereses y los de los suyos, los de sus socios y sus acólitos de la mafia. No queda nada para el resto del pueblo. ¡Se pueden podrir en la miseria!

–Castro está haciendo una gira por los Estados Unidos en este momento. Está estableciendo contactos con nuestros compatriotas exiliados. Está recaudando fondos que serán útiles para organizar la logística de nuestra Revolución, para fortalecer la resistencia, para entrenar hombres que lleven a cabo la guerrilla y para comprar armas. Batista no sabe lo que le espera.

–¡Por supuesto! Castro regresará. Regresará y la Revolución triunfará.

Batista intensificó la represión y la censura. A los que se interponían en su camino les esperaba un arresto o un disparo. El general había hecho ejecutar a quince rebeldes que habían participado en el asalto del Cuartel Militar Goicuría en Matanzas, el 29 de abril de 1956. Durante este tiempo, Fidel Castro organizaba una invasión desde México, entrenando con largas marchas sobre terrenos escarpados, mejorando sus tácticas de guerrilla y preparándose para ejecutar sus planes con la protección y la colaboración de los comunistas mexicanos y el comunismo internacional, así como del influyente expresidente de México, Lázaro Cárdenas. Durante su estancia en México, se reunió con el embajador de la Unión Soviética en varias ocasiones. Los comunistas no ocultaban su apoyo a Fidel Castro. Radio Moscú expresaba en sus programas diarios la simpatía que sentían por el rebelde. Resulta interesante el hecho de que incluso en México, Fidel Castro expresó públicamente sus inclinaciones socialistas y, sin embargo, en Cuba la mayoría de la gente hizo caso omiso de sus manifestaciones políticas. Por el contrario, querían verlo como el salvador de Cuba. Esta ceguera política, con el tiempo, no hizo más que crecer. El resultado fue catastrófico para el pueblo cubano.

> *"¿Los has visto marchar*
> *calle arriba y calle abajo*
> *muy elegantes en sus uniformes militares*
> *listos para la guerra?"*

Los soldados podrían haberse apropiado de esta canción de Fred Astaire para converti en su himno militar. Un yate había parti de México algunos días antes. Era el "Granma". Arribó a las costas cubanas, con una tripulación de ochenta y tres hombres armados hasta los dientes y dispuestos a derrocar a Bati ta, el 2 de diciembre de 1956. A su jefe, Fidel Castro, lo acompañaban su hermano Raúl Castro, Ernesto "Che" Guevara y Camilo Cienfuegos, entre otros rebeldes vitales para la causa. Casi habían llegado a su desti cuando el Granma fue visto cerca de la costa oriental por un avión guardacostas cubano que alertó al mando. Desorientados y medio perdidos, los expedicionarios del Granma hicieron encallar el yate a seiscientos pies de la playa, en el barro, aproximadamente a dos millas de la base militar de Niquero, lo que provocó el caos, además de una pérdida alarmante de equipamiento. Los rebeldes saltaron al agua, cargando solo lo indispensable para intentar llegar a la orilla. Sus sombras se deslizaron en la noche, adentrándose en las áreas pantanosas y chapoteando en el mangle. El objeti o de Castro era atacar las posiciones militares en la provincia oriental y hacer que su ataque ocurriera al mismo tiempo que otra insurrección armada llevada a cabo por un joven revolucionario de gran presti llamado Frank País, en Santi o de Cuba, ciudad capital de la provincia. Después, las dos unidades rebeldes llevarían a cabo acciones simultáneas para juntas controlar toda la región. Ese era el plan, pero, tal y cómo había pasado con el ataque al Cuartel Moncada, fue otro colosal fracaso militar. El históricamente aclamado desembarco del Granma, evocado por la propaganda comunista, fue, de hecho, un vergonzoso fracaso militar y un desastre desde el punto de vista organizativo.

Castro se había apresurado al suponer que su llegada provocaría un maremoto revolucionario, pero no ocurrió así. En Santiago, la acción realizada por el otro grupo, con sus brazaletes rojos y negros que exhibían el nombre del movimiento 26 de julio, también fracasó. Atacaron la prisión para liberar los prisioneros políticos, pero la huelga mantenía la ciudad paralizada. Batista ordenó el estado de sitio y las tropas recuperaron sus posiciones en la ciudad sitiada. Paralelamente, Castro se demoró demasiado en desembarcar, y los ataques no pudieron llevarse a cabo simultáneamente, como estaba planeado. Batista supo que venían y les dio una bienvenida efectiva: poco después de haber desembarcado, los rebeldes de Castro fueron arrestados en Alegría de Pío y muchos, ejecutados; los otros escaparon y algunos desertaron. Otros fueron eliminados en los días siguientes. Algunos prefirieron renunciar a la lucha y desaparecer. Fidel Castro, consciente de su fracaso y, consecuentemente, perturbado, intentó matarse, en un arranque de frustración por la derrota y el fracaso, pero algunos de sus compañeros lo desarmaron para evitar su muerte. Los invasores que impidieron su suicidio fueron Mario Chanes, Jaime Acosta y Juan Almeida. Los tres se ganaron el grado de comandante por sus méritos revolucionarios, el más alto grado militar posible dentro de la Revolución. Resulta interesante apuntar que tanto Mario Chanes como Jaime Acosta disintieron después del triunfo de la Revolución, al oponerse a la transformación comunista de esta. Fueron detenidos y condenados, acusados de actividades contrarrevolucionarias. Ambos cumplieron largas sentencias en prisión[36] y posteriormente se exilaron en Los Estados Unidos. Sólo Juan Almeida permaneció fiel a Fidel hasta su muerte, muchos

---

[36] Mario Chanes cumplió treinta años de prisión, sin haber pertenecido a ninguna organización opositora o contrarrevolucionaria. Su falta más seria, después de participar en el asalto al Cuartel Moncada, haber estado preso con Fidel Castro en Isla de Pinos y haber participado en el desembarco del Granma, fue haber tenido el coraje de oponerse al nuevo poder que se había instalado en Cuba usurpando la democracia y estableciendo el régimen comunista en Cuba. Más aún, impidió que Fidel Castro se suicidara en dos ocasiones distintas. Un hombre de integridad incuestionable y de valor personal probado, su participación en todas las acciones importantes de la revolución lo calificaban como uno de los más altos líderes de la revolución. Fidel lo destruyó por no aceptar el comunismo en Cuba.

años más tarde. Fidel recompensó su lealtad colocándolo al frente del ejército y, eventualmente, otorgándole el grado de General.

Esta no fue la primera vez que Fidel Castro hizo un intento de suicidarse. Profundamente frustrado después del desastroso, pero célebre asalto al Cuartel Moncada también hizo un serio intento de suicidarse en la finca Siboney. En esa ocasión también algunos de sus más cercanos colaboradores le arrebataron de la mano la pistola con que iba suicidarse. En ambos casos, su insondable depresión lo motivaron a quitarse su vida[37].

Batista le concedió a la madre de Fidel y a la ex esposa de Fidel una audiencia de emergencia en Palacio como resultado del desembarco del Granma. Allí, gracias a los ruegos de la madre de Fidel, Lina Ruz y la que fuera su esposa, Mirta Diaz Balart, Batista concedió el alto al fuego. Consecuentemente, Batista ordenó a los soldados un alto al fuego, con el objetivo de conseguir una rendición rápida pero pacífica que garantizara las vidas de los que se entregaran. Pero en vez de ello, Fidel, su hermano y algunos otros sobrevivientes aprovecharon la tregua para escapar, guiados por un campesino de la Sierra Maestra, llamado Guillermo García Frías[vii], que había sido enviado por Celia Sánchez y conocía bien la zona. Algunos días más tarde, Fidel pudo llegar a las montañas de la Sierra Maestra y reagrupar lo que quedaba de sus tropas. Solo diecisiete[38] invasores llegaron finalmente a la Sierra. Estos hombres eran todo lo que quedaba de la invasión fracasada del Yate Granma. De 83 invasores solamente 17 escaparon a la Sierra. Las noticias se esparcieron y llegaron a cada rincón del planeta: Fidel Castro estaba muerto, según la prensa. También contaron la mentira de que Raúl Castro, Ernesto Guevara y Camilo Cienfuegos habían caído.

---

[37] The Moncada Attack – Antonio Rafael de la Cova.
[38] Ramón Barquín – "Las Luchas Guerrilleras de Cuba" Tomo 1.

En Nueva York, Fernando continuaba su vida, mayormente ajeno a lo que sucedía en Cuba.

–¿Por qué no regresas a Cuba? – le sugirió el Dr. Pruna a su hijo –. Aquí puedes involucrarte en numerosos proyectos de negocios.

–No me está yendo del todo mal en Nueva York, padre. Me está yendo muy bien en Grolier. No tengo quejas de Crosby & Crosby. Trabajo directamente con Peter Crosby. Sin embargo, es verdad que sueño con Cuba a menudo. No puedo negar que extraño a Cuba.

–Créeme. Ya tienes un lugar en los negocios. Estás hecho para esto y puedes llegar muy lejos, particularmente aquí, en Cuba. Las posibilidades son enormes. Hay mucha inversión extranjera, y puedes ver inversores cubanos en el sector de la construcción por todas partes, especialmente en La Habana.

El interés en las inversiones, que había despertado gracias a los excelentes resultados que había obtenido en Canadá con Crosby & Crosby, sin considerar su otra actividad en una firma de publicidad, producía un cosquilleo en las papilas capitalistas del joven. Había suficientes oportunidades para las inversiones norteamericanas en Cuba. ¿Quizás era el momento de aprovechar su experiencia y su red de relaciones en su patria? La idea lo seducía más y más. En lo profundo de su corazón, Fernando quería regresar a Cuba; adoraba su Isla.

–Tengo que pensarlo. Si tengo la oportunidad, volaré hasta allá. He estado pensando en la posibilidad de construir un hotel, ya que me parece que el turismo está creciendo en Cuba. Quizás, algo más modesto, un motel podría ser más viable. He pensado en lanzar una promoción. Veamos qué se me ocurre.

–Todo lo que necesitas es encontrar a la persona ideal en el momento apropiado, pero confío en tu excelente estrella. Te llevará lejos.

—¿Hasta dónde?

—Te veo en política, hijo mío.

—¿En política? Me sorprende eso.

—Es la mejor manera de proteger tus intereses, tus negocios. Tienes ambición. ¿Recuerdas cuánto te han gustado siempre los retos? Desde que eras muy joven. Las primeras responsabilidades en la escuela. Es lo que te he inculcado; ahora puedes usarlo y beneficiarte de ello. Cuba es una pequeña mina de oro. Además, también podrías hacer mucho bien por tu país. Sé que amas al pueblo.

—Ya veremos, papá, ya veremos.

—Cuba necesita a alguien como tú, para defender nuestras ideas, nuestros ideales, nuestras libertades, contra la efervescencia revolucionaria. Creo que podría funcionar. Tienes el espíritu necesario.

—Me informaron que hay disturbios. ¿Qué pasó?

—La Universidad de La Habana está cerrada debido a las protestas estudiantiles. Eso, sin mencionar a Castro, que ha regresado a Cuba clandestinamente llevando a cabo un desembarco militar.

—¿Dónde estaba? ¿Quiero decir, donde es que estaba Castro?

—Al parecer, estaba en México, preparando una invasión en secreto.

—¿Entonces Castro no está muerto?

—Eso era lo que debíamos creer; es lo que la prensa ha informado hasta ahora.

–¿Y Batista qué dice de todo esto?

–No dice nada. Ese es el rumor. Alguna gente dice que Castro está vivo. Nadie sabe a ciencia cierta.

–Precisamente por eso. ¿Crees que este es el mejor momento para hacer negocios en Cuba? Con toda esta convulsión social y política. Francamente, no creo que es un buen momento para proyectos de negocios.

–¿Estás bromeando? Incluso si Castro no está muerto, Batista lo tiene entre ceja y ceja. No tiene la menor oportunidad. Batista tiene un ejército permanente de más de cuarenta mil hombres equipados por el gobierno de los Estados Unidos con el armamento más moderno. No, te digo que regreses, no te arrepentirás. Las oportunidades para ti están aquí. Lo de Castro es una llovizna pasajera.

–¿Crees que a Castro lo apoya mucha gente?

–Creo que no son más que un puñado de perdedores, bandidos y delincuentes. Castro era un ganstercito estudiantil. Esta gentuza no tiene futuro.

El Dr. Pruna se equivocaba. Los soldados de Batista habían perpetrado ejecuciones, no solo debido al desembarco del Granma, sino para atemorizar a quienes ayudaran a los rebeldes en la Sierra Maestra, y el resultado fue el odio y descontento de los habitantes de la Sierra hacia el régimen. El remedio de Batista había terminado por ser contraproducente. Una vez más, el efecto de las acciones vengativas y descontroladas de la soldadesca había sido lo contrario de lo que se proponían. Las injusticias cometidas por las tropas generaron una ola anti-Batista que inclinó la balanza a favor de los rebeldes y contribuyó a su infraestructura. Los campesinos que habían nacido en la Sierra Maestra y que por tanto conocían bien el área, comenzaron a ayudar a los insurrectos.

Tras el fracasado desembarco del Granma, Fidel Castro se las arregló para escapar y esconderse en las montañas con su hermano Raúl y Ernesto Guevara. Estableció su cuartel general en el sur de la provincia oriental, en el terreno más escarpado de Cuba, conocido como la Sierra Maestra. De los 83 hombres que desembarcaron solo quedaba un poco más de una mezquina docena. El resto había caído en combate o había sido ejecutado después. O simplemente había desertado. Sin embargo, las tropas de Castro se ganaban gradualmente la confianza de los desafectos del régimen de Batista.

Fidel hacía uso de una propaganda y una estrategia de reclutamiento que eran prácticamente infalibles: prometió reestablecer la Constitución de 1940, que era un modelo de democracia, llevar a cabo elecciones libres y democráticas, respetar y hacer cumplir la ley, y traer justicia al país. También ofrecía muchos incentivos a los trabajadores y, sobre todo, a los campesinos. La reforma agraria era su caballo de guerra. Una legítima redistribución de la tierra, para aquellos que no tenían ni dinero ni tierras, que se haría expropiando a los grandes latifundistas extranjeros, y, sobre todo, a los norteamericanos, que tenían miles y miles de hectáreas improductivas. Muchos de los campesinos eran precaristas u ocupas ilegales que trabajaban la tierra sin tener documentos de propiedad. Fidel Castro prometió convertirlos en los legítimos dueños, decía que la tierra debía pertenecer a quienes la trabajaban. Su proyección liberal e izquierdista iba más allá de una preocupación social. Prometió una prensa totalmente libre. Los comunistas se hicieron eco de sus declaraciones políticas. El comunismo internacional lo apoyaba en secreto[39]. Como el tiempo demostraría, ninguna de sus promesas se haría realidad. Fidel Castro nunca cumplió ninguna de sus promesas.

Guiándose por un asesoramiento errado, Batista decidió implementar el terror: la visión de un hombre colgando de una lámpara en la calle disuadió a muchos de unirse a la Revolución, pero también lo hizo ganar muchos enemigos.

Incluso habiendo implementado el terror, Batista no lograba controlar estos pequeños grupos de la resistencia. Tenía que

---

[39] Antes de llegar al poder, Fidel Castro le prometió al pueblo de Cuba elecciones democráticas en un periodo de seis meses, además de la inmediata restitución de la Constitución de 1940, que era un verdadero ejemplo de democracia., y total libertad de prensa. En la cima de la lista estaba una reforma agraria que le entregaría a los campesinos pobres los títulos de propiedad sobre las tierras que les regalaría el gobierno. Todo esto, por supuesto, bajo un marco capitalista. Estas y otras atractivas promesas conformaban su agenda política. Una agenda totalmente mentirosa.

Cuando Fidel llegó al poder, no cumplió ninguna de sus promesas. No habría elecciones. El mismo Fidel clamaba: "Elecciones para qué?" Nunca habría libertad de prensa. La Constitución de 1940 nunca sería restituida. La Reforma Agraria fue modificada de manera tal que la mayor parte de la tierra en Cuba fue confiscada y quedó en manos del gobierno. Las pequeñas parcelas de tierra distribuidas a algunos campesinos no fueron entregadas con título de propiedad, sino en usufructo, un derecho legal concedido a una persona o a un grupo, que confiere el derecho temporal al uso de la tierra.

Su manifiesto político era una simple estrategia para obtener el poder político. Su verdadero objetivo era conservar el poder indefinidamente a cualquier costo. Pudo hacer esto al transformar una revolución engañosamente democrática en un régimen comunista totalitario. Fidel Castro nunca fue un idealista; era un pragmático ambicioso y despiadado. Su meta era el poder perpetuo y eterno. El comunismo fue la respuesta a sus aspiraciones.

luchar en muchos frentes a la vez. Además, en el campo, la convulsión había alcanzado los círculos estudiantiles de Santiago de Cuba bajo la dirección de Frank País, el líder incuestionable de la oposición clandestina en la zona oriental. La Universidad de La Habana cerró tras el aumento de las protestas estudiantiles. Además del movimiento 26 de Julio, otro movimiento político se involucró ferozmente en la lucha armada contra el poder: el Directorio Estudiantil Universitario (DEU), lidereado por un estudiante llamado José Antonio Echevarría, conocido como "Manzanita", debido a su constitución robusta.

Un asesinato político había tenido lugar en una de las madrigueras del hampa en La Habana. Un grupo armado había irrumpido en el cabaret Montmartre, uno de los clubes nocturnos de los mafiosos en La Habana, y había abierto fuego contra el jefe de la inteligencia militar (SIM), el coronel Antonio Blanco Rico. El atentado fue reivindicado por el DEU, cuyo plan original era eliminar al ministro del Interior, pero no se encontraba en el lugar[40]. Por tanto, fueron por el segundo mejor objetivo político.

En Manhattan Island, Fernando permanecía alejado de las revueltas estudiantiles que tenían lugar en La Habana, de toda la realidad diaria y de los actos perpetrados en Cuba. Su trabajo para el exesposo de Denise, Peter Crosby (empleo que obtuvo gracias a la intervención de Denise Darcel) le producía beneficios substanciales. Fernando pasaba casi todo el tiempo volando entre Nueva York y Toronto, para manejar los negocios de Crosby en Canadá.

---

[40] 28 de octubre 1956. Atentado contra los coroneles Antonio Blanco Rico, jefe del SIM y Marcelo Tabernilla en el Cabaret Montmartre, a cargo del Dr. Rolando Cubela y Juan R. Carbó Serviá, del Directorio. Blanco Rico muere asesinado.

FIRST DOLLAR to go into "iron lung" container at March of Dimes Dance given by Bay Shore-Brightwaters Branch of National Infantile Paralysis Foundation at South Bay Golf Club Saturday night earns a kiss for Fernardito Pruna from chapter chairman, Mrs. C. Barron Otis, left, and treasurer, Mrs. Kenneth Percival.

Aún se quedaba con los Otis[viii] en Bay Shore, Long Island, durante las vacaciones de verano, como cuando era niño. Era su casa en los Estados Unidos. Era donde iba a quedarse en todas las vacaciones cuando no podía llegar a Cuba. Barron y Marie Otis eran sus padres en Estados Unidos y los amaba profundamente. Para él, eran solo la tía Marie y el tío Barron.

En esta época, ya en su etapa adulta, acudía con frecuencia a Southampton, este balneario chic donde a la clase alta neoyorkina le gustaba reunirse los fines de semana o durante el verano. En aquel encantador distrito, rodeado por la Gran Bahía del Sur, era común ver yates cruceros danzando tranquilamente al ritmo del vaivén de las olas que se estrellaban contra sus cubiertas. Charles Barron Otis era un símbolo neoyorkino del éxito y un aristócrata norteamericano legítimo, descendiente de un miembro de la tripulación del Mayflower. Este magnate financiero de la prensa era dueño de varios periódicos importantes, incluyendo el *American Banker* y el *Bond Buyer*. Fernando algunas veces invitaba a sus conquistas a esta maravillosa mansión, recogiéndolas en la estación de trenes de Bayshore en el elegante Rolls Royce de los Otis. La magnifica mansión familiar estaba situada dentro de catorce hectáreas de unos jardines impecables – establos incluidos – que colindaban con un hermoso y exclusivo campo de golf, lejos del ruido de la Gran Manzana, cuando no estaba esquiando en Nueva York o en Nueva Inglaterra. Estas pistas de esquí lo conducirían, en uno de sus viajes, al camino de los negocios, para continuar por otra rama con la que nunca se habría atrevido a soñar: la política.

Ilustración 19 **MARIE OTIS, CHARLES BARRON OTIS, HELENE DARCEL, FERNANDO PRUNA EN EL CLUB HARWYN DE NEW YORK CITY.**

Fernando hacía algunos trabajos para una firma de comunicación publicitaria, además de Grolier y Crosby. El director de esta firma, Murray Ross, un gran amigo de Fernando, lo invitó a esquiar. Durante el slalom libre que le daban las pendientes, Fernando no se percató de que alguien admiraba sus hazañas deportivas.

—¡Eh, amigo, lo he visto esquiar! ¡Es usted un as!

—La verdad es que no soy tan bueno, pero le agradezco el elogio. Gracias.

—Es usted muy modesto, pero le confieso que me haría falta alguien como usted.

—¿Para?

—Para que me enseñe a esquiar.

—¿Para que lo enseñe? En realidad, no soy monitor. Digamos que hago lo que puedo.

—Lo hace muy bien – interrumpió el extraño –. A propósito. Mi nombre es Jeff Walker.

—Fernando Pruna.

—¿Entonces, no es de aquí? Quiero decir: ¿es extranjero?

—Pues sí, soy cubano.

—Impresionante. Un esquiador profesional de un país sin nieve, que además habla inglés como si hubiera nacido aquí.

—No sé si profesional sea la palabra exacta, pero digamos que algo así.

—Muy bien, entonces. ¿Cuánto me cobra por enseñarme a esquiar? Pretendo pagarle, por supuesto.

–Lo que pasa es que sólo estaré aquí unos días.

–No hay problema – terminó el individuo.

–Pues entonces, ¿por qué no?

Si le pagaban por una actividad que disfrutaba, ¿qué más podía pedir?

–¿En qué trabaja usted?

–Soy arquitecto y vivo y trabajo en Nueva York. ¿Y usted?

–Vendo enciclopedias y trabajo para una firma de comunicación y publicidad. Además, asisto a cursos nocturnos en la Universidad de Columbia en Nueva York. Así es que usted es arquitecto. Pues lo cierto es que esta es una feliz coincidencia. La verdad es que me interesa mucho.

–¿Por qué? ¿De qué coincidencia habla?

–Llevo un tiempo soñando con un proyecto que podría ser viable en mi tierra natal: construir un motel en Cuba.

–Suena interesante. Pues si puedo hacer algo para ayudarlo en su proyecto.

–¿Podríamos hablar de eso después de un pequeño descenso?

Jeff y Fernando tuvieron empatía inmediata, mientras hablaban de negocios y de proyectos inmobiliarios en las pendientes de esquí. Volvieron a encontrarse en Nueva York, unos días más tarde. El proyecto se presentó a lo largo de varias reuniones y comenzó a tomar forma. Una noche, Fernando pronunció una frase que resumía su colaboración.

Ilustración 20 MOTEL CASINO PARA LA HABANA DEL ESTE, DISEÑADO POR JEFF WALKER, ARQUITECTO. Circa 1956-57

—Tú te ocupas de los dibujos y voy a promover la idea para encontrar financiamiento.

—No habrá problema para llegar a un entendimiento a nivel financiero.

Al joven no le tomó demasiado tiempo hallar la posible fuente de financiamiento, gracias a los contactos que había hecho en los elegantes clubes nocturnos de Nueva York o en las fiestas en las playas de Long Island. Fue durante una de estas que conoció a Jack Stewart, un exitoso agente inmobiliario de Long Island, que lo puso en la dirección correcta.

—Conozco a un abogado en la prestigiosa firma legal **Rosenberg & Burris**, en Miami Beach. Su oficina está en Lincoln Road. Tiene muchos contactos en el mundo de los negocios. Seguro tendrá algún cliente al que le pueda interesar esta operación.

Jack Burris, un abogado con larga experiencia en inversiones en el sector turístico reconoció que le gustaba el proyecto.

–Conozco a alguien que se sentirá encantado con este asunto – agregó el abogado –. Así es que no hay más que hablar.

–¿Quién?

–E.M. Loew.

–¡Loew!

–Sí. Con E.M. puedes llevar el proyecto a otro nivel.

El cliente de Jack Burris estaba a la altura del proyecto. Él solo era un considerable peso pesado financiero, lo que cual dejaba entrever un proyecto faraónico.

Nueva York, finales de 1956

Fernando se preparaba para una gran noche con un grupo de amigos. Con frecuencia salían juntos por la noche. Eran amigos de la universidad. Estaban Peter Roome, William Lane y Paul Robinson, uno de sus mejores amigos de Columbia. Eran hermanos de fraternidad.

–Muchachos, esta noche vamos a hacer la ronda de los grandes duques. Invito yo. Todo va por mi cuenta.

–Pruna, ¿qué estás tramando?

–¡Diversión! Los llevo a todos a cenar al Greenwich Village y más tarde vamos a Jimmy Ryan's y Eddie Condon's a oír un poco de jazz.

–¿Y nada más?

–Sí, hay más. Después, vamos a ver a una cantante maravillosa.

–¡Tu cantante! – exclamó Robinson.

–¿La hermana de la explosiva Denise Darcel? – preguntó otro.

–¿Quién es?

–Ha tenido tantas conquistas que no sé.

–Sí, Hélène Darcel. Ya les he hablado de ella. Incluso se las presenté.

–A mí no. Nunca he visto a tu dama.

–Hermoso cabrón de mierda. O sea que también saliste con la actriz. ¡Anda, cuéntanos!

–Hélène está cantando en el hotel Waldorf Astoria, en el Starlight Roof. Nunca he escuchado una voz tan hermosa. Se van a caer de espaldas, muchachos. Pero nada de tocar, ¿entendido? Y, por favor, no hagan preguntas indiscretas.

Aquella noche, su primera parada fue en el Eddie Condon's, que tenía el nombre del dueño y era un templo del jazz, en Tercera Oeste y cuyo dueño, el propio Eddie, recibía a los clientes en la puerta, con pajarita y pelo engominado que le daban el aspecto de una estrella de cine de los años treinta. Era un sitio ideal para que un grupo de jóvenes pasara un rato delicioso envueltos en la magia de clarinetes, saxofones y guitarras. En Greenwich Village, también se escuchaba buen jazz, como en muchos clubes de moda de Nueva York: el Birdland, el Five Spot o el Bar Metropol. Las figuras más famosas del momento solían tocar en estos lugares, entre ellos, Miles Davis y John Coltrane. Charlie Parker había desaparecido de los escenarios demasiado pronto, destruido por las drogas.

–Quiero pasar una súper noche con mis amigos antes de irme… En el futuro, espero ir a Cuba con frecuencia, por asuntos de negocios. Tengo un proyecto entre manos.

–¿Ya está? ¿Ya tienes el asunto del motel en el bolsillo? ¿Y el proyecto que tenías de abrir un club nocturno en La Habana?

–Si fuera solo eso…

–¿Qué quieres decir?

–Amigos míos, pretendo involucrarme en la política también. En uno o dos años habrá elecciones en mi país.

–¿Qué elecciones? ¿Estás bromeando?

–¡No, en lo absoluto! Pero no será inmediatamente. Hay suficiente tiempo: las elecciones tendrán lugar a finales del año que viene. Sin embargo, a veces pienso…

–Eh, amigos: ¡Pruna presidente! ¡Pruna presidente! ¡Pruna presidente!

–Son las elecciones legislativas para el congreso – explicó el joven.

–¡Pruna senador! ¡Pruna senador!

-¡Dejen de joder!

Batista, se colocaría una vez más al frente del país, pero colocaría a alguien cercano a él en la silla presidencial.

Por el momento, en los atestados salones del Waldorf Astoria, el ambiente era animado, pero, sobre todo, sofisticado.

En el ambiente aterciopelado del piso más alto, en el exquisito Starlight Roof, Hélène estaba lista para comenzar a cantar.

–Voy un momento detrás del escenario a buscarla.

La joven pareja reapareció. Fernando presentó a Hélène a todos sus amigos y todos quedaron seducidos por su encanto. Se tomó un poco de tiempo libre porque se sentía un poco fatigada. Unos minutos más tarde estaba de nuevo en el escenario, micrófono en mano. Estuvo magnífica. Los muchachos estaban deslumbrados. Todos se enamoraron de ella.

Pero la noche no había terminado para el feliz grupo. Era su noche antes de la partida de Fernando. Una especie de "fiesta de despedida".

–Ok, amigos, ahora voy a llevarlos a un sitio excepcional. ¡Vamos al club Gold Key! Ahora me toca a mí mostrarles mi propio número.

El edificio, con cuatro pisos de piedra marrón, se encontraba en el número 28 en la calle West56. Era un club privado, pero Fernando era miembro y sus amigos entraron como invitados suyos.

Los amigos se sentaron en cómodos sofás – único mobiliario del salón, nada de sillas – con una mesa baja frente a cada uno.

–Amigos, creo que hemos bebido demasiado.

–¡Qué sitio! ¡Tiene muchísima clase!

–¿Quieres hacerte miembro?

Fernando le pidió a un empleado una planilla de solicitud de membrecía. Uno de sus amigos se convirtió en miembro allí mismo, en ese preciso momento, al pagar la cuota de membrecía de sesenta dólares. Fue Paul Robinson.

Dos semanas más tarde, el local fue investigado por la policía y el fiscal de Nueva York, Frank Hogan, ordenó la intervención y revisión de todas las tarjetas de registro, lo que resultó en el interrogatorio de todos los miembros, que ignoraban que dos pisos más arriba, algunas chicas ofrecían servicios especiales... e ilegales, mientras los clientes se involucraban en el juego debajo de una timba. Fue una anécdota excelente para contar, una vez que todo hubo pasado. Por otra parte, cuando Fernando llamó a Paul, un mes más tarde, aún se reían de la historia.

–Paul Robinson, también te estoy llamando para decir adiós. Regreso a Cuba, pero vendré a Nueva York de vez en cuando. Te haré saber. Seguimos en contacto.

–¡Te deseo la mejor de las suertes, amigo mío!

Pruna pronto parti hacia nuevas aventuras. Dólares. Políti a. ¿Habría realmente oportunidades en Cuba? En el Waldorf Astoria se contaba una extraña historia sobre una compañía cubana. La compañía en cuesti estaba compuesta por una canti considerable de estrellas y bailarinas del cabaret Tropicana, en La Habana. Era un buen truco publicitario, organizado por Marti Fox, el dueño del Tropicana. De pronto, un individuo armado salió de la nada y gritó: "¡Abajo Bati ta!".

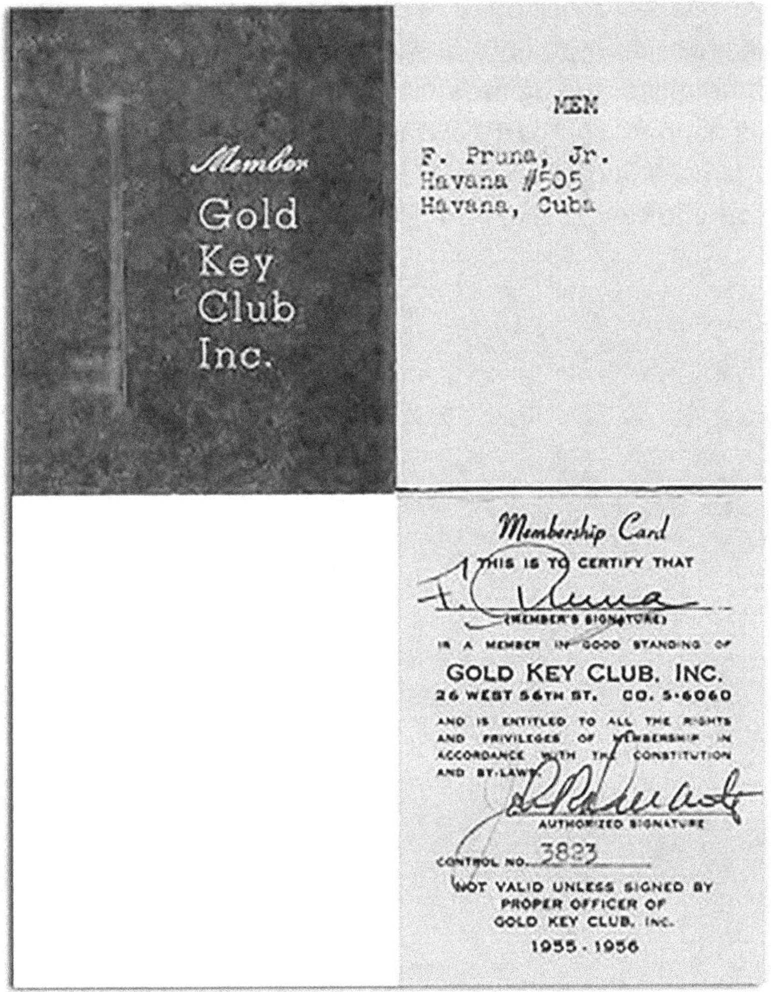

Ilustración 21 MEMBRESÍA DEL GOLD KEY CLUB

Fue sólo un incidente aislado. El inconveniente rebelde fue reducido inmediatamente y la fiesta continuó. Para Fernando, que no había oído nada sobre este incidente, lo que importaba era la gran noche que estaba pasando con sus amigos, en sus últimos momentos en la gran ciudad. Paul Robinson, Peter Roome, William Frye, Hammafrstrom, Rudolph Wurlitzer, James Cahouet and William Lane, eran una letanía de nombres agradable al oído porque estaban asociados a recuerdos maravillosos. Nadie podía imaginar por un momento que aquellos nombres aparecerían un día en una lista que agitaría un débil vínculo entre Nueva York y La Habana, para compartir instantes muy distintos. Los peores, ya que una espada de Damocles estaba a la espera de la señal para caer sobre la cabeza de Fernando.

Ilustración 22 HELENE DARCEL

10

CULPA AL DESTINO

Difícil es poderlo explicar. como al Cielo y el Mar,
O una Flor al Nacer. - FP

El Dilema

—Cásate conmigo.

—¿Qué?

—Ya me oíste. Cásate conmigo. Lo digo en serio. La cara de Hélène se ensombreció.

—Tranquila. Ya sé lo que vas a decir —. Sabía que ella repetiría que era demasiado mayor para él.

—¿Qué va a decir la gente?

—Me importa un comino lo que diga la gente. Todo lo que sé es que te amo y que quiero casarme contigo.

—Pero...

—¡Shush! Por favor, no digas nada.

Colocó sus dedos ligeramente sobre los labios de la joven mujer. Tenía apenas veinte años y ella era diecisiete años mayor, pero aún llena de juventud. Su belleza exótica y penetrante reflejaban su elegancia y refinamiento exquisitos. Sin embargo, había lágrimas en sus ojos.

Él le dijo que pronto tendría que regresar a Cuba.

–¿Qué vas a hacer allí? Somos tan felices aquí en Nueva York. ¿Por qué ir allá en lo absoluto?

–Te he dicho que tengo algunos proyectos de negocios en mente. Y, posiblemente, más tarde, en un futuro todavía distante, haya elecciones en mi país y podría considerar involucrarme en política y quizás postularme para el congreso.

–¿Quieres presentarte a las elecciones?

–Es crucial para el futuro de mi país que se postulen personas decentes y honestas. Es algo que estoy considerando. En cuanto a tus preocupaciones, lo que sucedió en Tropicana fue un caso aislado.

Podía volverse peligroso. En la noche de víspera de Año Nuevo, una bomba había explotado en un bar del cabaret y una clienta había perdido un brazo. Todo el mundo hablaba de eso.

–¿Quién está detrás de todo esto?

–¿Quién crees que pueda ser? La respuesta es: los terroristas – una facción del movimiento revolucionario. Crear el terror es una forma de hacer la guerra. Quieren inyectarle el miedo a la gente. No quieren que la gente vaya a los clubes nocturnos ni que disfruten la vida.

–Entonces, ¿qué quieren? ¿Cuál es su objetivo?

–Quieren impedir que la gente viva una vida normal como si no estuviera pasando nada. La han cogido con los que manejan los casinos. Quieren sacar a Batista. Quieren tomar el poder. Una especie de "Quítate tú para ponerme yo".

La explosión había causado pánico en el cabaret Tropicana y la gente temía que hubiese una segunda bomba escondida en algún rincón, lista para explotar. Los dueños del cabaret, Martin Fox y su esposa no habían sido víctimas ni presenciado la escena. Afortunadamente para ellos, no estaban presentes porque el actor George Raft los invitó a una pequeña reunión en el hotel Capri.

—Se habla de esos revolucionarios que se esconden en las montañas – continuó Hélène –. O peor aún, que se esconden en las ciudades.

—Son apenas unos pocos cientos, como mucho. No hay razón para preocuparse. Batista sabrá cómo mantenerlos a raya. Los barbudos no obtendrán nuestra piel en ningún caso, ni la piel de los turistas. Y mucho menos la piel de hermosas mujeres. Particularmente, no obtendrán la piel de una adorable dama francesa con una voz divina.

No debió preocupar a Hélène anunciándole su partida a Cuba. Después de todo, había diferentes opciones para estos sucesos.

—Por favor, todo a su debido tiempo. Primero está ese proyecto en La Habana. Tengo que ir para tantear los contactos que tengo allí. Más adelante, si no puedo regresar a Nueva York, te invitaré otra vez a Bellavista. Allí estarás como en tu propia casa y lo sabes. También puedes traer a Denise contigo si quieres. Necesita descansar. Sabes bien que las dos pueden venir a visitarme cuantas veces quieran y por el tiempo que quieran. Bellavista es tu casa en Cuba.

Aunque los Pruna vivían en la ciudad durante los días de trabajo, en su hermoso apartamento, casi todos los fines de semana los pasaban en el campo. Era una bella granja con un chalet encantador que el Dr. Pruna había hecho construir con las maderas más hermosas. Escogió a discreción las maderas preciosas que necesitaba, suministradas por su suegro, Don Leopoldo González, el dueño del aserradero más grande de La Habana, González & Hermanos, por no mencionar que poseía la fábrica de toallas más importante de Cuba: Toallas Telva.

En el mismo corazón de la provincia Habana, ubicada geográficamente en el centro, la finca Bellavista era un espectáculo para los ojos. Esta vasta propiedad de ciento sesenta acres de tierra estaba a cuarenta y cinco minutos en carro del centro de la ciudad. Posada en las alturas, en la cima de altas montañas, ofrecía una vista panorámica, totalmente libre de obstáculos, de dos mares: el Mar Caribe, al sur, y el Golfo de México, al norte. Al sur, frente a un inmenso valle de palmas reales, ofrecía una clara vista del Golfo de Batabanó. Al norte, podías divisar la silueta de la ciudad de La Habana con sus altos edificios y sus enormes carteles en luces de neón, y más allá, el mar, la oscura línea azul que constituía el Estrecho de la Florida. La propiedad sólo podía llamarse Bellavista. Era imposible soñar con una vista mejor o con un lugar más pintoresco. Se sentía siempre una brisa fresca y limpia que acariciaba la vida.

Era un lugar fascinante y el joven aún recordaba la anécdota que su padre solía recordar con orgullo. Cuando el propio presidente Fulgencio Batista visitó la Finca Bellavista, caminó por los alrededores del batey y se detuvo a contemplar las vistas.

El presidente también poseía una de las fincas más hermosas de Cuba. Había gastado millones de dólares en embellecer su propiedad llamada Kukine. Entonces, Batista le dijo al Doctor Pruna:

—Dr. Pruna, esta es, absolutamente, la finca más hermosa de Cuba.

—Bueno, gracias, señor presidente.

–Por supuesto, pero…

–¿Pero…?

–¡La mía es la mejor! Los dos rieron juntos.

Una mañana, en Bellavista, el joven encontró a Hélène parada junto a un pozo, sosteniendo una manguera de jardín. Alzó la cabeza y dijo:

–Buenos días. Estoy fregando tu coche. Espero que no te importe, cheri.

Y Fernando no pudo evitar pensar que Hélène podría quizás ser la esposa ideal. Encajaba perfectamente en el modo de vida cubano con su sencillez natural. Detrás de su imagen de cantante sofisticada que actuaba en los salones más elegantes, podía mezclarse con absoluta naturalidad en el ambiente de una casa de campo – y, por si fuera poco, Hélène era una cocinera magnifica, una chef fantástica. El pollo al vino de Hélène no tenía rival –, además de todo eso, era perfectamente capaz de seguir las agitadas discusiones sobre la política cubana a distancia, cuando no estaba fregando el carro de él.

Con el pasar del tiempo, cuando miro atrás, puedo valorizar objetivamente que Helene Darcel fue una mujer de cualidades extraordinarias. De una decencia ejemplar y una honestidad intachable, fue la personificación de la modestia y la sencillez. Sin embargo, extraordinariamente talentosa con una voz maravillosa y una intérprete impecable del 'feeling' internacional. Su sola presencia emanaba una sensibilidad contagiosa y vislumbrante. Su recuero aún me entristece ante su ausencia.

Ilustración 23 Helene Darcel y Fernando en la Finca Bellavista,
Nazareno, Cuba.

—¿Crees que lo que dicen los periódicos es cierto: que los Castristas están siendo implacables con Batista? Hay sabotajes. Han incendiado cañaverales y han colocado bombas en lugares públicos en las ciudades. Son terroristas.

El New York Times anunciaba que Batista estaba en una posición débil.

—En cualquier caso, parece que Castro está vivo y coleando. ¿O de veras está muerto, como afi Bati ta, después del desembarco del Granma?

Una foto de periódico mostraba a Batista con sus asesores estudiando un mapa de la Sierra Maestra, señalando los objetivos estratégicos y planeando como acosar a los fugitivos de la reciente invasión del Granma. Antes, el reducido número de hombres parecía prácticamente ignorado. Batista incluso había afirmado haber aniquilado a los revolucionarios invasores y, de hecho, había dado de baja a un número significativo de oponentes y se rumoraba que Fidel Castro había muerto. Batista no aclaró la situación. Pronto, el jefe de los rebeldes se atrevió a desafiarlo abiertamente.

El fantástico poder de la propaganda

Inesperadamente, otra arma fenomenal cayó en las manos de Castro. La buena suerte que acompañó su existencia política a lo largo de su vida, llamaba otra vez a su puerta. Esta vez, tomó la forma de un periodista y editorialista norteamericano del New York Times, probablemente el periódico más influyente de Estados Unidos entonces. Su nombre Herbert Matthews.

En 1997, Ruby Philips, jefe de la oficina del New York Times en La Habana, hizo arreglos para que Matthews entrevistara a Fidel Castro en la Sierra Maestra. Antes de venir a Cuba, Matthews había cubierto la Guerra Civil Española por dos años y medio, y en su manera de reportar se reflejaban sus ideales de sincero simpatizante de los socialistas y los comunistas en España.

Se las arregló para llegar a la Sierra Maestra esquivando prudentemente a las tropas de Batista y pudo entrevistar personalmente al hombre que, según Batista, estaba muerto. Los artículos tuvieron tal repercusión que redujeron el fuego a cenizas. El nombre de Fidel Castro regresó a los focos como un fantasma que se alza de entre los muertos. Su foto cruzó los océanos e hizo que todo el mundo estuviera al tanto de una revolución que hasta el momento la mayoría había ignorado.

*Ilustración 24 Herbert Mathews entrevistando a Fidel Castro en la
Sierra Maestra.*

El artículo mostraba a Fidel con buena salud, fumando un puro cubano, rodeado de sus hombres que exhibían sus rifles y lo que sería su sello distintivo: las barbas. Una horda de barbudos armados, vestidos en uniformes de camuflaje. El periodista norteamericano lo apodó el Robin Hood de los Bosques de la Sierra Maestra.

Fidel, haciendo un uso soberbio de su talento propagandístico y de su innegable capacidad para manipular el engaño, se las arregló para convencer al periodista del New York Times, simpatizante de la izquierda, de que dirigía un ejército de miles de hombres. En realidad, eran apenas cien guerrilleros en toda la Sierra Maestra.

Fidel pudo crear esta ilusión moviendo hábilmente a los mismos hombres de un lugar a otro en el denso bosque, fingiendo tener decenas de emboscadas ubicadas estratégicamente en diferentes puntos de la Sierra. El periodista, y reconocido y espontáneo simpatizante de los desvalidos y fascinado como un enamorado, fue el hombre que inventó, desde el punto de vista político, a Fidel Castro. Nada ni nadie hizo tanto por Fidel Castro durante toda la rebelión que los tres artículos de fondo publicados por el New York Times, firmados por el ingenuo y romántico periodista de izquierda, Herbert Matthews.

Incluso después del triunfo de la Revolución cubana y de la llegada al poder de Fidel Castro, cuando muchas voces empezaron a acusarlo de impulsar una revolución comunista, lo que Castro negaba con vehemencia, esto es lo que dijo Herbert Matthews:

"Esto no es una revolución comunista en ningún sentido y no hay comunistas en posiciones de control... Incluso la reforma agraria, como señalan los cubanos irónicamente, no es en lo absoluto lo que los comunistas sugerían, porque es mucho más radical y drástica que lo que los rojos consideran inteligente como primer paso para la colectivización que ellos, pero no los cubanos, desean".

Muere un valiente estudiante y nace un mártir de la patria

Paralelamente, a dos pasos del corazón de La Habana, la confusión se había apoderado de los cubanos a solo dos pasos del lujoso hotel Sevilla-Biltmore. Resurgieron especulaciones interminables tras el ataque al Palacio Presidencial. Se había producido un intento fallido de acabar con la vida de Batista.

¿Fidel Castro había dejado las montañas para infiltrarse en la capital? No, Fidel no tuvo nada que ver con esta audaz acción revolucionaria. Es más, la criticó ya que ensombrecía sus aspiraciones absolutistas. No quería verse opacado por ninguna otra organización subversiva.

Todo el mundo sabe que el Directorio Revolucionario, liderado por José Antonio Echeverría, luchó de manera más activa para derrocar a Batista que el movimiento 26 de julio. Una célula estudiantil clandestina había neutralizado la emisora Radio Reloj y un vibrante anuncio había invadido las ondas:

"Pueblo de Cuba, en estos momentos, acaba de ser ajusti revolucionariamente el dictador Fulgencio Bati ta. En su propia madriguera del Palacio Presidencial, el pueblo de Cuba ha ido a ajustarle cuentas. Y somos nosotros, el Directorio Revolucionario, los que, en nombre de la Revolución Cubana, hemos dado el ti o de gracia a este régimen de oprobio".–José Antonio Echeverría, presidente del Directorio Estudianti Revolucionario – Radio Reloj, 13 de marzo de 1957.

–¡Unos hombres armados asaltaron palacio! ¿Oíste? Batista está muerto.

Algunos temían lo peor. Los impactos de bala habían hecho añicos la fachada del palacio. Increíblemente, Batista escapó con vida, por puro milagro. Echeverría no lo sabía y pensaba que Batista había muerto, por tanto, anunció públicamente su muerte. Pero los asaltantes del Palacio Presidencial habían fracasado en el intento y lo pagaron con sus vidas.

El gran discurso terminó cuando el régimen sacó la transmisión del aire. Fue entonces que José Antonio Echeverría abandonó el edificio de radio reloj y se dirigió a la Universidad de La Habana en un auto que conducía el Chino Figueredo. Cuando estaban llegando a la universidad, accidentalmente chocó con un patrullero de la policía que venía en sentido contrario. Echeverría bajó del carro con la intención de matar a los policías que venían en el patrullero. Uno de los agentes, Fernando Rodríguez Vega, que se había agachado en el patrullero, al ver que Echeverría venía a matarlo, abrió fuego con su ametralladora, por lo que actuaba en defensa propia al matar a Echeverría.

Después del triunfo de la Revolución, Rodríguez Vega fue juzgado. Durante el juicio, la madre de Echeverría tuvo el civismo de rehusarse a acusarlo, declarando que sus acciones habían estado justificadas porque había actuado en defensa propia. Sin embargo, el Tribunal Revolucionario condenó al policía Fernando Rodríguez Vega a cuarenta y cuatro años en prisión: veinte por disparar un arma de fuego y veinticuatro por homicidio.

Al analizar los hechos en retrospectiva, resulta imposible negar que la muerte de Echeverría fue una pérdida irreparable para el futuro de Cuba. José Antonio Echeverría era un verdadero patriota con impecables credenciales y el claro objetivo de encaminar la revolución cubana hacia una democracia representativa. Su muerte redundó en un gran beneficio para Fidel Castro al eliminar la competencia que representaba un líder revolucionario que, indudablemente, habría sido fuerte rival y habría proyectado una sombra sobre las ambiciones totalitarias de Fidel Castro. Cuando Echeverría murió, Fidel Castro debe haber recordado el dicho medieval que rezaba: ***La tua morte (è) mia vita*** (tu muerte es mi vida).

El ataque al Palacio Presidencial de Cuba, el 13 de marzo de 1957, perseguía un solo objetivo: matar a Fulgencio Batista, el presidente de Cuba. Fue planeado y llevado a cabo por estudiantes cubanos bajo la dirección de José Antonio Echeverría, un devoto católico, un estudiante universitario y un anticomunista confirmado[41]. En el ataque también participaron los líderes Carlos

---

[41] **New York Times -Enero 1958. Pagina 49.** Cuba, después de un año muy próspero, entró en 1958 con excelentes perspectivas estropeadas solo por la posibilidad de una violencia política continua. La economía en expansión en 1957 no se vio seriamente afectada por la iniciativa rebelde.

Gutiérrez Menoyo, quien dirigió el ataque militar, Menelao Mora y Fructuoso Rodríguez. Aproximadamente ochenta individuos participaron en el asalto, pero solo el primer grupo logró entrar al palacio presidencial. Ese primer grupo se las arregló para llegar al segundo piso del palacio, pero Batista logró trasladarse al tercero donde los guardaespaldas y los guardias ultimaron a todos los asaltantes. Batista vio la muerte muy cerca, pese a que contaba con información de que se produciría un ataque muy pronto, pero se desconocía la fecha en que se llevaría a cabo. En el ataque murieron cuarenta personas y dieciocho resultaron heridas. El único estudiante que logró escapar fue Foure Chomón, quien más adelante pudo llegar a las montañas del Escambray y unirse a los rebeldes. Luego apoyó a Fidel Castro y se convirtió en un miembro esencial del gobierno comunista hasta su muerte. En resumen, había muerto un estudiante y había nacido un mártir cubano.

Ilustración 25 FERNANDO PRUNA BERTOT, hacia 1958.

11

LA BÚSQUEDA DE LA RIQUEZA Y EL PODER

"Las mejores cosas en la vida son gratuitas.
Las segundas mejores cosas son muy, muy caras".
Coco Chanel

Cuba alcanza su pináculo económico en el 1957

A pesar de las significativas irregularidades políticas y la creciente incertidumbre dada la presencia en la Sierra Maestra de guerrilleros que enfrentaban al gobierno, las vibrantes actividades financieras de los inversores extranjeros en Cuba, principalmente norteamericanos, ensombrecían la débil resistencia de la oposición. La Habana prosperaba financieramente; la infraestructura de la industria turística continuaba desarrollándose en la isla sin que pareciera existir ninguna restricción. La tradicional Zafra azucarera continuaba cumpliendo con la cuota de azúcar que era adquirida proverbialmente por el Gobierno de Los Estados Unidos. Además, Cuba pudo vender provechosamente la mayor parte de su producción a múltiples países como Alemania y Japón.

La ciudad de La Habana era un lugar maravilloso en el que vivir y su vigoroso crecimiento financiero se podía palpar en todas partes. Por donde quiera germinaban rascacielos impresionantes y el propio gobierno había asumido el desarrollo de un nuevo y gigantesco centro cívico. El centro estaba rodeado por edificios modernos que albergarían ministerios y oficinas gubernamentales e incluía un inmenso Palacio de Justicia que era una obra de arte arquitectónica. La plaza estaba dominada por el Memorial José Martí, que tenía una torre de 358 pies de altura y una estatua del apóstol cubano. La Biblioteca Nacional, muchos ministerios gubernamentales y otros edificios estaban ubicados en la plaza y alrededor de esta. El Centro Cívico y el monumento a José Martí estuvieron terminados para finales de 1958. Todo esto se realizó durante el gobierno de Batista. Fue una impresionante proeza arquitectónica que embelleció enormemente la ciudad de La Habana[ix].

El gobierno de Batista impulsó las empresas capitalistas y quizás el crecimiento financiero más impresionante se evidenció en la industria turística. Cuba, como siempre, era un imán para los intereses de los negociantes norteamericanos. Meyer Lansky inició un nuevo proyecto que preveía cifras vertiginosas en dólares. Era el ahora o nunca. Fernando no había olvidado la frase enormemente seductora que había pronunciado Jack Burris, semanas antes:

–Conozco a alguien a quien le encantará este proyecto. No hace falta decir más. Se trata de E.M. Loew.

Jack Burris, un abogado establecido de Miami Beach, era el asesor legal de un magnate de la industria cinematográfi a. El conocido millonario Elias M. Loew (la prensa decía que la M venía de "Money"). Burris le aseguraba a todo el mundo que E.M. enseguida detectaría una buena inversión en esta iniciati a cubana y tenía razón. A E.M. le encantó el proyecto.

E.M. era el dueño de Cines de E.M. Loew's, la red de cines más grande de los Estados Unidos desde los años treinta. Más tarde, se lanzó a la industria de los autocines y era dueño de más de cien, pero también tenía inversiones en todas partes y en múltiples campos. Junto a Lou Walters, era dueño de uno de los clubes nocturnos más famosos, el *Lati Quarter*, que había sido creado en Boston veinte años antes. Provisto de un particular ambiente parisino al estilo del *Moulin Rouge*, era un auténti o mito. Más tarde, abrió el *Lati Quarter* de Nueva York y luego en Miami, en Palm Island, cerca de la famosa mansión de Al Capone. E.M. poseía también hipódromos, como el famoso *Foxborough Bay State*, y hoteles en Las Vegas y Miami, además de acciones en un complejo de esquí. Era por eso que cuando uno llamaba a la puerta de E.M. Loew, el corazón le latí a una milla por minuto. E.M. encarnaba el espíritu empresarial del siglo XX. Era un emigrante judío austriaco, que había llegado a los Estados Unidos para buscar El Dorado, a principios de siglo, con la ola de emigrantes europeos. Había trabajado como camarero y como recadero, pero pronto se había senti fascinado por los cines. Poco a poco, había conseguido colocarse a la cabeza de un pequeño imperio de cines en Nueva Inglaterra, encarnando un modelo de éxito social en Boston, la ciudad donde había inverti en su primer cine.

—Se enamoró por completo de esta ciudad – recordaba Jack Burris con un ardor que lo llevó a hacer una apasionada declaración –: Fue él quien electrificó Boston y otras ciudades de la costa este. Hay un solo problema. Tendrás que convencerlo de ir a Cuba.

—¿Por qué?

—¡E.M. les tiene un miedo horrible a los aviones! Nunca se ha subido a uno.

Fue en 1956 cuando dejé Nueva York para regresar a Cuba. Comencé inmediatamente a buscar oportunidades de negocios en La Habana. Antes de irme, había comentado con un buen amigo, Arnold Mackee, la posibilidad de importar a Cuba autos de calidad de segunda mano. Nos habíamos hecho amigos a través de nuestra mutua asociación de negocios con Peter Crosby, el exesposo de Denise Darcel. El padre de Arnold era dueño de una importante concesionaria de autos en Washington DC, la "McKee Pontiac", y Arnoldhabíaaprendidoelnegocio a través de su padre. Poco después de dejar Nueva York, Arnold me invitó a visitarlo a su casa, en Camden, Maine. Conduje mi Oldsmobile descapotable hasta allá, solo hice una breve parada en Boston para encontrarme con un amigo. Camden era entonces un pueblo pequeño y moderno, con colinas que miraban al océano Atlántico. La línea costera era deslumbrante, con olas salvajes que se estrellaban contra las rocas. Era hermoso en otoño, con los patrones multicolores que creaban las hojas que caían de los árboles por el frío otoñal. McKee tenía un hogar adorable. Era una vasta propiedad que acababa de comprar, llamada "Acantilado", con cinco acres de tierra y un muro de piedra en el frente. Arnold tenía una hermosa familia, su esposa, que era una dama encantadora, tres hijos y dos hijas. Recuerdo particularmente a su hijo Jim, que luego asistió a la Academia de Hebron por recomendación mía.

Recuerdo de manera especial un incidente inusual que ocurrió durante mi visita. Jim, que todavía era un adolescente de 13 años, montaba su hermosa yegua llamada "Sugar" frente a su casa, cuando el animal, se asustó inesperadamente y huyó a todo galope con el niño encima. El animal corría como loco, fuera de control. Arnold, su padre, consciente de la situación, corrió hasta mi auto que estaba parqueado delante de la casa, y se puso al volante. Yo había dejado las llaves puestas en el interruptor de arranque y él lo arrancó mientras me gritaba que fuera con él, lo que naturalmente hice. El capó del descapotable estaba abajo así es que salté dentro, me senté encima de la parte de atrás del asiento y mantuve el equilibrio agarrándome del marco del parabrisas. Arnold pisó el acelerador con fuerza y el Oldsmobile despegó como un cohete, mientras las ruedas chirriaban y levantaban una nube de polvo y gravilla. Corrimos tras el caballo fugitivo y lo alcanzamos en pocos segundos, colocamos el auto paralelo al *animal, justo al lado del animal que galopaba violentamente. Me paré en el asiento del carro lo mejor que pude y me las arreglé para agarrar a Jim, levantarlo de la silla y meterlo en el coche, a salvo. Sin pensarlo dos veces, salté a la silla y recuperé las riendas del caballo. En poco tiempo, fui capaz de controlar al animal, que llevé de regreso a la casa. Había montado caballos toda mi vida y esta no era la primera vez que uno huía. Sabía cómo controlarlo. Arnold estaba encantado y le contaba a todo el que quisiera escucharlo lo que aquel cubano loco había hecho. Aquella noche, celebramos con buen whisky escocés y fantásticas langostas de Maine bañadas en mantequilla. Arnold solía cocer la langosta con algas marinas y un poco de agua salada. Me dijo que esa era la verdadera forma de cocinarlo en Maine. Le creí. Estaban soberbias.*

Fue durante aquella visita a Maine que Arnold estuvo de acuerdo en comenzar un pequeño negocio conmigo, para importar autos usados desde Cuba. En La Habana, comencé a ver la forma de echar a andar el negocio. Conocía a un gran vendedor de autos que trabajaba para una gran concesionaria llamada El Relámpago. Estaba en la zona de Luyanó. Su nombre era Orlando Camacho y enseguida congeniamos. Le expliqué lo que tenía en mente y le gustó la idea, pero no contaba con capital para invertir. Yo tampoco tenía mucho, pero había traído el Oldsmobile descapotable a Cuba y le dije que estaba dispuesto a venderlo para conseguir un poco de capital, además de los ahorros que tenía. Procedimos de esa forma y él se encargó de vender el Oldsmobile, por el que obtuvo una buena suma de dinero; detesté deshacerme de él. Era un auto hermoso. Pero me di cuenta de que a veces tienes que sacrificar algo para lograr que otras cosas importantes sucedan.

Creamos una corporación, Autos Campru S.A, una combinación de nuestros apellidos, y procedimos a alquilar una sala de exposición en la zona del Vedado de La Habana, en 3ra y 6ta. Estaba en el piso zócalo de un edifi nuevo y encantador, y tenía sufi nte espacio para un escaparate de exhibición amplio. Le pedí a mi hermano Andy que lo decorara y con la ayuda de Charles Lee, un gran arti ta y buen amigo, pintaron un hermoso mural en la pared principal. Orlando convenció al dueño de El Relámpago de proporcionarnos algunos autos nuevos, principalmente Ford, en consigna. Pero nuestro verdadero interés era crear un mercado de autos usados. Arnold McKee se había mudado al área de Fort Lauderdale en la Florida, y había empezado a comprar algunos autos en subastas o donde quiera que podía obtenerlos a un precio razonable. Los enviaba a Cayo Hueso y los embarcaba en el Ferry que viajaba continuamente desde Cayo Hueso hasta la Bahía de La Habana.

Cuando los autos llegaban, yo los recogía en el muelle después de pagar los derechos de aduana, que eran muy abruptos. Aunque yo tenía contactos muy útiles en Aduana, aún no era capaz de obtener un buen trato de ellos. El jefe de aduanas estaba haciendo una fortuna.

Acordé con McKee pagarle cien dólares por encima del costo de cada auto y él aceptó. Adquirió los carros con dinero de su propio bolsillo, incluyendo el flete a La Habana. Pagábamos los aranceles en aduana y nos llevábamos los autos. Teníamos pocos días para devolverle el dinero de la inversión más la tarifa acordada. Nos enviaba un lote de vehículos y esperaba a que le pagáramos para enviarnos el siguiente. Tenía un capital limitado y entendíamos la situación. Yo le decía qué autos comprar y cuáles no, de acuerdo al mercado de autos de La Habana. Con el tiempo, llegamos a oscilar entre quince y veinte carros cada mes. El negocio daba dinero. Empecé a conducir un flamante Ford Edsel de 1957, descapotable de techo duro, de dos puertas, que era muy funcional y adorable. Fue un producto experimental de la Ford.

El negocio florecía y me permitía dedicarme a otros proyectos de negocios que intentaba organizar con E.M. Loew y Jack Burris. Estas iniciativas de negocio con el inversionista norteamericano y el abogado de Miami eran el verdadero motivo de mi regreso a Cuba. Sin embargo, mientras trabajaba para afinar estos proyectos necesitaba obtener algunos ingresos y eso hacía.

Arnold volaba desde Cayo Hueso hasta la Habana en Aerolíneas Q, lo que era muy económico. Dejaba su auto en Cayo Hueso y al regreso conducía hasta Fort Lauderdale, donde había alquilado una casa. El propósito de volar a La Habana era recoger su dinero en efectivo de los autos que habíamos vendido. Arnold había preferido operar solo con dinero contante y sonante, lo que me parecía bien, siempre y cuando él viniera a recoger el dinero. La operación funcionó muy bien por más de un año, hasta un día, cuando Arnold me llamó para decirme que enviaría a su hermano menor, Richard, a recoger el dinero. En el momento que conocí a Richard McKee, tuve la impresión de que no era confiable. Esta vez, se trataba de una cantidad sustancial de efectivo y comprendí que era nuestro capit al. Así es que decidí llamar a Arnold directamente desde la oficina de nuestra concesionaria antes de entregarle el dinero a Richard. Richard esperaba afuera de mi oficina. Le expresé mis preocupaciones a Arnold, pero él me dijo que no me preocupara. Insistía en que su hermano menor era un tipo honesto y confiable. Le pregunté una vez más si estaba seguro de que quería que le entregara todo el efectivo. Dijo que sí, así es que llamé a Richard a mi oficina mientras Arnold aún estaba al otro lado de la línea. Entonces, saqué el dinero de una gaveta, donde lo tenía organizado en fajos de mil dólares. Le pedí a Richard que contara el dinero, lo que hizo contando sólo los fajos. Todavía tenía a Arnold al teléfono y le dije que en ese preciso momento estaba entregándole todo el efectivo a su hermano. Entonces, hice que Richard se pusiera al teléfono y le confirmara a Arnold que había recibido el dinero y lo hizo. Richard salió de mi oficina con unos veinte mil dólares en efectivo. Me dijo que iba directamente al aeropuerto.

Al otro día, Arnold me llamó para informarme que su hermano no había regresado a la Florida. Le preocupaba que le hubiese ocurrido algo, que quizás lo hubiesen asaltado. Enseguida, puse a todos mis contactos dentro de la policía en acción para buscar a Richard en La Habana. Además, empecé a buscarlo por mi cuenta en los diferentes clubes nocturnos y casas de juego. Para hacer la historia corta, Richard no había volado a la Florida como estaba planeado y había permanecido en La Habana tres días, durante los cuales había visitado múltiples bares, casinos y prostíbulos. Cuando regresó a la Florida, a Arnold le tomó varios días localizarlo; descubrieron que había estado bebiendo en un bar. Para cuando Arnold lo encontró, el dinero se había esfumado. Richard se había embarcado en una juerga de bebida y juego, y le habían vaciado los bolsillos hasta el último centavo. Cuando Arnold lo encontró estaba borracho y sin blanca.

La debacle de Richard McKee marcó el final de mi relación de negocios con Arnold McKee. No porque tuviéramos ninguna diferencia sino simplemente porque no le quedaba capital para continuar comprando carros. La juerga de Richard nos dañó terriblemente. Pronto le vendí mi parte de Auto Campru S.A. a un inversionista amigo de Orlando, y seguí adelante con otros proyectos. Mi compensación por mi parte del negocio fue un sedán Edsel de 1958 blanco de cuatro puertas. Después de aquello, nunca volví a hablar con Arnold McKee, a pesar de que nos separamos como buenos amigos.

La energía y la determinación de Fernando, pese a su apariencia juvenil, asombraron a E.M. Loew, cuando el joven le contó sobre su proyecto de hotel.

–¡Bingo! – exclamó E.M. Loew –. Ve a Cuba. Prepara el terreno. Podemos hacer negocios juntos. Un proyecto de motel no me convence del todo, pero necesitamos empezar a hacer contactos. Encuentra buenas ubicaciones. Créame las condiciones. Vas a ser mis ojos en Cuba.

Sus miedos se desvanecieron en cuanto estudió los proyectos de Fernando. Después de un tiempo, se apareció en Cuba. Era la primera vez que volaba en avión. Jack Burris no podía creerlo.

–Soñé con tu proyecto de motel, aunque no es exactamente lo que quiero. Prefiero un hotel. Le agregaremos un casino. Un hotel con casino es algo que sí me entusiasma.

–No tengo nada en contra, todo lo contrario.

–¿Crees que puedes obtener una licencia de juego del gobierno? Teniendo en cuenta los contactos de tu padre, que podría hablar con Batista. Necesitamos el permiso, es esencial. ¿Me entiendes? Es preciso que obtengamos esa licencia.

Fernando asintió con calma y sonrió.

–Estoy seguro de que conseguir un permiso de juego no será ningún problema. Mi padre podría resolverlo directamente con el presidente Batista, si fuera necesario. Pero la envergadura de la inversión cumple todos los requisitos para que nos lo concedan. Está dentro de las directrices de la industria turística. La licencia de juego la obtendremos de manera automática, pero si hay algún problema, mi padre se encargará de resolverlo. Cuente con ello.

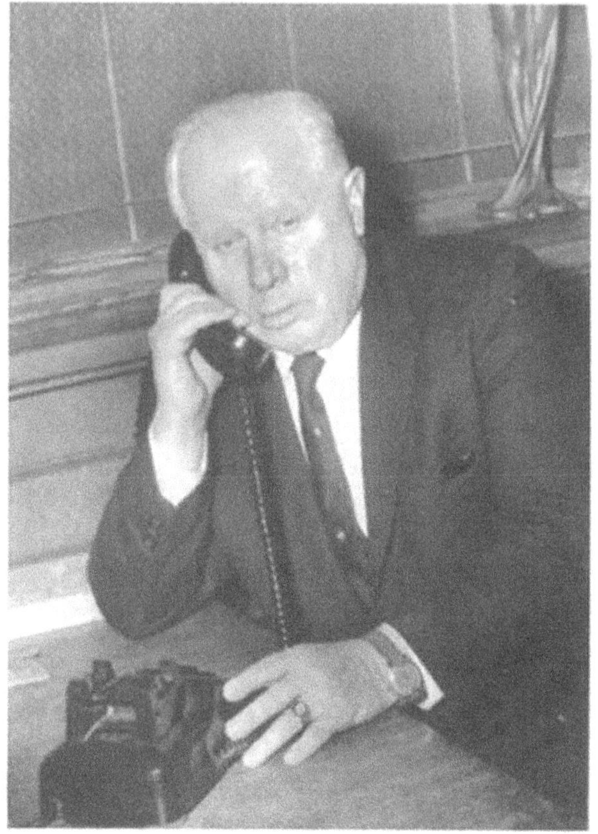

Ilustración 26 E.M. LOEW

No era más que una mera formalidad. El gobierno proporcionaba a los grandes inversores y a los promotores prominentes directrices claras. Batista hacía todo lo posible para facilitar las inversiones en Cuba. Dos años antes, el General había aprobado una ley con el objetivo de aliviar las regulaciones en las inversiones en el turismo. Para los casos de inversiones extranjeras, se habían colocado estructuras de financiamiento banquero, así como consideraciones fiscales. Cuando la construcción de un nuevo hotel representaba una inversión mínima de no menos de un millón de dólares o quinientos mil, en el caso de un nuevo club nocturno, obtener una licencia de juego era algo totalmente viable. Por supuesto, había gastos específicos para cumplir los requisitos individuales. El resultado era que los hoteles y los casinos brotaban como hongos.

E.M. permaneció en silencio algunos segundos antes de dirigirle una sonrisa desafiante al joven.

—Dime algo, ¿por qué no entras en política? ¿No te interesa? Tienes contactos que podrían facilitarte mucho las cosas.

—He pensado en ello. Al menos, mi padre ha mencionado el tema conmigo.

—Tienes todo lo que un joven cubano podría desear para triunfar en política: eres joven, ambicioso y has tenido la oportunidad de recibir una buena educación. Estudiaste en Columbia, una universidad prestigiosa. Hablas inglés perfectamente y entiendes de negocios. Tienes una personalidad atractiva y una buena apariencia. Tienes el éxito garantizado – continuó después de una pausa –. Estoy seguro de que triunfarás. Creo que debes involucrarte en la vida política de tu país. Ya sabes lo importante que es tener influencia política; te puede ahorrar muchos problemas. Incluso en los Estados Unidos, el poder político tiene un gran peso para hacer que sucedan grandes cosas. Y para obtener los permisos y sortear todas las complicaciones que implica el juego es más bien una obligación.

—Quizás, pueda postularme para las próximas elecciones al congreso. Lo discutiré con mi padre.

—Hazlo. Puedo ayudarte si quieres. Haré una contribución financiera en caso de que llegues a ser candidato.

E.M. parecía estar quemando etapas, pero Fernando estaba listo y tenía preparada la respuesta.

—Cuba tiene seis provincias. Creo que podría llegar a presentarme como candidato por el Partido Demócrata[42] para representar a la provincia de La Habana en el Congreso Nacional.

—Perfecto, volveremos a hablar de ello cuando todo esté listo. Ya tenemos el pan en el horno.

Mientras esperaba el momento de involucrarse en política, Fernando dedicaba su tiempo a elaborar un proyecto inmobiliario. El esqueleto del boceto de hotel se convirtió en un complejo de hotel-casino enorme, con un costo realmente vertiginoso: entre doce y catorce millones de dólares[43]. El joven además soñaba con la construcción de un edificio de apartamentos. En Cuba, se llamaban propiedades horizontales. Los apartamentos no eran para alquilar, sino para vender. Fue en el Habana Yacht Club donde conoció al señor Álvaro Velasco y Montalvo. La familia Velascox, una familia de mucho linaje y prestigio en la Isla, poseía una enorme extensión de tierras heredadas, principalmente en el este de La Habana. Fernando pensaba que La Habana del Este era la zona perfecta para un nuevo hotel de lujo, así como para un edificio de apartamentos. Aunque estas propiedades no estaban desarrolladas, tras la construcción del túnelxi de La Habana, estas

---

[42] El Parti Demócrata formaba parte de la coalición de parti que apoyaban la candidatura de Andres Rivero Agüero para presidente de Cuba en las elecciones presidenciales de noviembre 3, 1958. Dirigido entonces por Francisco "Panchán" Bati ta, hermano del presidente Fulgencio Bati ta. El Parti Demócrata era Ideológicamente conservador y anti omunista y favorecía las inversiones norteamericanas en Cuba.

[43] Es significativo comprender que el valor de un dólar en el año 1957 tenía un poder adquisitivo de diez dólares actualmente, o sea en el año 2020. Evaluando la inflación y otros parámetros financieros a través de los anos, tenemos este resultado. Es decir, que 12 millones de dólares en el año 1957 equivaldrían a 120 millones de dólares en el ano 2020.

tierras adquirirían un valor potencial inmenso. Principalmente, por su cercanía al corazón de la ciudad. Además, al estar ubicadas detrás de la Fortaleza de El Morro y, por tanto, frente al mar, su perspectiva desde el punto de vista inmobiliario era incalculable. Esperaba que la reunión fuera fructífera.

–Quiero informarle que tengo otro proyecto inmobiliario en mente – le confesó a E.M. –: Un edificio muy moderno con apartamentos para la venta. Consiste en dos torres gemelas y cada una tendrá veintisiete pisos de altura. Aquí tengo parte de los dibujos arquitectónicos. Los mandé a hacer en una firma cubana de arquitectos e ingenieros muy prestigiosa: Maza y Lorenzén. Conseguí interesarlos en la iniciativa. ¿Qué le parece?

Ilustración 27 EDIFICIO PRUNA DISEÑADO POR MAZA Y LORENZEN. 1957-58.

Fernando se las había arreglado para convencer al arquitecto Maza y al ingeniero Lorenzén. Los había conocido gracias a su asociación con otro ingeniero, Horacio Núñez de Villavicencio, un gran amigo del Dr. Pruna. Habían aceptado diseñar el proyecto y dibujar todos los planos arquitectónicos para su construcción en La Habana del Este. Maza, al igual que Lorenzén y Núñez, habían comprado sus apartamentos en el gigantesco edificio FOCSA, edificado en el área del Vedado en La Habana. Estaban encantados con el innovador concepto de propiedad horizontal. Todos los apartamentos del edificio FOCSA se vendieron casi inmediatamente. La idea de Fernando era hacer algo similar, pero en el área de La Habana del Este. La firma Maza y Lonrenzén completó todos los dibujos para el futuro edificio, a cambio de que les asignaran el contrato para su construcción. Fernando accedió.

Para concebir mejor el proyecto del edificio, Fernando sostuvo varias reuniones con dos vendedores estrellas, que habían vendido, ellos solos, casi todos los apartamentos del FOCSA. Les contaron a Maza, Lorenzén y a Fernando, las dificultades que habían encontrado a la hora de vender las unidades del FOCSA. Analizaron y sugirieron, acorde a su experiencia como vendedores, la distribución que debían tener los apartamentos; cuántos debían tener dos habitaciones y cuántos debían tener tres. Basándose en sus sugerencias, Maza y Lorenzén desarrollaron los dibujos arquitectónicos para el futuro edificio.

Fernando ya había pensado en la manera de interesar a E.M. Loew en el proyecto. Les explicó el concepto a los vendedores, así como a Maza y a Lorenzén. Discutieron el hecho de que en el FOCSA se había construido un club privado de dos pisos llamado La Torre, que incluía un restaurante excelente en la misma cima del edificio. Eso les dio la idea de construir una estructura consistente en dos torres gemelas unidas en lo alto por un puente, que sería un club nocturno espectacular que cautivaría la imaginación de E.M.

Cuando vio el proyecto, E.M. frunció el ceño por algunos instantes. Entonces, alzó la vista hasta Fernando con un brillo en los ojos. Fernando continuó explicando:

–Cómo puede ver, las dos torres están unidas en la cima por una especie de puente y mi idea es que en ese puente se encuentre el club nocturno más espectacular de toda América, por no decir de todo el mundo.

–Muy interesante. Dos torres unidas en la cima por un puente.

–Un puente – repitió el joven. Se había dado cuenta de que E.M. estaba fascinado con la idea – Sí, un puente que será un club nocturno, un club nocturno espectacular con una vista panorámica del mar y de La Habana. Señor Loew, estoy imaginando el *Latin Quarter* de la Habana. ¿Qué le parece la idea? Pensaba en usted cuando conceptualicé la idea del puente que a la vez es un club nocturno.

Después de los ubicados en Boston, Nueva York y Miami, la cuarta versión del *Latin Quarter* estaría en La Habana. **The Havana Latin Quarter!** Fernando se estremeció. Estaba colaborando con E.M. en persona. Y en cuanto al resto, había que tener en cuenta la reputación de la exesposa de Loew. Sonja, una ex reina de belleza checoslovaca, lo había conocido en un viaje a Europa, cuando él reclutaba personal para su club. E.M. la llevó a los Estados Unidos y se casó con ella. Sonja Loew era la reina de la organización de eventos mundanos y orquestaba el glamoroso universo de los espectáculos y la decoración de los **Latin Quarter**.

–Las bailarinas del **Latin Quarter** hoy son las estrellas de Hollywood de mañana. Lou Walters, que administra el Latin Quarter de Nueva York, tiene muchos contactos para traer las mejores producciones musicales del mundo. Por otra parte, sueña con las *Folies-Bergère*. Así que, Fernando, te voy a dar hasta un millón de dólares para el puente, sin más formalidades, y vamos a construir el *Latin Quarter* cubano. *¡Todavía será "tu" edificio!* Formalmente te estoy ofreciendo un millón de dólares por el **Havana Latin Quarter**. ¿Qué me dices?[44]

La inmensa cantidad de billetes verdes que se reflejaba en los ojos de E.M. mareaba a Fernando. Cuando regresó a La Habana, desplegó los planos febrilmente. Ya podía sentir como sus castillos empezaban a elevarse.

—El área de La Habana del Este está en proceso de desarrollo actualmente, pero aún es territorio virgen. El túnel ha abierto las puertas a este zona vasta y hermosa: es precisamente allí donde nos estableceremos. ¿Qué te parece?

El Dr. Pruna asintió con una sonrisa. Su hijo continuó desarrollando la idea de su edificio con una pasión indetenible, pero sin descuidar el proyecto de hotel-casino. E.M. se había quedado encantado con las perspectivas financieras que había descubierto en Cuba. Estaba dispuesto a invertir su dinero en la Isla. Las iniciativas de Fernando lo cautivaban.

Para el hotel-casino, E.M. había preferido comprar las tierras más cercanas al Castillo de El Morro, un símbolo de La Habana suspendido en una colina. La fortaleza había sido construida por los conquistadores españoles en el siglo XVII para proteger la ciudad. Si te acercabas por mar, podías verlo desde varias millas. Cualquier edificio construido en esa zona podía destacarse y resultaría visible para cualquier barco que se acercara a la Bahía de La Habana.

Las tierras eran propiedad de la compañía *Cuban Bay Land Company*, que pertenecía a Pedro Grau y Triana, y a su esposa,

---

[44] Un millón de solares en 1957 equivalen a diez millones de dólares en el año 2020.

Lucía Victoria Bacardí y Cape, conocida por el sobrenombre de "Mimín", una mujer de gran talento artístico, heredera de la familia Bacardí. Las tierras de la *Cuban Bay Land Company* eran las primeras privadas que bordeaban las de las fortalezas El Morro y La Cabaña, que eran propiedad del Estado. E.M. se enamoró de los primeros lotes que Grau Triana había parcelado en los bocetos; los lotes terminaban en el mar. Fernando personalmente negoció con Pedro Grau y Triana, en su extensa mansión ubicada en el distrito de Miramar. E.M. estaba dispuesto a comprar dos manzanas enteras. Acordaron un precio y firmaron una carta de intención.

–Felicitaciones, hijo mío. ¿Ves cómo la perseverancia rinde frutos?

–Lo bueno es que también podemos contar con un pedazo de tierra excelente para la inversión de nuestro proyecto inmobiliario. Le pagaremos a la familia Velasco con apartamentos terminados en el mismo edificio que vamos a construir en su tierra. Ya han aceptado mi propuesta, que para ellos es muy novedosa, pero también muy lucrativa. El abogado de los Velasco, a quien conocí la semana pasada junto a los tres hermanos Velasco y Montalvo, Álvaro, José y Carmen, en una oficina antigua pero muy bien amueblada de La Habana Vieja, aprobó la propuesta con entusiasmo. Están dispuestos a aportar la tierra que necesito por un precio previamente acordado en apartamentos terminados, a precios comerciales justos. Imagínate, este edificio va ser el primero que se construye en sus tierras, que aún están desiertas. Nuestra iniciativa también beneficiará a la propiedad de los vecinos de la familia Velasco, la que pertenece a la *Cuban Bay Land Company*. Cuando sales del túnel en la zona de La Habana del Este, primero ves la tierra de la *Cuban Bay Land Company* y entonces, inmediatamente después, la propiedad de la familia Velasco.

"El edificio les abrirá las puertas del mercado inmobiliario; el precio de sus tierras colindantes subirá como la espuma. De todas formas, me están dando un precio muy razonable y muy atractivo ya que aportan la tierra sin pedir ninguna suma de dinero por adelantado. Cuando hablo de aportar, quiero decir que su contribución es como una inversión capitalqueellos, los Velascoy Montalvo, están haciendo en mi proyecto" – Fernando continuó –: Con esta inversión capital en tierra y la venta del cabaret a E.M. tendré todos los fondos que requiero para contar con todo el financiamiento necesario para terminar la construcción del proyecto. El proyecto, por supuesto, cumple todos los requisitos de FHA[45]. Además, mucho antes de construir el edificio, cuando inauguremos las obras, comenzaremos a vender los apartamentos a precios pre-construcción atractivos. Mientras hablamos, estoy organizando las estructuras de venta. ¿Qué te parece, padre?

–Me parece impresionante. Tienes clarividencia para los negocios, hijo. Esta área es el futuro de La Habana. Estoy de acuerdo contigo; esta es la zona más prometedora de la capital. Es una zona virgen que ha ganado un valor inmenso debido a la terminación del túnel. Toda esta tierra está a solo unos minutos del Capitolio, que es el centro de La Habana. Y tú eres uno de los primeros en participar en su desarrollo, o quizás el primero con dos grandes proyectos.

El director del BANDES, el Dr. Rodríguez y Rodríguez[46], no pudo esconder la sorpresa cuando habló con el joven que llegó al banco acompañado de E.M. Loew, Jack Burris, y el Dr. Pruna, a quien el director del banco conocía muy bien.

---

[45] Fomento de hipotecas aseguradas.
[46] Banco de Desarrollo Económico y Social.

—Dr. Pruna, qué placer verlo. Enseguida prepararé su dosier.

—No, no. Estoy aquí sólo como abogado.

—Me temo que no entiendo.

—No es a mí a quien debe dirigirse. Estoy aquí solo como representante legal por la parte cubana. Es mi hijo quien está a cargo del proyecto. Nos llamamos igual. El dosier está a su nombre. Fernando Pruna Bertot.

—¡Ah, ya veo! No me lo hubiera imaginado.

—*Este chico* tiene el toque de Midas — interrumpió E.M., con una sonrisa tranquilizadora y un brillo en los ojos.

—Todo lo que toca lo convierte en oro — agregó Burris —. Basta oírlo hablar para darse cuenta.

—Dígame, joven, ¿cómo se las ha arreglado para promover negocios de este calibre a su edad?

—Confíe en él — concluyó E.M.

—En este caso, solo me queda felicitarlo.

El Dr. Rodríguez y Rodríguez dio la luz verde para respaldar la operación con un préstamo garanti ado por Bonos del BANDES. El portafolio de E.M. Loew cubriría el 25% de la inversión total. Él completaría su parte con una inversión personal directa en efecti o. Tenía la disposición y la capacidad de hacer una inversión inmediata de no menos de tres millones de dólares en su proyecto de hotel-casino en Cuba. Las últi palabras del magnate fueron las más gratifi antes que Fernando podía haber esperado.

Ilustración 28 Celebrando cierre de negocio para construir un Hotel-Casino en La Habana del Este. Mayo 1958..

—Por tus esfuerzos y tus iniciativas, tendrás una participación del 49% en la empresa. Serás mi socio en el proyecto de hotel.

E.M. Loew conservaba el 51% para sí y Fernando recibía el 49%. De su porcentaje, Fernando compartiría la mitad con su socio, el abogado de Miami, Jack Burris, con quien tenía un acuerdo, que le dejaba poco más del 24% al final. Fernando tenía veintidós años cuando se cerró el trato y pronto sería el dueño de un cuarto del proyecto de hotel. Veintidós años y ya tenía unos cuantos millones de dólares en papeles.

Desde el punto de vista financiero, Cuba estaba en racha. Podías sentir la abundancia en La Habana. La ciudad era un hervidero de turismo, los restaurantes estaban llenos y en el centro de La Habana, las grandes tiendas de departamentos estaban inundadas de mercancías y de compradores. Cuba tenía una amplia capacidad de producir comida para su pueblo; los mercados estaban llenos de mercancías de alta calidad. Cuba no necesitaba importar comida, como ocurría en muchos otros países de Centroamérica y Sudamérica. Había un enorme boom constructivo, una auténtica revolución arquitectónica. Los edificios competían en locura, grandeza y belleza. Santos Trafficante, que ya era dueño del Hotel Comodoro con su casino, abrió uno nuevo, el Hotel Deauville, en el paseo del Malecón. El Hotel Capri, un edificio colorido y ultramoderno con una piscina en el techo, abrió con una explosión de fuegos artificiales, música y estrellas. El establecimiento pertenecía a Charley White, quien además administraba el concurrido casino, pero oficialmente lo manejaba el actor George Raft. Con Raft en la primera línea, la realidad y la ficción se mezclaban. El actor interpretaba papeles de gánsteres para los estudios de Hollywood, con Humphrey Bogart y James Cagney; en la vida real, compartía el poster con los reyes del hampa y de paso, tenía al mismísimo General como socio y valedor. La visión de George Raft de cómo debía funcionar el Capri garantizaba la mejor publicidad. Meyer Lansky quiso lograr un golpe de efecto más fuerte: se enorgulleció de abrir su hotel-casino joya en el Paseo del Malecón. El Hotel Riviera, futurista y con una arquitectura mastodóntica, tenía veintiún pisos. Exhibía cientos de habitaciones con vistas incomparables del mar, además Lansky alardeaba de tener todas las habitaciones reservadas siempre.

A Lansky le gustaba alinear cifras. Veintiún pisos. Trescientas ochenta y cinco habitaciones. La Habana exhibía una cifra récord de turistas y un nuevo hotel se sumó a la competencia por el primer lugar en el exceso y la extravagancia: el Hotel Habana

Hilton en La Rampa, ubicado en la esquina de las calles 23 y L, en la encantadora zona del Vedado, desafiaba al Hotel Riviera. Su presupuesto se elevaba a 24 millones de dólares y abrió sus puertas para las Navidades de 1958. Aún había préstamos impresionantes en curso. En medio de la puja, se vislumbraba la sombra de una nueva torre en el horizonte desbordado de dólares e inauguró la llama de otro sueño. Meyer Lansky tenía un proyecto loco que bautizó como el Monte Carlo de La Habana, un hotel de magnitud desproporcionada con infraestructuras de alto rango. Cada vez que parecía que se había alcanzado el punto culminante, resultaba que no era así.

Fernando abrazaba apasionadamente un pedazo del futuro planeado para la rutilante ciudad de La Habana. Estaba a punto de comenzar la construcción de un nuevo proyecto cuyos planos se encontraban en las salas de dibujo del mundialmente famoso arquitecto, Morris Lapidus, que había construido el Hotel Fontainebleau, entre otros, en Miami Beach. Además, y sólo para él, estaba el edificio de apartamentos constituido por dos torres gemelas unidas en la cima por un cabaret casino. El edificio de apartamentos anunciaría su nombre en letras grandes: "Edificio Pruna". Sus logros le daban una inyección de adrenalina y energía ilimitable. El arquitecto Maza y el ingeniero Lorenzén habían diseñado una obra maestra futurista e impresionante.

Sin embargo, con su tiempo repartido entre Toronto, Nueva York y La Habana, sus encuentros con Hélène se espaciaron gradualmente, mientras la sombra de una bailarina legendaria estaba a punto de entrar revoloteando en su vida.

HELENE DARCEL - FERNANDO PRUNA - DENISE DARCEL

12

YO FERNANDO "ASTAIRE", PLAYBOY, MAMBO Y MAFIA

"¡Puede menear el culo,
pero no puede cantar una cabrona nota!"
Meyer Lansky refiriéndose a Ginger Rogers

La Habana, diciembre de 1957

Cuando levantó el teléfono, escuchó una voz seductora del otro lado de la línea.

—Hola, *darling*.

Había una sola persona en el mundo que llamaba "darling" a todo el mundo, con tanto afecto.

—Denise, ¿cómo estás?

—Muy bien, mi amor. Hélène también está bien. Por otra parte, creo que le gustaría visitarte en Cuba pronto. Te he llamado porque una buena amiga mía se encuentra en La Habana en este momento, en el Hotel Riviera. Quisiera que hicieras algo por mí, o, mejor dicho, por ella. Está actuando en una revista musical para Lansky, en el Riviera. Estará solo unas semanas en Cuba. Sé con certeza que se siente sola y me gustaría que la llamaras. Llévala a cenar. Se amable con ella. Estoy segura de que entiendes lo que quiero decir. Le he dicho que te pondrías en contacto con ella. Espero que no te moleste.

–No hay problema, Denise. Será un placer ocuparme de ella.

–Gracias, eres un encanto. Sabía que podía contar contigo. Un beso, *darling*. También estoy ansiosa por verte pronto. Piensa en mí.

Fernando no podía creerlo. ¡La diva indiscutible del baile en Broadway y Hollywood, en todos los géneros desde el vals, pasando por el swing, hasta el claqué! La estrella cuyos pasos golpeaban, volaban y formaban espirales en el recuerdo del joven. Rubia incandescente con piernas infinitamente largas y una gracia sin par. Una sirena de los teatros de variedades que había iluminado sus años de adolescencia con su eterno cómplice del ritmo y la música, el elegante Fred Astaire. Un dúo de química única que había revolucionado los años treinta. Ella acababa de estrenar un nuevo espectáculo con canciones y baile, dirigido por el famoso coreógrafo Jack Cole, para la apertura del Hotel Habana- Ribiera, ubicado en la esquina de Paseo y Malecón, en el Vedado. El show estuvo en cartelera por varios días.

–¿Señorita Rogers?

–Sí.

–Hola. Soy Fernando Pruna, el amigo de Denise Darcel.

–¡Ah, sí! ¡Qué amable de su parte llamarme! Denise me ha hablado mucho de usted y esperaba su llamada.

–Denise me contó que usted estaba actuando en La Habana. Sería un placer acompañarla y ser su guía en la ciudad. Estoy a su entera disposición.

—Muchas gracias. ¡Qué encantador de su parte decir eso! Mire, venga a ver mi espectáculo. Denise me ha hablado de usted en los mejores términos. Es un caballero muy servicial. Si le parece bien, lo veré esta noche en el Riviera. Estoy actuando en el cabaret Copa Room. Haré una reservación a su nombre y ordenaré una botella de champagne para usted. Será mi invitado.

—Estoy ansioso por conocerla.

El anuncio rezaba:

"El día 10 del mes en curso tendrá lugar la apertura del Hotel Habana Riviera con la súper estrella Ginger Rogers, en persona, y su gran espectáculo. El costo del hotel ha sido de 14 millones de dólares y cuenta con veinte pisos".

Los almacenes anunciaban la llegada de la súper estrella, con un enorme derroche de elegancia… y de dólares. Cuando Fernando llegó al Copa Room, dio su nombre al *maître*, quien inmediatamente lo condujo a la mejor mesa de la primera fila, frente al escenario. Se estremeció ante la idea de que le había sido confiada una misión tan importante y emocionante a la vez: proporcionarle todo tipo de cuidados y atenciones a una leyenda de Hollywood. Fernando sintió un leve pinchazo de culpa en el corazón al pensar en Hélène, que en ese momento estaba cantando en Nueva York, pero de pronto, la cortina se elevó y ella hizo entrada en el escenario. Fernando se sintió un poco desconcertado. Aunque el vestido era magnífico, Ginger Rogers no era la misma de su juventud, de la que Fernando se había enamorado cuando era casi un niño y la veía en las películas[47].

---

[47] Ginger Rogers tenía 45 o 46 años cuando actuó en el Hotel Habana Rivera en La Habana.

Sin embargo, la estrella llevaba muy bien sus años y en cuanto se escucharon las primeras notas, las hermosas piernas de la bailarina empezaron a moverse. Hizo milagros aquella noche. Ginger Rogers bailaba como si estuviera en el boulevard de Hollywood, solo que esta vez era la estrellada noche habanera la que la envolvía como una estola de terciopelo. Su vestido de lamé brillaba como si soltara chispas y resaltaba su cuerpo. La rodeaban tres caballeros enfundados en elegantes trajes oscuros. Cuando empezó a cantar las primeras notas, su voz sonó algo débil, perdida en la inmensidad del salón. Ginger Rogers no era realmente una cantante. Tenía una voz más bien corriente que no se acercaba ni remotamente a la magnífica voz de Hélène. Sin embargo, bailaba con una gracia absoluta y casi mágica. Sus carencias vocales no pasaron desapercibidas para los dueños del local donde actuaba. Meyer Lansky no vacilo en decir:

–¡Que puede mover el culo no lo niego, pero no puede cantar una cabrona nota!

De pronto, estaba de pie ante Fernando, que aún estaba sentado.

–Buenas noches. ¿Le gustó el espectáculo?

–Sí, ha estado usted sensacional.

"En el Copa Room, Ginger se desliza en la pista, entre mis brazos, como una pluma. Elegante y maravillosa. Me doy cuenta de que, pese a los años, está en plena forma y, sobre todo, la encuentro muy sexy. El pelo largo y rubio enmarca sus pómulos altos y cae sobre su hermoso cuello".

"Esta noche me siento un poco como el alma de Fred Astaire. A muchos hombres les encantaría estar en mi lugar. Así es que saco el mejor provecho de este momento. Ginger parece encantada. Por un segundo estuve a punto de tomarla por la cintura y hacerla

girar en el aire como en esas coreografías endiabladas que he visto en las películas. Estoy en el cielo, del brazo de una bailarina divina".

> Heaven…. I'm in heaven
> And my heart beats so that I can hardly speak
> And I seem to find the happiness I seek,
> When we're out together dancing cheek to cheek.
> Dance with me! I want my arms around you.
> The charms about you
> Will carry me through to-
> Heaven

En el cielo… estoy en el cielo

Y mi corazón late tan fuerte que apenas puedo hablar

Y la felicidad que tanto he buscado creo encontrar

Cuando bailamos con nuestras mejillas juntas.

¡Baila conmigo! Quiero rodearte con mis brazos.

Y que tus encantos

Me hagan sentir que estoy

En el cielo

Esos días quedaron atrás y Fernando cumplió maravillosamente la misión que Denise le había encomendado. Fue el mejor de los guías para Ginger, que descubrió La Habana y los encantos que la distinguían.

Ginger estaba radiante. Era tan divertida, siempre riendo o sonriendo. Tenía una fuerza increíble. Estaba llena de energía y de salud. Regresaba al hotel muy juiciosa, sin dejar a Fernando acompañarla a su habitación. Durante el día, iban a la playa, casi siempre a Santa María del Mar, a unos veinte kilometros de La Habana. Por la noche, cenaban juntos en distintos restaurantes antes o después de su espectáculo. Fernando no dejaba de pensar en Hélène, pero Ginger era parte de su vida casi todos los días y casi todas las noches. No hacían nada malo, pero Hélène se habría muerto de celos. No sé si Denise fue del todo razonable al prácticamente empujarlo a los brazos de una bailarina tan divina, aunque ella casi podía ser su madre. Fernando nunca le preguntó su edad. Un caballero nunca debe preguntarle su edad a una dama. Eran como dos viejos amigos y bebían champagne casi todo el tiempo. A ella le encantaba el ardor que le provocaba el ron cubano Añejo solo al bajar por su garganta, y la suavidad del Aguardiente hecho de la caña de azúcar. Se daban un beso o un abrazo en determinados momentos, pero nada más. Ella no quería perderse nada cubano. Sí, esos días han quedado atrás, perdidos en la distancia del tiempo.

—Te voy a llevar a Bellavista, la finca de mis padres. ¡Vas a ver, es magnífica! La vista del Golfo de México y del Mar Caribe es perfecta.

Estaban solos. Ginger sucumbió a las encantadoras vistas y el embriagador paisaje cubierto de majestuosas palmas reales que danzaban en el viento. Sentía que podía permitirse hacer cualquier cosa que le apeteciera. Él pensaba que quizás también podía tenerlo todo. Así es que una noche de diciembre, la danza de sus cuerpos dejó huellas y algunas arrugas en las sábanas de la amplia cama del Dr. y la señora Pruna.

Un sacrilegio terrible. Si los padres de Fernando se hubieran enterado lo habrían matado.

"Sí, coleccionaba conquistas. Era más fuerte que yo. Me gustan las mujeres y no estoy seguro de que pueda felicitarme por ello. Sé con

certeza de que no logré más en la vida porque invertí una enorme cantidad de tiempo en la persecución de damas encantadoras. Hay coristas, modelos. Me pregunto qué otros pasos de baile no habré ejecutado entre mis sábanas".

"La cantante franco-griega Rita Dimitri, actuaba en Broadway, en la comedia musical Cancán, de Cole Porter. Fue de gira a La Habana. Yo la recogía cada noche después del espectáculo; comíamos o bebíamos algo y entonces la llevaba a relajarse, a su suite en el Hotel Nacional. Estaba fascinada por Cuba y por la hospitalidad de los cubanos".

"Una noche, Hélène fue a Washington a cantar. Denise actuaba en Las Vegas. Estaba solo en el apartamento que compartíamos en Nueva York. Invité a dos modelos – dos chicas sublimes que posaban para revistas especializadas en trajes de baño y ropa interior. Habíamos planeado salir. Ellas hicieron un mohín con los labios, como niñas pequeñas, y dijeron que no tenían nada apropiado que ponerse. Entonces, abrí el enorme closet empotrado de las hermanas Darcel. Abrieron los ojos como platos".

"Su única preocupación era escoger, como en las boutiques más elegantes de Nueva York. En la calle, llevo a una a cada lado y ambas llevan suntuosas estolas de piel que envuelven sus cuellos de princesas. Vamos a beber algo y los hombres miran fijo y con asombro a esas criaturas de revista. Bombas sexuales con vestidos de seda cubiertos de armiño blanco. ¡Unas mujeres tan deliciosamente hermosas! Vestidas como un millón de dólares".

"Algunas fueron inolvidables y dejaron huellas imborrables en mi memoria. Como la preciosa modelo Caroline Kahler, a quien conocí cuando estudiaba en la Universidad de Columbia y ella tenía sólo 18 años. Era tan alta como yo con el cabello rubio y los ojos azules. Deslumbraba a todo el mundo cuando íbamos al Starlight Roof en el Waldorf Atoria a cenar, beber un poco de vino

y bailar. Lucía como una princesa de un cuento de hadas con su sobretodo blanco de armiño, cortesía de las hermanas Darcel, que la cubría desde el cuello hasta las rodillas. Debajo del sobretodo, solo llevaba un elegante vestido de seda azul que se ajustaba a su cuerpo como un guante. Y nada más. Estaba nevando cuando caminamos por Park Avenue por un rato después de bailar durante toda la noche, hasta que tomamos un taxi que nos llevó al apartamento. ¡Sublime! Me pregunto qué habrá sido de ella, qué habrá hecho con su vida. Muchos años más tarde, puse todo mi empeño en encontrarla, pero no lo logré. Quizás, sea mejor recordarla cómo lucía la mañana que nos despedimos".

"Un día, Denise me llamó para encomendarme una misión divina: ¡almorzar con Joan Collins! Comimos en el Plaza. La conversación fue amigable y el encuentro tuvo un final feliz alrededor de una mesa en el Hotel Plaza. Solo un 'piscolabis'. Una dama bellísima, en verdad".

"En aquel entonces, yo era como un gallo que se pavoneaba en la exclusividad del gallinero de sus sueños. ¡Pude incluso haber conquistado a la rival de Marilyn Monroe del momento, Jane Mansfield! Ella tenía los atributos necesarios para convencer a los productores. La conocí cuando era una debutante y solo había conseguido un par de papeles pequeños en algunas películas. Salía con un amigo mío de la Universidad de Columbia y estábamos juntos en el Baile de los Artistas y las Modelos, en Greenwich Village. Un poco más tarde, alcanzó un enorme éxito en Broadway".

"Confieso que me gustan las mujeres americanas, ya sean rellenitas o esbeltas. Las acaricio con los ojos, con la punta de los dedos. Les doy unas palmadas en las curvas. Vibran, ronronean. Son chispeantes y ardientes. Sus carrocerías me dejan hipnotizado. Se llaman Lincoln, Cadillac o Chrysler".

"Podría hablar en los mismos términos de las francesas, cuando se vuelven a mirarme. Y las cubanas … ni una palabra más, las cubanas son el non plus ultra: un milagro volcánico".

"Cuando no andaba pavoneándome en Nueva York, me reunía, de cuando en cuando, con mi amigo Eddie en La Habana. Su padre no era otro que el senador Eduardo Suárez Rivas. Curiosamente, el señor Suárez Rivas estaba involucrado en asuntos de la mafia norteamericana. Trafficante, Lansky, Luciano y otros acudían a él para hacer legales sus respectivas empresas. Cuando los Estados Unidos deportaron a Luciano a Italia, el jefe siciliano organizó una fiesta de despedida con los grandes nombres de la mafia en Nueva York. Así es que Suárez Rivas, que frecuentaba a Lansky, también estaba allí. Fue así que se conocieron. Cuando Luciano entró clandestinamente a Cuba, se puso en contacto con Suárez Rivas e hizo todo lo posible por sobornarlo. ¡Incluso le ofreció a la señora Rivas un Chrysler que costaba la menudencia de cuarenta mil dólares! Se rumoraba que el senador se había dejado arrastrar al tráfico de cocaína, pero no creo que sea cierto. Sus negocios pasaban por una pequeña compañía aérea en Cayo Hueso, lo que le permitía evadir las aduanas norteamericanas. Suárez Rivas lavó y multiplicó su fortuna en el negocio inmobiliario, además de otras empresas; sé que tenía un apartamento impresionante en el que vivía con su esposa y su familia en un gran edificio de su propiedad a menos de una cuadra en frente del Hotel Nacional. También tenía otro estudio en el mismo edificio, donde vivía su amante de turno, una de las bailarinas del cabaret del Hotel Nacional. Yo me encontraba en secreto con una de sus amigas, también bailarina del hotel, en este hermoso apartamento. Suárez Rivas se enteró de alguna forma y se encabronó. Le gritó a su hijo Eddie, fuera de sí:

—¡Dile a tu amigo que no venga aquí nunca más si es para traer a sus putas a singar!

En cuanto a los reyes de la mafi norteamericana, la verdad es que nunca llegué a conocerlos bien. Había una barrera generacional entre nosotros. Yo no era más que un muchacho y aquellos ti tenían los nervios de acero que hacían falta para manejar decenas de negocios a la vez y empacar sus convoyes de maletas llenas de billetes verdes para sacarlas del país.

Sin embargo, los he frecuentado a menudo. Deambulaba por sus antros. El capitán Arsenio Labrada fue el primero en presentármelos. Arsenio Labrada era uno de los jefes de la Inteligencia Militar Secreta (SIM) en Cuba. El servicio secreto del gobierno de Fulgencio Batista. Era amigo personal del presidente desde la época en que Batista llevó a cabo su primer golpe de estado. Constituía un pilar sólido, ya que era, a la vez, el supervisor e inspector oficial del juego en La Habana. Labrada era uno de los hombres más dignos de confianza de Batista y tenía el rango de capitán. Aunque semejante posición podía haber hecho de él un hombre rico, era incuestionablemente honesto e incorruptible. Salí por corto tiempo con su hija, Josefina, a quien yo llamaba "Fina". Era una joven encantadora y fue mi pareja en múltiples bailes y graduaciones de cadetes en la Escuela Naval del Mariel y en la Escuela Militar de Managua. Era una excelente persona y yo la tenía en alta estima. Éramos buenos amigos. Todo lo que recuerdo es que se casó con un canadiense y se fue a vivir a aquel país[48].

---

[48] En 2019 (más de 60 años más tarde) recibí una llamada en Miami de Josefina "Fina" Labrada. Aún vivía en Canadá. Pensaba que me habían matado en una cárcel cubana y me había guardado luto durante años. Su hija le informó que yo aún vivía y le proporcionó mi número de teléfono. Hablamos por teléfono con frecuencia, siempre sobre el pasado. Es una amiga maravillosa.

Labrada me aprecia. A veces, usa una de sus frases paternales para describirme cuando me presenta a alguien. En verdad tiene una estrecha amistad con mi padre.

—Este es como un hijo para mí.

Estamos en el Hotel Riviera. El Capitán Labrada me da una palmada en la espalda y mira alrededor. Alzó un poco la voz, como si quisiera que todo el mundo lo escuchara. Un hombre levantó la mirada hasta mí. Lleva su inseparable sombreo de fieltro con una ancha cinta negra de seda. Su presencia me impresiona. Aún no me dado un solo trago de champagne, pero ya puedo sentir sus burbujas. Saludo al gran jefe. No abre la boca, pero imagino que está pensando: "Si Labrada considera a este joven como su hijo, no puedo sino darle la bienvenida". Después de asentir con la cabeza, a modo de saludo, agrega:

—Haré que te sirvan algo de beber. ¿Qué deseas?

—Una copa de champagne estaría bien, gracias.

Mido un poco más de seis pies y él parece un enano junto a mí. Sin embargo, me siento pequeño. Sé que estoy junto a un hombre poderoso. Siempre va de traje, muy elegante. Lo cierto es que no le encuentro nada de clase. Se expresa mal y ti ne unos modales pésimos. Cada vez que lo veo, mantenemos una conversación amigable. Después de todo, es el consejero indiscuti de la mafi El propio Meyer Lansky parado delante de mí. También veo a Dusty Peters en estos siti Es el brazo derecho de Lansky. Se encarga regularmente de los envíos entre Cuba y Miami.

Cuando no me encuentro con Lansky, me encuentro con Trafficante en el Sans Souci. Hace un gesto para que me sirvan algo de beber.

—Haré que te preparen una mesa – dice.

Ilustración 29 Santos Trafficante Jr. en el Cabaret Sans Souci

Soy el hijo del Dr. Pruna, abogado de Batista y de otros personajes, y hay una gran amistad con el Capitán Labrada. Esto, inevitablemente, me abre muchas botellas de champagne. Sin embargo, nuestras conversaciones, aunque corteses, casi nunca van más allá. Todos ellos son capos, excepto un par de tenientes mafiosos que también están a nuestro alrededor. Solo me siento a la mesa que me proporcionan, la mayor parte de las veces, con una compañía encantadora.

–Buenas noches, jovencita, espero que esté disfrutando el club. El capo se dirigió a mi compañera.

Trafficante se quita el sombrero con una elegante maniobra, después de habérselo puesto. Pajarita, pañuelo blanco en el bolsillo de su chaqueta y un puro entre los labios. El tipo viene a pasar la noche en una de sus "casas". Nadie se mueve. Hay siempre una diferencia entre él y yo: Para él, yo soy un muchacho. Sin embargo, tener cierto trato con Trafficante, incluso sin conocerlo bien, resultaba, como mínimo, práctico. Recuerdo una noche en el Sans Souci. Esta relación, además de abrirme una botella de champagne, me abrió su billetera. Estaba con mi cita del momento, la hija del exembajador de México, Lilian Reyes Spíndola, una morena sofisticada, encantadora y seductora. Aquella noche, en el club, debo haber gastado más dinero del que tenía en mi billetera. Además, mi hermano Andy estaba conmigo y estaba cortejando a una joven hermosa y talentosa llamada Georgia Gálvez, que tiempo después se convirtió en una reconocida cantante. Me quedé corto de dinero y necesitaba hacer efectivo un cheque.

—Por favor, Lilian, espérame un minuto. Enseguida vuelvo.

Fui a la oficina de Trafficante y lo encontré allí.

—Señor Trafficante, me temo que voy a necesitar pedirle que me haga efectivo un cheque. Me he quedado corto de efectivo. Espero que acepte mi cheque.

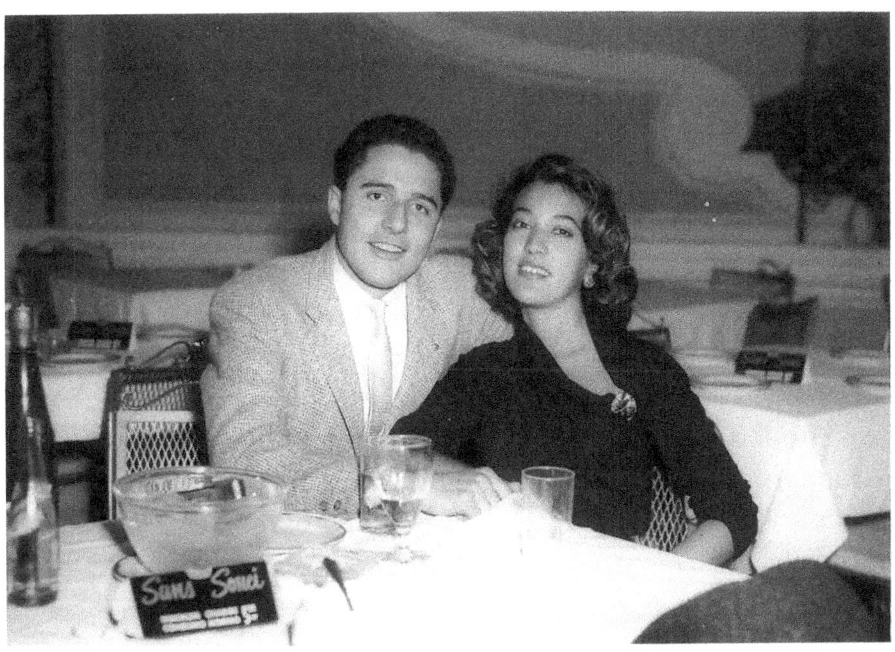

Ilustración 30 Lilian Reyes Spindola con Fernando Pruna en el Cabaret Sans Souci, La Habana.

A lo que Santos Trafficante respondió:

–No hay problema. Después de todo tienes negocios con E.M. ¿no es cierto? Esa es una buena señal.

Yo no conocía personalmente a Santos Trafficante, pero él estaba al tanto de mis negocios con E.M. Loew y Jack Burris, y que yo iba a sentarme sobre la mina de dólares de mis proyectos inmobiliarios. Sí, a la joven edad de veintidós años, yo Fernando Pruna Junior, tuve la inusual oportunidad de que Santos Trafficante, un gigante indiscutible del hampa me hiciera efectivo un cheque.

Si hay una conexión entre hermanos que conozco bien es la de los hermanos McLaney. Michael y William, de la mafia irlandesa americana. Arsenio Labrada frecuentaba el Hotel Nacional para supervisar el juego de parte de Batista, y me los había presentado. Además, yo iba allí a menudo y una vez me encontré a E.M. Loew y a Jack Burris allí. Estaban todos sentados juntos alrededor de una mesa. Los hermanos McLaney habían llegado a un acuerdo con Jake, el hermano de Meyer Lansky. Él manejaba el Casino Internacional del Hotel Nacional. Cuando los hermanos McLaney tomaron el control del juego en el casino, Jake Lansky se puso a cargo del casino del Hotel Riviera, que era propiedad de su hermano mayor Meyer. Así se distribuían el mercado, de manera tal que todo el mundo tuviera su parte. De vez en cuando, me sentaba a tomar algo con los hermanos McLaney, sobre todo con Mike. Era un tipo muy natural y le gustaba sostener una buena conversación. Eran individuos agradables, que me trataban con familiaridad y con frecuencia pagaban mi cuenta. Manejaban el Nacional con mucha fluidez y sin contratiempos. Los espectáculos del Cabaret eran fantásticos y yo salía con un par de coristas. A propósito, las chicas eran norteamericanas y está de más decir que eran hermosas. Pero a la vez, realmente adorables. Eran unas chicas muy agradables que trabajaban para los hermanos.

–¿Qué hay, joven? ¿Cómo va el negocio?

–Viento en popa y a toda vela, hasta ahora. Mi proyecto de hotel va tomando forma. Colocaremos la primera piedra en pocas semanas.

–Hemos firmado un acuerdo muy prometedor – celebró E.M. Loew con voz de hacer gárgaras.

–Entonces, brindemos por el éxito.

Ilustración 31 **DENISE DARCEL Y FERNANDO EN EL MOROCCO. NEW YORK.**

Es como el tráiler de una película de cine negro que pasa ante mis ojos sobre un fondo de bares llenos de humo y música de salón al estilo de Julie London. Cabarets, delincuencia, agentes secretos, policías, matones, mujeres fatales. Ese era, de vez en cuando, mi mundo. Me siento bien en estos rincones acolchados, donde los dedos de los pianistas acarician teclados. Cantantes con voces aterciopeladas interpretan canciones de Billie Holliday. Tipos que tienen el aspecto de Jim Cagney se juegan todo a las cartas en las mesas de juego. El criterio de admisión en estos lugares: mostrar los dólares que llevas encima y disposición para gastarlos. Algunos se retan a duelo, pero en vez de lanzar un guante se lanzan fajos de billetes, y el duelo ocurre en la mesa de póker, protegidos por la timba. Después del juego, se cuentan buenas historias, copa en mano. Hay mujeres afortunadas. A veces, hay jóvenes con aspecto de efebos y pelo engominado, sentados del otro lado del bar. Se saben hermosos. Tienen dinero, sobre todo después de haber descubierto una actividad muy lucrativa: ser gigolós.

Cuando no estoy bailando mambo en La Habana, bailo jazz en Nueva York. A menudo voy, con Hélène y Denise, a la meca de la vida mundana: El Morocco. Denise, siempre sonriente y exuberante, conoce a mucha gente. Me presenta a sus amistades. Actores, actrices, cantantes. Esposas de gente espléndida. A esta guarida de música y champagne, a veces acuden dos jóvenes que vienen juntas a divertirse. Denise me las presenta. Una es sencillamente una divinidad: Linda Christian. Una estrella del cine mexicano que gravita en los estudios fílmicos de Estados Unidos como una de las actrices más hermosas que tenemos la suerte de contemplar. Muchos jóvenes muy bien parecidos revolotean a su alrededor y se enfrentan en la cacería de la actriz. Son elegantes, mundanos. Quizás un poco gigolós o chulos refinados, como decimos los cubanos. "Están dispuestos a saltar sobre cualquier cosa que se mueva" – me dicen. Me gustaría saber si ella está a la altura de su reputación. Después de todo, ¿no fue a ella a la que el millonario brasileño describió como "el mayor éxito de todos los tiempos"?

A veces bailo con la otra joven. Me pregunto por qué viene con su amiga, Linda. Está casada. Parece muy sensata. Tranquila y distinguida. Diferente. Su esposo es un senador norteamericano y se ausenta con frecuencia. En estos momentos, está participando en algunos mítines. Es una clienta regular en El Morocco.

–¿Me concede este baile?

–Sí, con mucho gusto.

En la pista, en brazos de esta hermosa morena, podía sentir muchos pares de ojos encima. Era seductora. Bailé con ella varias veces mientras le lanzaba una sonrisa amorosa a Hélène, que estaba sentada en un sofá a rayas. Me pregunto por qué una hermosa mujer casada con un conocido político viene a este lugar a divertirse. Debe aburrirse en casa. Estoy seguro de que a esta mujer casada le gusta estar en mis brazos y bailar conmigo, porque soy un bailarín excelente; es mi sangre cubana. Denise me dice: "Bailas como un torero".

–Gracias por este baile excepcional – me dijo.

–Espero que bailemos otra vez.

Cuando termine su largo debate con el escritor Truman Capote, me gustaría bailar con ella de nuevo.

–Por supuesto, será un placer – dice ella.

–Hasta pronto, Jackie. Ha sido un placer verte de nuevo.

–Muchas gracias, Fernando.

Sí, el esposo de Jackie debe hacer auténticas acrobacias. ¡Más aún en territorio cubano! Respecto a una corta estancia del senador en La Habana, durante la cual se entregó a los placeres de la carne para satisfacer su activa lívido, quizás incluso con la ayuda de Lansky o Trafficante, que debían saber bien qué lo que debían suministrarle. Así es que, a cambio, pude haber atraído a Jackie a mi suelo cubano.

Años antes, créemelo, no tenía un centavo. Ya ha pasado algún tiempo, incluso antes de conocer a Solange, Hélène, Denise y las otras. Antes de ganarme mejor la vida. Cuando todavía era un estudiante sin un cénti , en la Academia de Hebron. Estaba en La Habana cuando conocí a Martha Playford en el hotel Nacional. Ella y su hermana Jane estaban de vacaciones con sus padres en La Habana. Era una chica soberbia con ojos verdes como esmeraldas, simplemente bella. Por fuera y por dentro. Con una personalidad disti ti Su padre, Harry Playford era el presidente de un banco en la Florida[49]. Harry se casó con la rica heredera de un imperio industrial: Elizabeth Coates. Entonces, él era un simple piloto de avioneta sin fortuna propia, pero su suegra, que lo apreciaba sinceramente, le dio un magnífi o empujón financiero en los negocios y él saltó de los aviones a la industria banquera. Yo estaba muy enamorado de su hija. Era una chica hermosa y maravillosa con un espíritu radiante y, además, una gran deporti ta. Su padre tenía un establo de caballos en San Petersburgo, Florida. *Ella era una jineta extraordinaria. Yo estaba convencido de que, en el futuro, ella sería mi esposa. Era mi aspiración.*

Míster Playford me apreciaba también y a menudo me invitaba a pasar las vacaciones junto al mar, en su hermosa casa de Snell Island, en San Petersburgo, Florida[50]. Una vez, vino a Nueva York a cerrar la venta de una emisora de radio[51] que había adquirido a principios de los años cincuenta con otros asociados, con lo que de paso se embolsilló un contrato de cuatro millones de dólares.

---

[49] First National Bank en Saint Petersburg, Florida.
[50] 415 Brightwaters Blvd, Snell Island, St Petersburg, Florida, USA
[51] WNEW Radio Station New York.

—Venga, salgamos esta noche – propuso Fernando con su tono malicioso habitual –. Vamos a un lugar donde hay mujeres hermosas para comprar y vender, y además hay buen whisky.

—No – respondió Playford –, yo soy el que voy a llevarte a un lugar encantador y de primera clase. Un lugar adorable.

—¿A dónde me lleva?

—Vamos al Club Embajada[52].

Playford es todo lo contrario de un playboy, pero dice que cuando tienes bolsillos profundos siempre puedes arreglártelas. Además, siempre fue agradable, gracioso y encantador, uno de estos tipos que le cae bien a todo el mundo. Tenia una personalidad magnética.

—*Ven, Fernando – me dijo cuando llegó la hora de pagar la cuenta –. Vas a firmar la cuenta.*

—¡Pero si yo no tengo crédito aquí!

—Bueno, pues a parti de ahora lo ti s y lo tendrás cada vez que vengas.

—¡Me está pidiendo que firme! Me temo que no entiendo.

Playford se echó a reír:

—Me deben un montón de dinero en este sitio. Estás con mi hija; sé que la amas y que es muy probable que te cases con ella, así es que eres como un hijo para mí. ¡Firma sin preocupación y no pagues nada! Cuando vengas con tus amigos, tienes mi autorización para

---

[52] Embassy Club at the Ambassador Hotel, New York City.

firmar la cuenta de mi parte. Se lo diré a la administración del club en el hotel. Es algo que quiero hacer por ti.

La generosidad de Harry Playford conmigo era impresionante, y el cariño y la amistad que crecieron entre nosotros eran algo fuera de lo común. Lo respetaba y lo admiraba grandemente. Su hija, Martha, era sencillamente maravillosa y yo sinceramente la quería muchísimo. Amaba a Martha y Míster Playford era, como decimos los cubanos, uno en un millón.

Fue así como me convertí en un cliente regular del Club Embajada del Hotel Embajador. Sin gastar un solo dólar, solo usando a voluntad la cuenta que mi futuro suegro, Harry Playford, puso a mi disposición. Con frecuencia invitaba a buenos amigos y, por supuesto, a chicas. Les decía que pidieran lo que desearan y era Playford el que pagaba la cuenta. Todos en el Club Embajada me conocían y me trataban, francamente, como si a un miembro de la realeza. La magia de la generosidad del señor Playford.

Ilustración 32 MARTHA PLAYFORD

El proyecto de boda con Martha desgraciadamente se disolvió cuando regresé a Cuba y mi vida se complicó por motivos políticos. Caprichos del destino. Quizás, mi karma. Pese a que muchas chicas han entrado y salido de mi vida, ella era, en todos los sentidos, la única. En realidad, nunca he dejado de amar a Martha.

Más tarde, cuando recorría los clubes nocturnos de moda de Nueva York, con Hélène y Denise, las llevé a conocer el que sería, en lo adelante, uno de mis locales favoritos, y de ellas. Les encantó el Club Embajada, el mismo en el que los metales y saxofones de Chauncy Grey o la Banda Latina de José Quintero, todavía me estremecen al recordar aquella música inolvidable que se coló en lo más profundo de mi corazón y el de Solange: "Algo tiene que ceder".

Mucho tiempo después, cuando estaba comprometido con Hélène, aun entonces, me gustaban demasiado las mujeres. Las amaba a todas un poco. Al menos, por un instante. Incluso a aquellas que parecían estar completamente fuera de mi alcance en mis sueños más salvajes. He atraído a esas mujeres que lucían totalmente inaccesibles. Denise era el pasaporte perfecto para entrar en este hermoso mundo, para cerrar la brecha que me separaba de las estrellas de Hollywood. Denise extendía la mano y sonreía a todo el mundo con su gracioso acento francés. Así es que cuando, una noche, se dirigió a la más rutilante de las estrellas, mi corazón empezó a latir más fuerte.

Su vestido se aleja revoloteando en mis recuerdos

A menudo la he visto en el Club Embajada, del brazo de Joe Dimaggio, el jugador de béisbol. Cada vez, la pareja viene a nuestra mesa a saludar. Nunca se sientan con nosotros, pero siempre intercambiamos cortesías. A veces, éramos nosotros los que, al llegar, antes de dirigirnos a nuestra mesa, íbamos a donde se sentaba la pareja para charlar por un rato. Tiene una sensualidad prodigiosa. Desgraciadamente, nunca bailé con ella como con su morena rival, Jane. Sin embargo, me moría por un baile con ella. Uno solo. Quizás, se hubiera dado la ocasión si Dimaggio no hubiera estado presente todo el tiempo, vigilando a su presa. Todo el mundo sabía que era celoso. Incluso después de su divorcio, en sociedad, nunca abandonó a su diosa de la misma forma que nunca dejaba su bate de béisbol en el terreno. Debo decir, además, sin vacilación, que cuando la explosiva rubia planetaria estaba cerca, las hermanas Darcel buscaban mi compañía urgentemente. Así es que, a falta de un baile con la sex-symbol en el Club Embajada, debía darme por satisfecho, con la acostumbrada conversación, y siempre sentado junto a Denise y Hélène, lo que ya era bastante.

—La he visto en su última película. Estuvo sensacional.

—Gracias, muchas gracias. Eres muy gentil.

—Les deseamos una velada encantadora — se apresura a decir Dimaggio.

—Le deseo una hermosa noche, Miss Monroe.

Aún era muy joven. Tenía veintidós años y todo parecía irme a pedir de boca. Estábamos en los bloques de arrancada. Teníamos préstamos bancarios. La firma con la Bay Land Company para comenzar las obras era inminente. Mi joven vida profesional empezaba con cifras fabulosas. Pronto comenzaría a construir dos torres unidas por una discoteca suspendida en la cima. El edificio llevaría mi apellido. El "Edificio Pruna", y sus luces de neón iluminarían las noches habaneras.

Además, poseía la cuarta parte de un fabuloso proyecto de hotel que tenía un presupuesto de 12 millones de dólares. Sería incluso más espléndido que el Hotel Capri de Trafficante y más fantasmagórico que el Riviera de Lansky. Más espectacular que su proyecto de Montecarlo de La Habana. Me sentía un poco como el joven rey de las inversiones cubanas, rodeado de las damas más hermosas del mundo. Bailaba con la reina americana de las comedias musicales. También bailaba con la bella esposa de John F. Kennedy. Quizás, terminaría casándome con la más dulce de las mujeres. Conducía me hermoso descapotable a lo largo del malecón habanero y caminaba por la elegante Quinta Avenida de Miramar, con un puro entre los labios. ¿Qué más podía pedir? ¿Qué otro horizonte podía reemplazar este, sino otra estrella aún más brillante, como la candidatura al congreso en las próximas elecciones? No, no había terremoto en la tierra que pudiera destruir mis sueños. Eso pensaba. Sin embargo, a veces, las perspectivas más concretas y prometedoras pueden llegar a desvanecerse como por arte de magia. Es imposible saber lo que depara el destino.

Sorpresivamente, Solange había llegado a La Habana y se hospedaba en el Hotel Nacional, a una cuadra del apartamento de Fernando.

—Fernando, no me siento cómoda teniendo que encontrarnos así, a escondidas.

—¡No hemos hecho nada inapropiado! Quería verte. ¿No estás contenta de verme?

—Por supuesto que sí. ¿Qué clase de pregunta es esa? Pero nuestras acciones terminarán por traernos problemas. Es un juego extraño y sin sentido. Es un reto para mí estar cerca de ti. Lo sabes.

—Quizás… mi hermano podría llevar a David a hacer pesca submarina y…

—¿Y qué?

—Podríamos ponerle fin a este "extraño juego" como tú lo llamas.

–Me temo que no te entiendo. La pesca submarina es peligrosa.

–Sí, ocurren accidentes.

Solange despertó sobresaltada. Miró a su alrededor y suspiró de alivio cuando vio el reflejo del sol en la piscina del Hotel Nacional. Se había adormilado. Había estado soñando. Pero qué sueño tan horrible.

¿Quizás sentía, inconscientemente, que su esposo se interponía entre ella y sus deseos más íntimos? Abrió los ojos sobresaltada, sacudiendo aquellos feos pensamientos de su mente.

De momento se dio cuenta que Andy estaba de pie frente a ella. No lo estaba esperando

–Buenos días, Solange. Lamento mucho despertarte.

–Ah, Andy... Buenos días. Debo haberme adormilado. ¿Pero qué haces aquí?

Simpatizaba mucho con el hermano de Fernando. Él se limitaba a admirarla.

–Vine a decirte que mi hermano quiere verte.

–¿Dónde está?

–Está en el sótano del hotel. Te espera en la entrada de la calle 23.

Solange cogió su toalla y se levantó inmediatamente. Ver a Fernando de nuevo, a espaldas de David, siempre la llenaba de una extraña sensación de excitación y malicia. Esa sensación que se siente al violar la ley, el peligro de lo prohibido y luego las oleadas de deseo contenido. Además, hacia tanto que no veía a Fernando.

Cuando se encontraron, se abrazaron ti rnamente. No pudieron evitarlo. Solange no había visto a Fernando desde Enero de 1956. Simplemente tenía que besarlo y lo hizo.

—Qué bueno verte, Fernando.

No lo había visto desde aquel último viaje tormentoso a Cuba y ya era diciembre de 1958. Casi tres largos años habían pasado. Sin embargo, cuando lo vio le pareció que el tiempo no había transcurrido.

—Siento lo mismo, Solange. Le dije a Andy que llevara a David a un restaurante que hay cerca del Capitolio y que lo llenara de ostras – dijo Fernando –. Sirven unas ostras frescas maravillosas en ese sitio. David lo disfrutará completamente. Tu esposo es un gran gourmet.

—Me parece bien –. Solange suspiró. Su pesadilla se había desvanecido.

—Después, irán a tomarse un daiquirí cerca de la Plaza de la Catedral. Así es que podremos pasar algunas horas juntos, tú y yo. ¿Te parece bien?

—Entonces, vamos solo a dar un paseo. ¿O tenías algo más en mente?

—Haremos lo que tú quieras, cualquier cosa que te apetezca. Lo que tu mente y tu cuerpo deseen. Quiero complacerte. Complacerte me produce un enorme placer.

Un día, Solange había querido creer, en su ingenuidad, que podían dar un paseo por la playa. Cuando vio a Fernando pagar por una habitación en el motel en Miramar, perdió la cabeza. Simplemente, no estaba preparada para aquello. Era diferente cuando se encontraron en Nueva York. Era más natural. Hermoso.

Inolvidable. Quizás, el estar en Cuba, un país extranjero, marcaba la diferencia. Ella a menudo pensaba en ello, pero ahora se daba cuenta de que veía las cosas de una manera distinta.

–Muy bien, Fernando. Pero no trates de cambiar el mundo. Probablemente, el mundo te cambie a ti

–Sí, estoy de acuerdo – susurró Fernando, todavía abrazándola y entonces la besó otra vez, suavemente. Y ella, espontáneamente, respondió a sus besos, dejándose llevar por sus más íntimos deseos.

13

LA INMINENTE TORMENTA

El peor error que el presidente Fulgencio Batista puede cometer a estas alturas de su mandato es obstaculizar la realización de elecciones justas, honestas e imparciales el 3 de noviembre de 1958 – Fernando Pruna

1958: Una perspectiva

Las celebraciones de la víspera del año 1958 se vieron enturbiadas por actos terroristas. Los rebeldes hicieron estallar bombas en cines de La Habana. Fue la época de las hipótesis más contradictorias.

–Manuel Urrutia será el presidente cuando Batista se vaya.

Fidel Castro llamó a boicotear las elecciones programadas para el 1ro de junio de 1958 – tanto las elecciones presidenciales como las parlamentarias. En claro desafío, anticipó la victoria revolucionaria y anunció el nombre del hombre que colocaría en la presidencia de Cuba después de derrocar a Batista. De acuerdo a algunas noticias transmitidas por cable, el anuncio de Fidel se vio como una amenaza en territorio norteamericano. La conspiración del gran pulpo soviético agitaba sus rojos tentáculos cada vez más cerca. Radio Moscú pregonaba su apoyo a Castro.

A lo largo del año, los revolucionarios trataron de aprovechar cada oportunidad para estar en el centro de atención. Querían obtener la mayor publicidad posible, como demostraban sus acciones.

El 23 de febrero de 1958, un grupo de revolucionarios secuestró al as argentino de las carreras de auto, Juan Manuel Fangio[53], en el centro de La Habana, en el lobby del Hotel Lincoln, donde se estaba hospedando, en la víspera del Grand Prix de La Habana, que tenía lugar en la ciudad. Fue un golpe audaz que apagó significativamente el evento. Fangio iba a ser la estrella del espectáculo. Las carreras tendrían que continuar sin él. El conductor fue liberado pocas horas más tarde. El secuestro fue una clara demostración de fuerza y un significativo golpe publicitario, así como una vergüenza para el gobierno de Batista.

Ilustración 33 EL GRAN PRIX DE LA HABANA - FEBRERO 1958

Vi las carreras del Grand Prix desde la comodidad del apartamento de mis padres en el piso 17 del Edificio Someillan. Teníamos una vista de águila de las emocionantes y coloridas carreras, además de la vista soberbia del Golfo de México y de la Avenida del Malecón. Las carreras iban a durar dos o tres días, y el

---

[53] Juan Manuel Fangio, apodado El Chueco o El Maestro, era un conductor de autos de carrera argentino, que dominó las carreras de Fórmula Uno durante la primera década de estas competencias, ganando el Campeonato Mundial de Autos de Carrera en cinco ocasiones.

apartamento estaba lleno de amigos que mis padres habían invitado. Había bebidas y una mesa buffet bien surtida que era reabastecida constantemente.

Entre los invitados había un periodista cubano muy conocido que estaba acompañado de una joven belleza europea, una de las estrellas de la compañía Folies Bergere que estaba de gira en Cuba. Cuando nos presentaron más tarde, ella me proporcionó su número telefónico por iniciativa propia. Empezamos a vernos y llegamos a ser muy íntimos. Ella prefería que nos viéramos en su apartamento, pequeño pero muy bien amueblado, cortesía del periodista, en la calle Línea, del Vedado, cerca del túnel de Miramar.

Después de la reunión en la casa de mis padres la visité a menudo. Era una mujer atracti encantadora y muy reservada a la vez. Su nombre era Trudy. Cuando no puedo verla, me conformo con mirar una hermosa foto suya que me dio. Aparece desnuda con una fl en una oreja y posa con un enorme sombrero en la mano, que es la única pieza de ropa, que la cubre desde los hombros hasta la parte superior de los muslos.

Recuerdo lo frustrado que me sentí por el secuestro de Fangio. Estábamos todos ansiosos por ver su desempeño, al volante de su elegante Maserati 300S. Un año antes (1957), Fangio ganó el primer Grand Prix Cubano con el mismo carro, y todo el mundo estaba seguro de que lo ganaría de nuevo en 1958. Su secuestro ciertamente aguó la fi ta. Sin embargo, las carreras continuaron sin ninguna otra interrupción, excepto por el hecho de que un conductor perdió el control de su Ferrari e impactó a la multi provocando heridas a docenas de personas y la muerte de siete espectadores. Este desafortunado y trágico accidente hizo al gobierno detener las carreras unos minutos más tarde. El secuestro de Fangio y el horrible accidente malograron el encanto y la emoción del evento deporti o, más conocido como Grand Prix de La Habana. La sede de las carreras no podía haber sido más hermosa o espectacular.

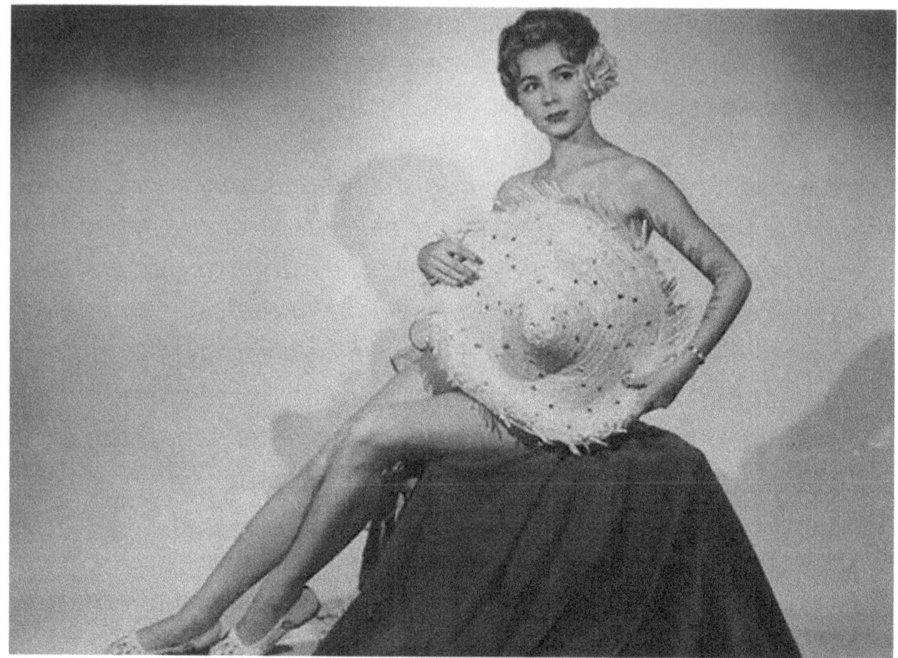

Ilustración 34 TRUDY, estrella de los Folies Bergere

Meses más tarde, Fidel ordenó a Batista, una vez más, dimitir como presidente para evitar una guerra civil, a través de una radio clandestina. Algunos días después, un par de rebeldes irrumpió en el Hotel Habana Hilton, que aún no había abierto sus puertas al público, ya que los trabajadores se encontraban dando los toques finales. Los rebeldes subieron al techo y lanzaron miles de volantes a los cuatro vientos, para llamar a una huelga general. La huelga general nunca se produjo.

Los turistas recorrían las calles y visitaban las tiendas como siempre; las calles no estaban desiertas. Desde que Fidel Castro había aparecido en los artículos de Herbert Mathews publicados por el New York Times, el líder rebelde se había convertido en una figura conocida en todo el mundo. Como consumado narcisista, se deleitaba en la publicidad. El efecto de los artículos publicados en uno de los periódicos más importantes del mundo, sobre todo un periódico norteamericano, tuvo un impacto psicológico enorme en el pueblo de Cuba, particularmente en la gente que tenía educación universitaria y en la clase media alta.

Aunque Cuba era una república independiente con su gobierno y su forma de vida, es esencial recordar que los Estados Unidos representaban al poderoso hermano mayor a solo noventa millas. El pueblo cubano sublimaba a los Estados Unidos. Era casi una creencia mística. La publicación de tres artículos que describían a Fidel Castro como el Robin Hood de la Sierra Maestra y a Fulgencio Batista como un tirano, en un periódico norteamericano importante y altamente respetado, tuvo un impacto tremendo, en detrimento del gobierno de Batista. Es difícil evaluar con precisión la enorme influencia que tuvo la tendencia socialista que reflejaban los artículos de Herbert Mathews, en la caída de Batista y el derrocamiento de su gobierno por la revolución comunista de Fidel Castro.

El 10 de marzo, en París, dos simpatizantes de los rebeldes quisieron conmemorar, a su propio estilo, el golpe de estado propinado por Batista, que golpeó severamente la democracia en Cuba y desestabilizó la serena marcha de la Constitución de 1940. Desplegaron una enorme bandera roja y negra desde la Torre Eiffel para protestar contra el régimen.

Las Pascuas fueron tensas. Comenzaba a circular un rumor: se suponía que los rebeldes habían distribuido armas por toda La Habana y esperaban la señal para lanzar una ofensiva. Resultó ser mentira. Nada ocurrió y los inversores norteamericanos se comportaban como si la revuelta castrista no existiera. Trataban de reactivar el turismo de lujo que no había resultado tan afectado de todas maneras. Batista afirmaba que no había rebeldes en las montañas de la Sierra Maestra e inauguró una Estación Shell en las afueras de la ciudad. Después de haber regido en la política cubana durante casi veinte años, con sus idas y venidas, afirmaba, sin embargo, que no se postularía de nuevo para las próximas elecciones y que transferiría el poder al candidato elegido por el pueblo.

–¿Quién se postulará para asumir como el nuevo presidente? – le preguntó Fernando a su padre.

–Quizás, Andrés Domingo Morales del Castillo. Creo que es el que tiene las mejores posibilidades.

El señor Morales del Castillo había asegurado la presidencia interina durante el mes que el General había tenido que abandonar el palacio presidencial para postularse a las elecciones de 1954. Era un amigo íntimo del Dr. Pruna. Morales del Castillo había ocupado diferentes cargos en el gobierno de Batista: Primer Ministro, Ministro de Justicia, de Vivienda, de Relaciones Internacionales, de Defensa. Era uno de los políticos con más posibilidades de resultar electo en las siguientes elecciones. Batista lo consideraba uno de sus mejores colaboradores en las juntas consultivas. Su ayuda siempre había resultado muy valiosa, principalmente durante el exilio de Batista.

–¿Se postulará para las próximas elecciones? – le preguntaban sus partidarios.

Pero Andrés Domingo solo sonreía. La oposición estaba agitada. Gritaban alto y claro que el escrutinio estaría de antemano lleno de irregularidades para garantizar la victoria del hombre de Batista. Los revolucionarios doblaron sus acciones encaminadas a desestabilizar el periodo preelectoral. Las elecciones programadas para el 1ro de junio, de acuerdo con la Constitución se pospusieron para el 3 de noviembre. Los antisistema castristas que llamaban a la huelga y llevaban a cabo acciones armadas prácticamente se habían salido con la suya porque habían provocado la posposición de las elecciones.

–¿Y tú, hijo mío? – continuó el Dr. Pruna –. ¿Cuáles son tus proyectos para las elecciones al congreso cubano?

–Si es posible, voy a intentar ser candidato al congreso por el Partido Demócrata.

–¿Qué te parece si nos ocupamos de eso? Vamos a hablar con Reyes Spíndola para que nos ayude a organizarlo. Vamos a aprovechar que está en Cuba en este momento.

–Sí, vamos a pedirle al padre de Lilia que nos arregle una reunión con Panchín Batista.

Fernando estaba decidido a participar en la carrera electoral por las legislativas. Con la ayuda de consejeros, iba a proponer su candidatura a las elecciones primarias del partido. Una vez finalizadas las primarias, las elecciones al Congreso tendrían lugar el mismo día de las elecciones presidenciales, el 3 de noviembre. Sería el candidato más joven de la historia de Cuba en postularse para un asiento en el congreso; tenía veintidós años.

–La juventud es esencial para representar un país, porque aporta nuevos valores, nuevas perspectivas – concluyó el Dr. Pruna.

Hélène y Fernando se habían apartado por el tiempo y la distancia, aunque todavía latía algo entre ellos. Lo mismo ocurría con Solange, quien se había mudado a Canadá para estar con su esposo, que estudiaba en la universidad. Últimamente, Fernando había estado saliendo con una joven con un hermoso apelativo: Lilia. La joven era una morena presuntuosa, seductora, pulida y refinada. El romance fue apasionado, pero efímero. Lo más significativo de Lilian, a quien todos llamaban Lilia, era el hecho de ser la hija de Don Octavio Reyes Spindola, el exembajador de México en Cuba. El señor Spindola era un caballero distinguido que había estado casado durante muchos años con su encantadora e inteligente esposa, Lila Cárdenas. Tenía una personalidad impresionante. Su adorno inseparable, un bastón que le ayudaba a caminar, le proporcionaba un aura de prestigio y elegancia. Su esposa, Lila Cárdenas, que era casi treinta años más joven, había sido amiga íntima de la primera dama argentina, Evita Perón. Por esta razón, su hija Lilia era ahijada de Evita. En aquel entonces, Don Octavio ostentó el cargo de embajador de México en Argentina.

El señor Reyes-Spindola cultivaba una relación social con el Dr. Pruna. También sentía mucho afecto por Fernando, a quien conocía a través de su hija y de su esposa, y, al mismo tiempo, era un amigo íntimo y querido del hermano del presidente, Francisco Batista, apodado "Panchín", el gobernador de la provincia Habana. Una posición estratégica para promover su candidatura y lanzar una campaña bajo los mejores auspicios. Para colmo, el Partido Demócrata, el segundo más grande después del partido del presidente, también estaba presidido por Panchín Batista.

Finalmente, Morales del Castillo no se postuló para la presidencia. Batista propuso la candidatura de Andrés Rivero Agüero, uno de sus protegidos y un adepto desde el principio. Además, un hombre de probada honestidad de orígenes humildes y un prestigioso abogado. Varios partidos constituían la Coalición Nacional Progresista. El grupo progubernamental: el partido de Batista (el Partido Acción Progresista), del que Rivero Agüero, el Primer Ministro en el momento, era el líder intelectual; el Partido Liberal y el Partido Demócrata, así como el partido de Alberto Salas Amaro, el Partido Unión Cubana. Varios partidos de oposición también se postularon a las elecciones presidenciales. Finalmente, estos fueron los candidatos oficiales que se postularon: Andrés Rivero Agüero, de la oficial Coalición Nacional Progresista; el expresidente Ramón Grau San Martín, por el Partido Auténtico; Carlos Márquez-Sterling, del Partido Pueblo Libre, y Alberto Salas Amaro del Partido Unión Cubana. Durante el período preelectoral de 1958, los debates se desarrollaron a buen ritmo en los cuarteles generales de la oposición, revolucionaria o no. Los cuatro candidatos, Rivero Agüero, Márquez-Sterling, Salas Amaro y Grau San Martin, habían sido amenazados de muerte por el movimiento revolucionario clandestino.

—Castro les ha pedido a los cubanos que boicoteen las urnas quedándose en casa. De todas formas, con esta tensión, las elecciones han sido pospuestas, así es que tenemos tiempo suficiente para poner nuestros proyectos en marcha.

—Solo se puede esperar una cosa: que las elecciones se realicen con absoluta transparencia, porque, si gana alguno de los candidatos de la oposición, como debe ocurrir, eso le pondría freno al movimiento revolucionario de Castro. Castro sabe que esto puede ocurrir y por tanto está en contra de las elecciones. El resultado podría ir en contra de sus intereses políticos.

—¿Eso crees?

—Sí. Una derrota de la oposición significaría que las elecciones fueron fraudulentas. En caso de que se realicen unas elecciones honestas, estoy seguro de que Márquez Sterling será electo presidente. La impopularidad de cualquiera que tenga que ver con Batista garantiza el triunfo de la oposición. Además, Márquez Sterling está limpio y sus credenciales lo hacen el mejor y el más capaz de los candidatos.

Por su parte, el Dr. Pruna tuvo una breve conversación personal con el General Batista. Se atrevió a darle un consejo. La conversación tuvo lugar en las oficinas del presidente en Palacios.

—Señor presidente, creo que debe dar los pasos necesarios para asegurar que las elecciones se lleven a cabo con absoluta normalidad, con total transparencia e imparcialidad, aunque eso podría significar la derrota para la Coalición Progresista.

–¿Qué quiere decir?

–En su propio beneficio, debería usted dejar que Carlos Márquez Sterling gane, como debe ocurrir si las elecciones son imparciales.

–¿Por qué considera usted que eso es tan importante, Dr. Pruna?

–Porque si tenemos elecciones honestas e imparciales, y la oposición, específicamente el Dr. Carlos Márquez Sterling, recibe la mayoría de los votos del pueblo, automáticamente dejaría de tener sentido la permanencia de Fidel Castro en la Sierra Maestra. Castro no tendría motivación ni derecho moral para hacer lo que hace.

–¿Qué le hace pensar que el Dr. Carlos Márquez Sterling obtendría más votos que Andrés Rivero Agüero, Dr. Pruna?

–Señor presidente, con todo respeto, el pueblo de Cuba desea un cambio de gobierno. Estoy convencido de que Márquez Sterling ganará las elecciones si usted garantiza justeza e imparcialidad.

–Dr. Pruna, hay demasiados intereses involucrados. Es un asunto muy complejo y no uno fácil de solucionar. Necesita entenderlo.

–Señor presidente, le ruego respetuosamente que sopese mi consejo cuidadosamente porque la alternativa podría traducirse en el fin de la democracia representativa en Cuba, tal y como la conocemos, como decreta la Constitución de 1940 de la República.

Batista no hizo ningún comentario, el consejo quedó sin respuesta. Fernando no dejaba de repetir los argumentos de su padre.

–¿Esa es tu opinión? – le preguntó E.M. durante una de sus reuniones de negocios.

–Sí, estoy convencido. Si estas elecciones se realizan de manera honesta y transparente, Márquez Sterling debe resultar electo. En todo caso, sería lo correcto. Es confiable, capaz y respetado. No tiene ningún lastre o vínculos con el pasado. Su elección detendría la iniciativa revolucionaria, sobre todo la ambición de Fidel Castro, quien, en caso de triunfar, tomará el camino totalitario del fascismo o del comunismo. Según el Capitán Arsenio Labrada y los servicios de inteligencia de Batista, en los que trabaja, el camino de la revolución de Fidel Castro es el comunismo. Existe evidencia y está confirmado que el comunismo internacional tiene un marcado interés en la victoria de Castro. Si Márquez Sterling obtiene una victoria clara en las elecciones, su éxito frustraría en última instancia la iniciativa guerrillera. No habría razón para la existencia de un ejército rebelde ni tendrían donde esconderse. Tendrían que bajar de las montañas y deponer sus armas; no tendrían otra alternativa. Además, no son tantos. Se habla de las tropas de Castro como si tuviera un ejército en la Sierra Maestra, pero sabemos que no es cierto. En la Sierra Maestra hay, quizás, algunos cientos de rebeldes, le puedo asegurar que no son ni siquiera quinientos – Fernando continuó explicando –: Consecuentemente, Batista no debería impedir que Márquez Sterling gane la presidencia y que los candidatos electos de su partido asuman sus cargos. Por otra parte, debemos entender y aceptar que Batista no goza de popularidad en este punto. Todos lo sabemos. Ha llegado el momento de un cambio cualitativo. El partido de la oposición obtendrá una gran victoria si se realizan con total imparcialidad y justicia.

"Además, sabemos cómo piensa Márquez Sterling. Cree en la democracia; cree en un sistema financiero capitalista y no traerá ninguna sorpresa oculta a su gobierno. Es un firme defensor de la Constitución del 1940".

–¿Por qué? ¿Por qué Batista es tan impopular?

–El pueblo de Cuba tiene muchas razones diferentes. Algunas están justificadas y otras, no. Lo crea usted o no, lo que yo considero una razón de peso es el hecho de que es mulato. Desgraciadamente, no es un secreto que los cubanos son racistas. Además, Batista y sus subordinados han cometido incontables errores. Son profundamente corruptos, con muy pocas excepciones. Ha habido mucho derramamiento de sangre y gran parte ha sido injustificado. Han matado a muchos; la represión ha incluido tortura ilegal. Han causado daños humanos; han lastimado la sensibilidad de las personas. La corrupción está profundamente enraizada y lo peor es que esta corrupción ha alcanzado a las fuerzas armadas democráticas. Los soldados rasos no son corruptos, pero la élite de las fuerzas armadas es deshonesta y ha convertido la guerra contra los rebeldes de Fidel en un negocio muy lucrativo. Es una guerra interminable. No termina porque la élite militar no quiere que termine; no les interesa pararla. De lo contrario, resulta inexplicable, para no decir vergonzoso, que un ejército republicano de cuarenta mil soldados bien entrenados y armados, con una fuerza aérea moderna, no haya sido capaz de demoler a unos cuantos cientos de rebeldes escondidos en la Sierra Maestra. La única explicación para ello es la corrupción. Pero, repito una y mil veces, el mayor error que este dictador blando podría cometer sería no realizar elecciones limpias e imparciales. Impedir que Carlos Márquez Sterling obtenga una victoria clara en las elecciones presidenciales sería un suicidio político para Batista. Además, expondrá la República a una revolución que filosóficamente se inclina a cambiar todo el sistema de gobierno. En otras palabras, una amenaza terrible para un sistema basado en la democracia representativa. Estos líderes de la revolución han abrazado la idea de un gobierno socialista a imagen y semejanza de la Unión Soviética u otros gobiernos comunistas. La perspectiva resulta aterradora.

—¿Y por qué lo llamas dictador blando o pseudo dictador? Has usado la palabra "blando".

–Porque lo de Batista no es una dictadura absoluta en el amplio sentido de la palabra, sino lo que nosotros los cubanos llamamos una "dictablanda". Batista siempre ha querido dejar detrás de sí, hablando históricamente, un legado democrático, aunque, lo cierto es que, efectivamente llevó a cabo un golpe de estado en 1952, con lo que desmembró la Constitución de 1940. Este simple acto basta para clasificarlo como dictador. Pero ha tratado de enmendarlo. Debe recordar que la gente lo eligió en elecciones honestas en 1940 para un período que concluyó en 1944. Resultó electo nuevamente en 1954, en las elecciones generales, y ahora se ha comprometido a realizar elecciones generales en 1958, precisamente cuatro años después de su elección. Está intentando corregir sus acciones. Y al hacerlo, se distancia de ser un dictador duro. Y ese es su dilema y su contradicción. O eres un dictador o no lo eres. No puedes ser un poquito de las dos cosas. Inicialmente, se impuso por la fuerza. Ahora, le falta la energía y la determinación, por no decir el valor o incluso la integridad moral, para usar a las fuerzas armadas como corresponde y barrer a ese grupo de rebeldes comunistas que están escondidos en la Sierra Maestra.

"Quiere aparecer como una persona democrática ante el pueblo cubano, que, téngalo por seguro, nunca lo dejará lucir bien. Los errores hay que corregirlos, y él y sus seguidores partidarios han cometido demasiados y continúan cometiéndolos. El hombre es blando porque le faltan agallas, o simplemente está cansado de todo. En otras palabras, por la razón que sea, es un presidente débil, o más bien un dictador débil. Si vas a jugar a ser un dictador, tienes que ser duro. Hemos bautizado el gobierno de Batista como dictablanda. Es la descripción que más se acerca a lo que es su gobierno".

–Gracias, Fernando. Caramba, ha sido una explicación muy elocuente.

—Sí, en verdad, Míster Loew, es tan triste como suena. ¿Cuántas veces hemos oído a la gente referirse a él como: "ese negro de mierda" o "ese negro hijo de puta"? La palabra negro es crucial.

—Entiendo lo que quieres decir.

—Digo lo que digo. Y sé que aquí en Cuba, repito, la gente es racista. Pero más allá del racismo, Bati ta es, desde el punto de vista políti o, hombre muerto. Más allá del factor racial, la gente quiere un cambio radical. La gente está molesta y frustrada, a falta de una definición mejor.

—En todo caso, me parece que Batista está al borde de un abismo – concluyó E.M.

—Estoy profundamente preocupado por la situación. Honestamente, creo que la estabilidad política del país peligra. La propia estructura del sistema peligra. Tenemos que tomar decisiones esenciales sobre la adquisición de la tierra de la *Cuban Bay Land Company*. Además, el BANDES exige que hagamos el depósito millonario requerido para seguir adelante con la estructuración del financiamiento del Hotel- Casino. Le pido que retrasemos la compra de la tierra, así como el depósito por adelantado en el BANDES, al menos hasta que tengan lugar las elecciones de noviembre. No tendremos que esperar demasiado. Una vez que tengamos el resultado de los votos podremos tomar una decisión definitiva. El resultado de las elecciones será nuestro termómetro.

—¿Pero no crees que eso retrasará nuestro proyecto significativamente?
– preguntó E.M.

—Ya lo creo que sí, y me duele muchísimo tener que pedirle que posponga nuestros planes, pero no quiero que pongamos su dinero en peligro. Usted ha creído en mí y quiero que siga creyendo en mí[54] – respondió Fernando –. Es una cuestión de credibilidad. Siempre le diré lo que pienso y créame, que casi no me atrevo a decirlo. Pero escúcheme bien, E.M., si las elecciones de noviembre no son honestas e imparciales, y el candidato de Batista resulta electo presidente, entonces me temo que tendremos que congelar nuestros proyectos por tiempo indefinido o al menos hasta la toma de posesión presidencial, que debe ocurrir en febrero del próximo año.

–Bueno, haremos lo que tú dices. Confío plenamente en tu buen juicio – concluyó E.M.

En Pausa

Al poner los proyectos de Loew en pausa, Fernando conspiraba voluntariamente contra su propio bolsillo. Sentía que no tenía otra alternativa, pero las prometedoras comisiones que debía ganar con el proyecto de Hotel-Casino no se harían válidas por el momento. Las distintas iniciativas, incluyendo su edificio, también quedaron automáticamente en pausa. El anticipo requerido para poner en marcha el proyecto no estaba disponible. Era muy frustrante para él, pero no había nada que pudiera hacer. No quería tomar el dinero de si existía el menor riesgo de que se perdiera. Pero la pausa en los proyectos de negocios no era sinónimo de inmovilidad para él.

Apareció otro imaginativo proyecto de negocio que despertó mi interés: una fábrica de ron. Mi padre tenía un amigo cercano que

---

[54] Aunque el hecho de posponer las inversiones financieras que E.M. Loew debía hacer iba en contra de sus intereses financieros Fernando Pruna, impidió que Mr. Loew perdiera varios millones de dólares. E.M. Loew no perdió un solo centavo en el proyecto cubano gracias al decisivo consejo de Fernando.

era un ávido emprendedor. Su nombre era Pedro Montequín. Era un individuo extremadamente agradable con una personalidad severa, pero muy amigable cuando te hacías amigo suyo. Vivía en un pueblo llamado Rancho Boyeros, que estaba al lado del Aeropuerto Internacional de La Habana José Martí. Aunque era de la edad de mi padre nos hicimos buenos amigos y una vez me invitó a almorzar a su casa. Después del almuerzo, me dijo que quería mostrarme el pueblo y me llevó a un almacén cercano donde me presentó a su suegro, un anciano caballero español llamado Guillermo Suárez[55].

En este almacén, Suárez tenía una fábrica de ron. Era un negocio pequeño, pero bien organizado. Suárez era un químico autodidacta, que se había enfocado en la elaboración de un ron excelente. Elaboraba tres tipos de ron: blanco, oro y añejo. Había varios toneles grandes de roble, y cuando vio mi interés insistió en que yo debía probar las diferentes muestras de los distintos toneles para ver qué pensaba del color, el sabor y la suavidad de su ron. La calidad me impresionó enseguida. Era muy suave y tenía un ligero toque dulce que resultaba muy agradable a mi paladar y se lo dije. Me confesó que uno de los ingredientes era la miel. Me pareció impresionante. Fabricaba un ron maravilloso, pero tenía un problema: el mercado. Simplemente no sabía cómo vender su ron. Eso despertó mi interés y se lo dije. Yo contaba con la bendición de Pedro Montequín. Creo que la verdadera razón de aquella invitación a almorzar fue presentarme a su suegro y ver si surgía un acuerdo de negocios entre nosotros.

Después de un par de largas reuniones con Guillermo Suárez en su almacén, del que yo solía salir un poquito borracho por probar

---

[55] Guillermo Suárez Rubiera, nacido en Oviedo, España el 10 de abril de 1883 y fallecido en Rancho Boyeros, Cuba el 23 de diciembre de 1969. Sus nietos, Antonio García Suárez y Félix Montequín, verifi aron mi información para la anécdota y me proporcionaron la foto de la eti ta del Ron Montequin, por lo que les estoy muy agradecido.

su excelente ron, acordamos que yo me ocuparía de las ventas y él de la producción. No era un acuerdo complicado; yo tendría los derechos exclusivos en la venta de su ron. Él no podía vendérselo a nadie más. Él pondría un precio a su producto terminado y sin envasar, pero yo le pagaría una cuota extra por envasarlo y le proporcionaría las botellas, las etiquetas y los corchos. El ron se llamaría "Ron Montequín", pero el nombre de Guillermo Suárez también aparecería en la etiqueta. El comienzo era modesto, pero el plan era sólido y él estuvo de acuerdo. Pedro Montequín, a quien yo en broma llamaba "el pirata", porque había perdido un ojo en un accidente años antes, bendijo el trato que hice con su suegro.

Hablé del acuerdo con mi hermano Andy, que aún era un adolescente, pero ya era un pintor prometedor y estudiaba en una de las mejores escuelas de arte del mundo en aquel momento, la San Alejandro. Quería que me ayudara a diseñar una presentación especial para publicitar el ron. Le dije que quería una botella diferente y una eti ta atracti Lo discuti durante horas y se nos ocurrió pintar las botellas. Decidimos pintarlas de acuerdo al contenido. El resultado fue una botella plateada, una dorada y otra bronceada: el color plata para el ron blanco, el color dorado para el ron oro y el color bronce para el ron añejo.

Las tres marcas serían:

- **Ron Montequín Plata**
- **Ron Montequín Oro**
- **Ron Montequín Añejo**

Dejamos una línea vertical de medio centímetro de ancho sin pintar a cada lado de las botellas pintadas, para que se pudiera ver la cantidad de ron que quedaba en cada una. Analizamos distintas botellas cuidadosamente y finalmente nos decidimos por una botella parecida a las de vino, pero un poco más pequeña. Era una hermosa botella con curvas elegantes. Andy además diseñó una nueva etiqueta y pasamos a la producción y comercialización del ron.

Como disfrutaba tanto de la vida nocturna habanera y conocía a la mayoría de los dueños o encargados de casi todos los clubes nocturnos y bares de la ciudad, decidí comenzar la comercialización en esta área. Mi plan de comercialización era simple y directo; sencillamente ofrecía el ron en consigna. Además, decidí hacerlo personalmente. Así es que le pedí prestada la furgoneta Chevy a mi padre y la cargué con cajas de ron y empecé a promover el producto. Muchos de los dueños y encargados de estos establecimientos nocturnos me conocían muy bien y era difícil que no aceptaran mi mercancía. No tenían nada que perder si el ron no se vendía. Acordaron pagarme al hacer otro pedido y a mí me pareció bien.

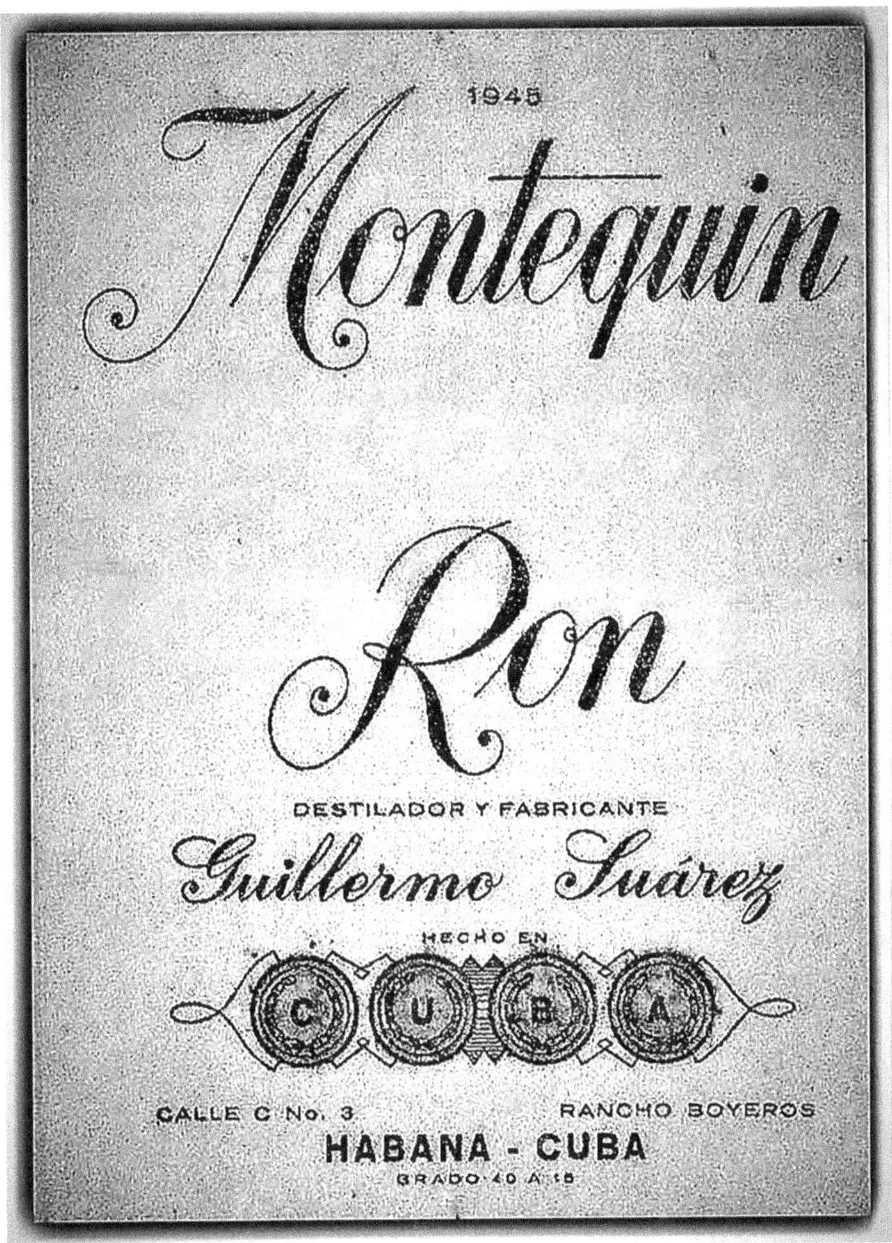

Ilustración 35 "TU FIESTA NO TENDRÁ FIN SI BEBES RON MONTEQUIN"

También comencé a acudir a diferentes clubes para hablar con los cantineros. Sostenía conversaciones amistosas con ellos y trataba de que me dieran su opinión sobre el ron y la presentación. Fue una experiencia de aprendizaje. A algunos no les gustaba la idea de las botellas pintadas. Decían que a la gente le gustaba ver la transparencia del líquido. Cada uno tenía un punto de vista diferente, pero todos coincidían en que se trataba de un ron de primera.

*Además, recibí un verdadero impulso por parte de algunos amigos y conocidos. Mike McLaney, que manejaba el negocio del juego en el Hotel Nacional, ordenó cincuenta cajas del ron y me pagó en efectivo por adelantado. Iba a dar una gran fiesta con bebidas gratis y les diría a sus cantineros que sirvieran solo Ron Montequín. El dueño del restaurante **Centro Vasco**, Juan Saizarbitoria, que era un amigo querido de mi familia y dueño de mi restaurante favorito en La Habana, ordenó un puñado de cajas de ron e invitaría a algunos amigos a probarlo. Hablé con Charlie White, que era mi vecino y dueño del Casino Capri, y también me ayudó al comprar algunas cajas. En un corto tiempo, yo había conseguido colocar el ron en cada charco famoso de La Habana, para el deleite de Guillermo Suárez. El único problema era el hecho de que inicié este proyecto un poco tarde en el almanaque, solo unos meses antes del final de 1958. El negocio, que parecía muy prometedor, terminó abruptamente con la llegada al poder de una revolución que enseguida se convirtió en comunista. Desgraciadamente, nunca poseí la fórmula química del ron que elaboraba Guillermo Suárez. Francamente, no se me ocurrió pedírsela. Los cambios vertiginosos que tuvieron lugar en Cuba en la época no solo nublaron mi mente, sino, además, mi existencia.*

Todo se detuvo para mí con la llegada de Fidel Castro. Me sentí castrado por este horrible suceso. En aquel momento, me sentía incapaz de comprender cómo un forajido y terrorista simpatizante del comunismo podía haber obtenido el poder total en mi país.

Conocí la parte más triste de la historia de la fábrica de Ron Montequín años más tarde, cuando Félix Montequín, el hijo más joven de Pedro, me puso al día.

Algunos meses después de la llegada al poder de la Revolución Cubana, comenzaron a confi ar todos los pequeños negocios, sin pagarles a los dueños. Simplemente se robaron todos los negocios. Inesperadamente, agentes del gobierno llamaban a la puerta de tu negocio, entraban y simplemente te notifi aban que la compañía ya no era de tu propiedad, sino que pertenecía a la Revolución y que debías abandonar el local. Así ocurrió en toda la isla y fue lo que le ocurrió a Guillermo Suárez, que ya era un hombre mayor. Había poseído el negocio durante décadas. Perderlo a manos del gobierno, sin ninguna justifi ación ni retribución, lo perturbó al punto de afectar su salud. Unas cuantas veces por semana, caminaba hasta la fábrica llevado por la nostalgia y la mera curiosidad de ver lo que el gobierno estaba haciendo con su preciosa y vieja fábrica. Para entonces, caminaba con la ayuda de un bastón, arrastrando los pies por su querida calle. Entonces, un día, mientras caminaba del otro lado de la calle, vio a un grupo de hombres sacando del almacén los toneles de roble donde había añejado su ron por años. Se detuvo para observar. Una vez los toneles estuvieron alineados en la calle, los destrozaron a hachazos. El ron se desparramó y desapareció en las alcantarillas. Ver lo que hacían con su precioso ron le produjo un shock tal que perdió la vista allí mismo. El efecto psicológico de ver la destrucción a la que era someti lo que había sido el trabajo de su vida, fue tan devastador que lo cegó instantáneamente. Después de aquel incidente, nunca volvió a ver; nunca recuperó la vista y murió algún tiempo más tarde, totalmente arruinado y destruido.

Algunos líderes comunistas locales decidieron que la Revolución no quería más esa fábrica de licor y convirtieron la instalación en dormitorios para los trabajadores y sus familias. Sin ningún tipo de consideración, hicieron lo que mejor saben hacer: destruir.

Panchín Batista había sido designado Gobernador de la provincia de La Habana por su hermano, después del golpe de estado de 1952. Más tarde, en 1954, había sido electo Gobernador de La Habana. Estaba al frente del Partido Demócrata desde 1955. Batista acababa de anunciar que no se postularía para las elecciones presidenciales con el partido de coalición, sino que cedería la candidatura a quien resultase electo. La reunión entre Fernando y el hermano del presidente tuvo lugar en la finca del Gobernador de La Habana.

Almorzaron juntos los cuatro: el señor Reyes Spíndola, Panchín Batista y los dos Pruna, padre e hijo. Panchín siempre había sido agradable por naturaleza, una persona pragmática y afable.

—Muy bien muchacho. Dada tu juventud, todavía puedo llamarte muchacho. ¿Qué edad tienes?
—Veintidós, Gobernador.
—Muy bien — continuó Panchín —. Hasta ahora, tenemos pocos miembros deinfluencia, delaclasealta, enel Congreso. Necesitamosjóvenescomo tú, que respalden a nuestro país. Algunos dicen que el llamado de los rebeldes a nuestra puerta suena cada día más amenazante. Pero eso no es del todo cierto y tenemos los medios para reducir a esos hombres. Los castristas no son tan numerosos. Lo que sucede es que hay quienes nos ponen obstáculos todo el tiempo. Algunos grupos organizados están operando en las montañas. Muchos son jóvenes. Necesitamos otros jóvenes que los enfrenten, con los puños si es necesario. Creo que tú tienes esa naturaleza. Pero no tenemos nada que temer. Los servicios secretos nos mantienen informados de sus movimientos. Sé que su número es insignificante. Hablaré con los líderes de mi partido sobre tu candidatura para anticiparnos a las primarias. Propondré el nombre Pruna Bertot como candidato por el Partido Demócrata para las próximas elecciones generales. A propósito, creo que eres amigo de mi hijo Mañy, me llamó para pedirme que te ayudara con tus aspiraciones. Solo quería que lo supieras, y sí, haré todo lo posible para impulsar tu carrera.

–Creo que serás el candidato al Congreso más joven en la historia de Cuba – concluyó el señor Reyes Spínola.

–Es cierto – confirmó Panchín.

Mientras se esperaban las elecciones del 3 de noviembre, Fulgencio Bati ta ordenó a la policía y al ejército reforzar la seguridad en los aeropuertos, los ferrocarriles y las principales autopistas. Los rebeldes seguían presionando, sobre todo el movimiento clandesti en las ciudades, dada la proximidad de la fecha de las elecciones. Sus amenazas y acciones se volvieron más violentas. Corría el rumor de que algunos candidatos a las legislati as habían sido amenazados de muerte. Fernando a menudo recordaba las conversaciones de su madre con el presidente Batista.

–¿Qué piensa de estos grupos armados que están en las montañas y llevan a cabo una lucha armada contra usted?
–Son terroristas. Los derrotaremos. Es todo propaganda. Puede estar segura de que derrotaremos cualquier forma de revolución, principalmente si está teñida de rojo – aseguraba el General.

A pesar de mis preocupaciones respecto a las elecciones, lo cierto es que estaba bastante a oscuras respecto al nivel de peligro general que existía en la nación. Pensaba, erradamente, que, aunque las cosas no iban demasiado bien, no existía la menor oportunidad de que el ejército rebelde derrocara al gobierno en un futuro cercano. En 1958, yo aún creía que Castro no tenía ninguna oportunidad de apoderarse de la isla militarmente, aunque albergaba serias preocupaciones sobre la situación política. Estaba en la mayor ignorancia de lo que ocurría desde el punto de vista militar.

Mi ceguera era tal que cuando un grupo de inversores norteamericanos vino a hablar conmigo de realizar un estudio financiero para construir una planta de cemento en Cuba, accedí inmediatamente a trabajar en ello. Comencé a examinar la cuestión y a establecer algunos contactos esenciales para estudiar la factibilidad del proyecto. Sería una inversión extranjera multimillonaria que beneficiaría fuertemente la economía cubana y, además, me parecía una empresa excitante y un reto.

Los componentes químicos más importantes del cemento portland son el calcio, el silicio, el aluminio y el hierro. El calcio se deriva de la piedra caliza, la marga o el yeso, mientras el silicio, el aluminio y el hierro vienen de la arena, el barro y otras fuentes de mineral ferroso. Hablé con varios expertos que estaban muy familiarizados con una planta de cemento que ya existía en Cuba, en el Mariel, en la provincia de Pinar del Río. Por ellos descubrí a un terrateniente cerca de la ciudad de Gibara, que estaba en la provincia de Oriente, en el nordeste cubano, a unos 772,49 kilómetros de La Habana, por carretera. La ciudad en sí estaba al lado del mar, pero unos kilómetros al este, había unas montañas de piedra caliza que contenían los principales componentes para fabricar cemento portland. Encontré la forma de contactar con el dueño de una amplia propiedad que incluía montañas de arcilla caolín que era ideal para fabricar cemento portland. Conseguí su número y lo llamé. Al parecer, lo habían abordado antes con el mismo objetivo. Pero el acuerdo se había cortado debido al caos revolucionario que había en el área. Sin embargo, me dijo que, si quería hablar de negocios con él, estaba interesado y que quizás yo debía ir para que nos conociéramos.

Llamé a Rodolfo Casti , que era mi chofér en aquel momento, y le dije que quería que me llevara a Gibara en un viaje rápido. Me dijo que le encantaría ir. Entonces llamé a mi amigo y ayudante, el ingeniero Horacio Núñez de Villavicencio, y compartí mis planes con él. Accedió inmediatamente a acompañarme para ayudarme a evaluar el potencial de las montañas de arcilla caolín. Por último, llamé a Irene Martínez, una joven con la que salía entonces, y la invité a acompañarme en el viaje. Estuvo encantada, ya que nunca había viajado a aquella zona del país.

Le dije a Rodolfo que preparara mi Edsel de 1958, un sedán de cuatro puertas, y que estuviera listo para partir hacia Gibara al amanecer. Y así, nos embarcamos en un viaje de diez u once horas, parando solo para comer o echar gasolina. Confieso que nunca me pasó por la mente que este fuera un viaje peligroso. Era a principios de octubre de 1958, menos de un mes antes de las elecciones generales que tendrían lugar el 3 de noviembre de ese año.

Estábamos entrando en territorio enemigo. Si por alguna casualidad, algún contingente rebelde nos detenía, probablemente me habrían disparado en el acto, teniendo en cuenta que yo me había postulado como candidato al congreso por el Partido Demócrata, que era parte del gobierno de la Coalición Gubernamental y por tanto enemigo oficial del ejército rebelde. Pero la verdad es que esto no sucedió. En vez de ello, cuando ya estábamos en la provincia de Oriente, cerca de Gibara, pasamos por delante de un puesto militar clave a mucha velocidad y una patrulla nos ordenó que nos detuviéramos. Las luces de los reflectores convirtieron en día la noche y un grupo de soldados y oficiales del ejército nos rodeó rápidamente con ametralladoras. Revisaron el auto y nos pidieron entrar. No hubo ningún problema porque, desde el momento que me identifiqué, todo el mundo fue muy cordial con nosotros. Sin embargo, les sorprendió que yo hubiera elegido embarcarme en un viaje tan peligroso. Me senté a conversar con el oficial al mando y le hice algunas preguntas. Fue muy honesto conmigo.

Me enteré de que el ejército cubano no entrenaba para enfrentarse a la guerrilla y de que el papel fundamental de los militares era proteger a la población de los esporádicos ataques guerrilleros. La provincia de Oriente contaba en aquel momento con alrededor de quince mil soldados bien armados[56] que protegían las ciudades, los pueblos y las aldeas de la provincia. El papel principal del ejército era administrativo y defensivo. No había un sector proactivo en la ofensiva del ejército. No había ningún comando ni fuerzas especiales persiguiendo a los rebeldes que se escondían en las montañas de la Sierra Maestra. Los comandos no existían en Cuba en aquel momento. Este descubrimiento me dejó sin habla. Comenzaba a responder la pregunta de por qué Fidel y sus rebeldes no habían sido barridos de la Sierra y habían logrado sobrevivir desde el desembarco del Granma, el 2 de diciembre de 1956, hasta el día que viajé hasta Gibara en octubre de 1958. Fidel y sus rebeldes se las habían arreglado para sobrevivir e incrementar su número sin ninguna interrupción severa durante dos años. Pero, en ese tiempo, solo había logrado reunir a menos de quinientos guerrilleros. Ese era el total de sus fuerzas en la Sierra Maestra. La actividad guerrillera consistía principalmente en ataques esporádicos a pequeños pueblos y aldeas a lo largo de la Sierra Maestra, que estaban protegidos por pequeños grupos de soldados o guardias rurales. Atacaban estos lugares, creaban tanto caos como podían e inmediatamente se retiraban y regresaban a sus escondites. Era fundamentalmente una estrategia terrorista; golpear y retirarse con el menor número posible de bajas. No hubo batallas significativas. Nunca ocurrieron. Las acciones cruciales de las que hablaron más tarde, cuando estaban en el poder, fueron un producto de su imaginación. Fue un mero y sistemático esfuerzo propagandístico del aparato comunista para reescribir la historia

---

[56] Según el Primer Teniente Hugo Sueiro, el ejército cubano estaba armado a un nivel equivalente al del ejército norteamericano durante la Segunda Guerra Mundial. Los rifles que usaban eran Springfields. En el último año, 1958, solo un batallón comenzó a hacer practicar tácticas para anticiparse y enfrentar a la guerrilla. También estaban armados al nivel del ejército de los Estados Unidos durante la guerra en Corea. Tenían rifles Garand M1. Este batallón estaba bajo las órdenes del coronel Sánchez Mosquera, que luchó valientemente contra los rebeldes comunistas hasta que fue herido en batalla.

a su conveniencia. No tuvo nada que ver con lo que ocurrió en las montañas de la provincia de Oriente.

Reemprendí el viaje y llegué a Gibara por la noche. Dormimos allí y conocimos al terrateniente en horas tempranas de la mañana siguiente. Fuimos en auto hasta su propiedad y descubrimos que satisfacía nuestras necesidades. Pero para entonces, me había dado cuenta de que en las condiciones político militares del momento era imposible cerrar el trato. No se lo dije, pero cuando terminó de explicar lo que quería, le dije que estudiaríamos sus condiciones. Le dije que debía regresar a La Habana y partimos en ese mismo momento. Pero en vez de regresar directamente a La Habana, le dije a Rodolfo que nos llevara a Varadero, donde invitaría al grupo a pasar un par de días para relajarnos. No tuvimos ningún impedimento durante el viaje de regreso y el grupo estaba encantado ante la idea de pasar unos días de relax en un hotel junto al mar, en Varadero. Todo el mundo la pasó de maravillas y la comida estaba deliciosa, sobre todo los mariscos frescos. Decidí dedicarle todo mi tiempo a la encantadora Irenne, que prefería que nos quedáramos todo el tiempo en la habitación, lo que significa que ni siquiera teníamos ganas de darnos un chapuzón en las aguas azules y cristalinas de esa playa magnífica, aunque estuvimos tres días allí.

Las calles de La Habana estaban decoradas con folletos: Fernando Pruna Bertot nunca había posado para una foto con tanta solemnidad. Su elegante corbata y su pañuelo blanco resaltaban en su traje oscuro. Su mirada era pensativa, pero, gracias a su forma natural de fruncir las cejas, era imposible pasar por alto la seducción que destilaban sus poros. Después de todo, postularse para unas elecciones era, en cierta forma, como acudir a un baile y desenvainar las armas del encanto. Conocer a la estrella del espectáculo en el que incluso algunos actores conocidos actúan detrás de máscaras.

"Llamaré a Denise y a Hélène. Estarán orgullosas de mí" – pensó Fernando.

DEMOCRATA
REPRESENTANTE
15
Fernando Pruna Bertot
PANCHIN - Gobernador
RIVERO AGUERO - GODOY

Noviembre de 1958: Las fatídicas Elecciones.

Fulgencio Batista, apareció vestido de blanco junto a su esposa y desplegó incontables sonrisas para los fotógrafos, mientras depositaba su boleta en la urna. La votación tuvo lugar en medio de cierta tensión provocada por las amenazas de los rebeldes. Por seguridad, los colegios electorales estaban bajo la vigilancia del ejército. El partido del General, una vez más, ganó las elecciones. El mandato de Batista expiraría el 24 de febrero de 1959 y entonces, le entregaría la presidencia a Andrés Rivero Agüero, quien había vencido a sus dos principales adversarios: Márquez Sterling y el expresidente Gran San Martín. Los perdedores inmediatamente impugnaron los resultados. Gran San Martín afirmaba que la victoria de Rivero se había debido a un escrutinio fraudulento. Firmó una petición para anular las elecciones. Márquez Sterling también denunció la corrupción en las elecciones. En cuanto a Fidel Castro, habló de "farsa electoral" y sus partidarios se quejaron y aseguraron que las urnas se habían llenado con boletas falsas.

Aquel era todo el combustible que necesitaban los rebeldes para alimentar su rabia y justificar su lucha. En general, el pueblo se sentía engañado. Batista permitió que sus colaboradores manipularan las elecciones y el resultado fue la derrota de la oposición. Esta permisividad fue el beso de la muerte para Batista. Se confirmó su ceguera política más que su miopía política. Las elecciones no fueron ni imparciales ni honestas, y para el pueblo de Cuba, esto resultó imperdonable. Sin embargo, de lo que el pueblo no estaba consciente en aquel momento era del hecho de que el resultado de estas elecciones cambiaría radicalmente el curso de la Historia de Cuba de la manera más negativa y por un largo e impredecible futuro.

Fernando celebró su cumpleaños número veintitrés con un contrato inmobiliario de oro con el millonario norteamericano E.M. Loew y con un probable asiento en el Congreso, ganado en las elecciones. En unas pocas semanas, habrá mucho que celebrar para el Año Nuevo. Fernando será un flamante y digno representante en el congreso por La Habana. El escrutinio oficial aún no había sido tabulado, sin embargo, había cálculos extraoficiales muy precisos. Sobre la presidencia no había dudas, por supuesto. Andrés Rivero había sido electo presidente de la República de Cuba por un margen estrecho. Pero no había información precisa sobre los demás candidatos. Dada la impugnación legal de la oposición a los resultados de las elecciones y otras quejas formales y acusaciones, los resultados oficiales confirmados no se conocerían hasta principios de enero del año siguiente.

–Felicidades – dijo el Dr. Pruna mientras hacía chocar su vaso con el del joven –. Ahora eres un representante en nuestro Congreso, el más joven en la historia cubana en obtener un asiento. Spíndola me llamó para felicitarte. Dijo que Panchín lo había llamado para confirmarle que fuiste electo. ¿Qué puedo decirte, hijo mío?

–Padre, tus felicitaciones son prematuras. Aún no sabemos quién ha resultado electo, excepto por el presidente y algunos senadores. Y eso solo porque la victoria ha sido significativa. Debemos aceptarlo: estas elecciones han sido una farsa, una burla al pueblo de Cuba. En este momento, te confieso que me arrepiento de haber participado y que nunca pensé que Batista sería tan corto de vista como para permitir esta comedia electoral.

Fernando estaba disgustado. Su aparente victoria no lo hacía tan feliz como había esperado. Y tenía sentido ya que se daba cuenta de que el triunfo de los candidatos pro-gobierno había sido uno de los errores políticos más grandes de Batista. Quizás el más grande de todos sus errores. La farsa electoral del 3 de noviembre de 1958 abrió las puertas a la revolución de los hermanos Castro y, peor aún, a la dictadura totalitaria comunista. Ahora era cuestión de tiempo, de poco tiempo, para que las cortinas de la oscuridad cayeran sobre el país: la suerte estaba echada – un daño político de proporciones incalculables que no era posible calibrar en el momento. Significativamente, el gobierno de los Estados Unidos determinó que no reconocería oficialmente al presidente electo Andres Rivero Agüero y no lo hizo. Habían concluido que las elecciones cubanas habían sido corruptas.

Fernando comprendió inmediatamente que su presunto triunfo electoral era algo efímero y que nunca se haría realidad porque, visualizaba él, todo indicaba que el gobierno de Batista no se sostendría mucho tiempo más. En lo profundo de su corazón, percibió instantáneamente y con macabra certeza, que probablemente nunca habría una toma de posesión presidencial en febrero de 1959.

Sí, 1959 sería, por fuerza, un año de incontables expectativas. Profundamente preocupante. ¿Cómo sería? ¿Sería acaso el año del éxito político, social y económico? ¿Sería el año del éxito en el amor? Al parecer, el futuro estaba en juego. Cuando se encontraron en el Hotel Nacional, Solange y Fernando se desearon mutuamente toda la felicidad del mundo. Ella estaba deslumbrante y luminosa, como las fotos de las revistas. Se sentían bien, caminaron por la arena de la playa sin zapatos y hablaron interminablemente, sin hacer nada comprometedor, aunque seguramente lo deseaban. ¡A pesar de que aún no había terminado el año, se desearon una Navidad Feliz y un próspero Año Nuevo!

En el mismo instante, un siniestro Santa Claus vestido de rojo, con una barba negra, decidió desearle Feliz Navidad a Fulgencio Batista, pero a su manera. El 25 de diciembre de 1958, después de una ofensiva que había sido comprada por los rebeldes, un soborno exitoso, aprovechando la corrupción del ejército, la isla de Cuba quedó, geográficamente, casi partida en dos.

14

HECHOS Y EVIDENCIAS

"Los hechos son obstinados; y sean cuales sean nuestros deseos, nuestras inclinaciones o los dictados de nuestras pasiones, no pueden alterar el estado de los hechos y la evidencia". – John Adams[57].

La fragilidad de la verdad

"Veinte mil muertos es el trágico saldo del régimen de Batista"

La Revolución cubana comenzó con una descarada mentira. El coronel Ramón Barquín, un historiador militar altamente respetado, hostil al régimen de Batista, afirma que las víctimas en el proceso insurreccional contra el gobierno de Batista (desde el 26 de julio de 1953 hasta el 1ro de enero de 1959), sumaron un total de 2.495, de las cuales 968 pertenecían a las Fuerzas Armadas, y 1.527, al bando de la oposición. Dentro de este último, la mayoría de los caídos correspondía a las células clandestinas de los diferentes movimientos revolucionarios. Eso significa que las pérdidas de la guerrilla de Fidel Castro en la Sierra Maestra fueron insignificantes en comparación con las muertes sufridas por la organización clandestina de Frank País en la Provincia de Oriente o el movimiento clandestino del Directorio Estudiantil Universitario, dirigido por José Antonio Echeverría[58], en La Habana.

---

[57] John Adams (30 de octubre de 1735 [a] - 4 de julio de 1826) fue un estadista norteamericano, abogado, diplomático, escritor y padre fundador que se desempeñó como segundo presidente de los Estados Unidos de 1797 a 1801.
[58] Directorio Estudiantil Universitario (DEU)

Todo indica que la mayor cantidad de bajas sufridas tanto por las fuerzas de Batista como por la oposición, fueron debidas a las actividades clandestinas en las ciudades de Cuba. Varias fuentes de información confiables, de diferentes partidos y organizaciones cubanas están de acuerdo y confirman estas estadísticas.

Si aceptamos que estas cifras son correctas, y debemos hacerlo, 2.495 bajas en una guerra civil que duró casi cinco años y medio, aunque terribles y profundamente lamentable, no alcanzan, estadísticamente, en fríos números, el nivel de un catastrófico derramamiento de sangre. Sin embargo, todas las facciones políticas involucradas en el conflicto y, sobre todo, funcionarios de carrera de rango medio del Departamento de Estado de los Estados Unidos, hacían sonar esta cifra como si se estuviera acabando el mundo. Es esencial digerir fríamente esta información para comprender mejor la rebelión que tuvo lugar en Cuba desde el año 1953 hasta 1959, durante la presidencia de Fulgencio Batista.

Publicaciones engañosas

Miguel Ángel Quevedo y de Lastra (31 de julio de 1908 – 12 de agosto de 1969) era el dueño, editor y director de la Revista Bohemia, que heredó de su padre, fundador de la publicación en 1908. Era la publicación semanal más popular de su época en Cuba y Latinoamérica, muy conocida por sus artículos sobre temas políticos y sus editoriales.

El señor Quevedo era un firme creyente y admirador de Fidel Castro. Bajo su dirección, la Revista Bohemia hizo todo lo que estaba a su alcance para promover los intereses de la Revolución cubana y de Fidel Castro, antes y después de que los hermanos Castro obtuvieran el control. En muchos casos, los parcializados artículos de la revista ignoraban la verdad. Ese fue el caso cuando en enero de 1959, llevados por la emoción de la caída de Batista, publicaron el engañoso titular con un extenso artículo que alababa a la Revolución y acusaba a Batista de toda clase de atrocidades.

"Veinte mil muertos es el trágico saldo del régimen de Batista

Revista Bohemia, Año 51, Número 2, 11 de enero de 1959, páginas 190-210

Vergonzosa mentira publicada por la Revista Bohemia

Quevedo, como la inmensa mayoría del pueblo cubano, creía que Fidel Castro era un ferviente defensor de la Constitución Cubana de 1940 y, por tanto, un firme creyente en los principios de un gobierno democrático debidamente electo por el pueblo, y en un estado capitalista progresista donde existiera una preocupación profunda por la esperada justicia social. Fidel Castro enmascaró magistralmente sus intenciones de convertir a Cuba en un satélite de la Unión Soviética con un sistema comunista de gobierno. Como resultado, un significativo número de rebeldes, algunos con altos grados y méritos, con el tiempo se volvieron contra Fidel y lo acusaron de haber traicionado la Revolución. Este sentimiento de haber sido traicionados era, en buena medida, cuestionable. En los discursos previos de Fidel Castro, uno podía identificar rápidamente sus inclinaciones socialistas, por no mencionar el hecho de que sus dos principales tenientes: su hermano Raúl Castro y el argentino Ernesto Che Guevara, se identificaban abiertamente como comunistas. En realidad, el embajador de los Estados Unidos en Cuba en 1958, Earl E. T. Smith[59], y el director de la CIA para el Caribe, estaban bastante seguros de que Fidel Castro era, inequívocamente, un comunista y no un simple compañero de viaje. Más aún, el BRAC[60] y el SIM[61], las dos principales agencias de inteligencia durante la presidencia de Batista demostraron, sin sombra de duda, que los comunistas estaban profundamente infiltrados en el Movimiento 26 de julio y que los líderes principales

---

[59] El cuarto piso, de Earl E. T. Smith
[60] Buró para la Represión de las Actividades Comunistas
[61] Servicio de Inteligencia Militar

de la organización eran comunistas, incluyendo a Fidel Castro. La información, por supuesto, se pasó inmediatamente a la Agencia Central de Inteligencia de los Estados Unidos.

Por alguna razón y motivo se ha dicho y repetido tantas veces que no hay peor ciego que el que no quiere ver o que no hay peor sordo que el que no quiere oír o peor desentendido que el que no quiere entender.

Irónicamente, a Quevedo, que no era comunista, le tomó más de un año despertar a la realidad. Pronto fue evidente el engaño. Quevedo se dio cuenta de que Fidel Castro era un tirano que quería convertir a Cuba en un estado comunista para perpetuar su poder. Pero se dio cuenta un poco demasiado tarde. Quevedo pidió asilo político en la embajada de Venezuela en La Habana, en el verano de 1960 y llegó a Miami el 7 de septiembre de ese año. La Revista Bohemia fue confiscada, sin ninguna compensación económica por parte el gobierno de Cuba, al igual que otros periódicos, revistas y emisoras de radio y canales de televisión en todo el país. Todas las noticias y la información quedaron monopolizadas y bajo el control del estado comunista. Todos los medios fueron robados, no se les pagó nada a los dueños. Tristemente, antes y después, durante un corto tiempo tras la llegada de la revolución, muchos directores de publicaciones, como Quevedo, y muchos periodistas y comentaristas de radio, se convirtieron, sin darse cuenta, en herramientas de la maquinaria de la propaganda comunista. Inintencionadamente, ayudaron a Fidel Castro a cortarles sus gargantas.

El 12 de agosto de 1969, Quevedo, destruido, desilusionado y arruinado, se suicidó en Caracas, Venezuela. Se disparó en la sien derecha con un revolver calibre 38.

Sobre Cuba

En 1958, la población de Cuba era de 6.880.728 habitantes, y el país estaba dividido geográficamente en seis provincias[62]. Las provincias eran, de oeste a este: Pinar del Río, La Habana, Matanzas, Las Villas, Camagüey y Oriente. Cuba, oficialmente, La República de Cuba, es un país que abarca la Isla de Cuba y la Isla de Pinos, que actualmente se llama Isla de la Juventud, y varios archipiélagos menores. Cuba está en la parte norte del Caribe, donde se encuentran el Mar Caribe, el Golfo de México y el Océano Atlántico. El país ocupa un área de 42.226 millas cuadradas[63]. Para hacerse una mejor idea, Cuba es aproximadamente del mismo tamaño que el Estado de la Florida en los Estados Unidos, pero con una conformación diferente. En un mapa, se parece a un caimán, con una extensión de 760 millas de Oeste a Este y unas 55 de Norte a Sur.

La Sierra Maestra

La Sierra Maestra es una cadena montañosa que corre hacia el oeste a lo largo del sur de la vieja provincia de Oriente, en el sudeste de Cuba, elevándose abruptamente desde la costa. La Sierra Maestra tiene un largo de aproximadamente 150 millas y un ancho de 19. Dentro de la Sierra Maestra, el Pico Turquino es la montaña más alta de Cuba con una elevación de 6.476 pies.

Fue en la Sierra Maestra que Fidel Castro se escondió y organizó su guerrilla, que nombró Movimiento 26 de Julio, por la fecha en que realizó su fallido ataque al Cuartel Moncada, en 1953.

---

[62] Años más tarde, el gobierno comunista de Cuba dividió el país geográficamente de manera diferente, agregando provincias, etc.
[63] Equivalente a 109882.84 kilómetros cuadrados.

Después de aquel desastre desde el punto de vista militar, del desembarco y la invasión del Granma el 2 de diciembre de 1956, Fidel Castro se refugió en la Sierra Maestra con otros diecisiete miembros de la expedición, que se las arreglaron para sobrevivir, de un total de ochenta y dos invasores. El resto cayó en combate, fue hecho prisionero o desertó. Fue allí donde Fidel Castro permaneció hasta el 31 de diciembre de 1958.

Fidel Castro permaneció en la Sierra por 759 días (aproximadamente dos años) y desde allí, organizó su ejército rebelde, que, según cifras muy exactas, sumaban poco menos de 500 combatientes[64]. A Fidel le tomó alrededor de dos años reunir una fuerza de quinientos hombres.

Los rebeldes de la Sierra Maestra no sostuvieron ninguna batalla signifi ati a con el Ejército Constitucional La estrategia era golpear y escapar. Escogían pueblos que estaban muy poco protegidos, por muy pocos o ningún soldado. Nunca retuvieron ningún territorio. Si se apoderaban de un pueblo, lo devolvían pocos días después a las Fuerzas Armadas Cubanas. Su estrategia era mayormente terrorista. Bombardeaban carreteras, puentes y líneas de ferrocarril para destruir la economía del país. Quemaban campos de caña de azúcar y destruían sembrados y cosechas para aterrorizar a los terratenientes a los que exigían tributos a cambio de protección. Si pagaban, los rebeldes no tocaban sus granjas. De esta manera, los rebeldes recaudaron signifi ati as canti s de

---

[64] Alfredo Mustelier Nuevo, fue Primer Teniente del Ejército Rebelde de Fidel Castro en la Sierra Maestra. Cuando la revolución dio el giro al comunismo, fue arrestado por actividades contrarrevolucionarias y condenado por una Corte Revolucionaria en La Fortaleza de la Cabaña (1969 Caso número 564) a veinticinco años de prisión y a trabajos forzados. Fernando Pruna le preguntó a Mustelier cuántos hombres tenía el ejército rebelde el 31 de diciembre de 1958. Su respuesta fue: "Yo estaba en la Sierra Maestra hasta el último día de diciembre de 1958. Éramos solo unos quinientos hombres. En la Sierra Maestra y en Sierra Cristal sumábamos menos de 700 combatientes".

dinero. En las ciudades, varias organizaciones políti as clandesti intentaron denodadamente aterrorizar a la población con bombardeos de lugares públicos, especialmente de cines, teatros y otros negocios donde la gente acostumbraba a reunirse. Estos actos terroristas mataron o muti on a docenas de transeúntes y personas inocentes.

Por otra parte, el Ejército Cubano, más conocido como Ejército Constitucional, era una fuerza más administrativa que proactiva. Su función fundamental era proteger las ciudades, los pueblos y los municipios, así como los intereses de negocios que tenían importancia vital, en vez de perseguir activamente a los rebeldes hasta sus escondites. Desgraciadamente, también estaba plagado de corrupción, particularmente, por parte de oficiales de alto rango. Existen informes creíbles de que algunos oficiales les vendían armas a los rebeldes de su arsenal. Algunos oficiales de alto rango veían en la guerra un negocio muy lucrativo y por tanto no querían que la lucha terminara. Cuando la situación empeoró, algunos soldados desertaron y se unieron a los rebeldes.

En las fuerzas armadas, la disciplina y la honesti son principios ejemplares que forzosamente ti nen que nacer en el liderazgo del mas alto mando y se desprenden hacia abajo a través de los oficiales las clases y los soldados para luego refl se como un espejo hacia arriba hasta nuevamente alcanzar los mas altos niveles. De esta misma manera se refl ja la corrupción y la indisciplina; resultando en la deserción y la traición[65].

La desmoralización del ejército constitucional fue, además, el resultado de factores psicológicos que entraron en juego en la relación entre los gobiernos de Cuba y Estados Unidos. Los próximos párrafos están dedicados al análisis profundo de este hecho.

---

[65] Primer Teniente de Guillermo Estévez

El territorio en el que se ocultaban los rebeldes no era tan vasto como para hacer imposible descubrir su ubicación. En más de una ocasión, ofi s de alto rango que habían establecido con precisión la ubicación del alto mando rebelde, aceptaron sobornos para dirigir sus fuerzas hacia otra área.

La corrupción en cualquier parte del gobierno debilita la estructura que sostiene su base. Es incuestionable que el presidente Batista se enriqueció enormemente mediante el soborno y la corrupción, así como a través de su asociación directa con la mafia norteamericana, que manejaba el negocio del juego en el país. Pero también es justo decir que la corrupción ha sido históricamente una plaga endémica en la política de América Latina y Cuba no era la excepción. Objetivamente, el presidente anterior de Cuba, Carlos Prío Socarrás, consiguió amasar una fortuna de cerca de cien millones de dólares[66], que pudo depositar en bancos norteamericanos sin ninguna complicación de tipo legal.

José Manuel Alemán, el ministro de Educación en Cuba durante la presidencia de Ramón Grau San Martí protagonizó el mayor caso de corrupción en la historia cubana. Justo el día antes de que Grau dejara la administración, el 9 de octubre de 1948, José Manuel Alemán personalmente entró al Ministerio de Finanzas y robó 147 millones de pesos cubanos (la moneda cubana tenía entonces paridad con el dólar)[67]. Para llevar a cabo el robo en el Tesoro de la República Cubana, usó varios camiones del Ministerio de Educación y los llenó de efecti o. Ese mismo día, alquiló un avión de los Estados Unidos y apareció en el aeropuerto de Miami. En cuanto los ofi s de aduana revisaron sus maletas lo detuvieron; habían encontrado 19 millones de pesos en efectivo.

---

[66] Para tener una idea de lo que podría ser hoy el valor equivalente, ajustado a la inflación, la respuesta es: 11 veces más. Por tanto, un millón de dólares se convierte un más de un billón de dólares hoy.
[67] Ajustado a la inflación, $1.00 en 1948 es igual a $10.98 en 2020.

Pero Alemán, que era un viejo zorro, sabía perfectamente lo que estaba haciendo. No existí ninguna ley que le prohibiera entrar al país dinero desde Cuba, cualquiera que fuese la canti así es que, después de informar a Washington, las autoridades del aeropuerto lo liberaron.

En Cuba, el escándalo fue colosal. El senador Pelayo Cuervo armó el Caso número 82, en el que acusó no solo a Alemán, sino a sus copartícipes, el ex presidente Grau San Martín y su esposa, Paulina Alsina, por el robo del Tesoro de la República. Pero transcurrieron casi dos años y ninguno de los acusados fue procesado legalmente. El 22 de julio de 1950, toda la evidencia y los documentos reunidos en el caso fueron robados del tribunal. Un robo colosal en la historia de Cuba quedó totalmente impune. La corrupción es la enfermedad pandémica de los gobiernos de América Latina.

José Miguel Alemán se mudó para Miami con su familia, depositó los millones robados en bancos norteamericanos y se convirtió en un empresario e inversor altamente respetado en los Estados Unidos, donde permaneció hasta su muerte.

El ex presidente cubano Carlos Prío usó una parte significativa de su fortuna para ayudar a derrocar a Batista. Le proporcionó a Fidel Castro dinero, armas y municiones, así como hombres que se unieron a las fuerzas rebeldes. Estas entregas las hicieron aviones privados que partieron desde Miami, Cayo Hueso, Venezuela, Costa Rica y otros países, y aterrizaron en pistas de aterrizaje clandestinas en la Sierra Maestra. Los vuelos que partieron desde Estados Unidos pudieron despegar sin problemas gracias a la tolerancia del Departamento de Aduanas de los Estados Unidos y a la simpatía de la División Caribeña del Departamento de Estado. Los aportes de Prío a la iniciativa rebelde fueron de tal importancia que el presidente Batista lo consideraba su adversario más peligroso. Al hacerlo, Batista subestimaba la importancia de

Fidel Castro. Ese fue uno de los errores más graves de Batista. Prío fue otra importante figura a la que Fidel Castro embaucó. Tiene que haber sido un trago muy amargo darse cuenta de que Fidel Castro era un tirano comunista y que todos sus esfuerzos y dinero solo habían servido para beneficiar a la persona equivocada.

Carlos Prío regresó a Cuba en 1959 después de haber estado exiliado en Miami, Florida, desde marzo de 1952. Regresó con entusiasmo a su país, con grandes esperanzas en la revolución cubana. En aquel momento apoyaba a Fidel Castro. En 1961, desencantado, rompió con Castro y pidió asilo políti o para exiliarse otra vez. Vivió en Miami, Florida, hasta que se suicidó a la edad de 74 años, el 5 de abril de 1977. Una herida autoinfl con una pistola de calibre 38 terminó con su vida; fue un solo disparo al corazón. Nunca hubo una explicación clara para su suicidio.

Bati ta pudo conservar el poder en Cuba por tanto ti mpo debido a tres razones fundamentales. La primera y la más importante era que Cuba disfrutaba de una economía robusta. Durante el ti mpo que Bati ta gobernó el país, sus políti as económicas signifi aron un gran benefi para el pueblo de Cuba, que estuvo mejor entonces que en ninguna época de la historia de Cuba. En 1957, Cuba alcanzó sus mejores resultados financieros, con un ingreso nacional de 2.397 millones de pesos[68]. En aquel momento, el peso tenía paridad con el dólar norteamericano[69]. En 1956, el Departamento de Comercio de los Estados Unidos emiti un informe llamado "Inversión en Cuba", que decía: "El ingreso nacional cubano ha

---

[68] Según las cifras compiladas por el Fondo Monetario Internacional: mayo de 1952, Volumen XV, No. 5.
[69] Ajustado a la inflación, $1.000.000.00 en 1957 es igual a $9.310.652.17 en 2020.

alcanzado niveles que le proporcionan al pueblo de Cuba uno de los niveles de vida más altos de América Latina".

La segunda razón por la que Batista pudo conservar el poder por tanto tiempo fue que prácticamente tenía el control absoluto de las fuerzas armadas y de la Policía Nacional durante casi todos los años de su gobierno. Al haber subido desde las filas del ejército, disfrutaba de una popularidad y lealtad indiscutible dentro de las fuerzas armadas.

La tercera razón era que contaba con el apoyo de todas las organizaciones sindicales y sus líderes.

Los cubanos adoraban a los Estados Unidos antes de la Revolución

Es de suma importancia entender cómo se sentía el pueblo cubano con respecto a los Estados Unidos de América, como país que estaba a solo noventa millas de sus costas.

Dicho con pocas palabras, los cubanos idolatraban a los Estados Unidos. Adoraban el estilo de vida norteamericano e intentaban por todos los medios copiarlo y convertirlo en propio. La influencia norteamericana estaba en todas partes de Cuba. Los cubanos solo compraban carros *made in USA*, importados a Cuba sin restricciones de ningún tipo. A los cubanos les encantaban las películas norteamericanas, que se exhibían en todos los cines que estaban diseminados por todo el país. A los cubanos les encantaba la música norteamericana tanto como les encantaba la música cubana. La mayoría de los cubanos quería aprender inglés como segunda lengua. Y la lista sigue.

Antes de la llegada de Fidel Castro al poder, los Estados Unidos eran tan importantes en las mentes de los cubanos, que el embajador norteamericano era considerado la segunda figura más importante del país, solo por detrás del presidente de Cuba. Era visto como un símbolo de poder y amistad[70].

Dentro del pueblo de Cuba, nadie era tan fanático de los Estados Unidos como las fuerzas armadas cubanas. Y con razón. Las fuerzas armadas cubanas estaban organizadas a imagen y semejanza de las fuerzas armadas norteamericanas. El ejército cubano usaba el mismo uniforme que el ejército norteamericano. Además, usaban las mismas armas, los mismos aviones y vehículos idénticos. La única diferencia era la modernidad del armamento. En 1957, Cuba usaba equipos de la Segunda Guerra Mundial. Los oficiales del ejército cubano pasaban cursos y se entrenaban en instalaciones militares de los Estados Unidos. Los oficiales cubanos expresaban abierta y orgullosamente su admiración tanto por el ejército como por el gobierno de los Estados Unidos. Psicológicamente, esto creaba una dependencia de todo lo norteamericano. Era algo así como la idolatría de un hermano menor hacia uno mayor, más fuerte y desarrollado. Era una dependencia extraordinariamente firme que podía sufrir un impacto psicológico violento por un cambio inesperado de actitud.

Cuba eligió una sola fuente de la que recibir armamentos, municiones, equipos y piezas de recambio. La elección fue el gobierno de los Estados Unidos. El gobierno cubano nunca se preparó para una posible ruptura de relaciones entre los dos países. En la mente del gobierno no entraba que los Estados Unidos pudieran cerrar la puerta y bloquear la importación de equipamiento militar para defenderse de un enemigo interno. Pero esto fue precisamente lo que ocurrió.

---

[70] El cuarto piso – Earl E.T. Smith, embajador de los Estados Unidos en Cuba desde 1957 hasta 1959

En diciembre de 1770, John Adams, que fue el segundo presidente de los Estados Unidos, pero que además era abogado, pronunció las siguientes palabras en una de sus bien conocidas defensas legales. Lo que dijo es de un tal signifi ado para lo que voy a detallar, que debo citarlo.

"Los hechos son obstinados; y sean cuales sean nuestros deseos, nuestras inclinaciones o los dictados de nuestras pasiones, no pueden alterar el estado de los hechos y la evidencia".

Estos son los hechos

En los años 1957 y 1958, la mayoría de los funcionarios del gobierno de los Estados Unidos, en particular los oficiales de carrera que dirigían lo que se conoce como el Cuarto Piso del Departamento de Estado, donde funcionaba la División del Caribe, tenían un agudo interés en derrocar al gobierno de Batista. No aprobaban una dictadura de derecha.

William A. Wieland, director de la Oficina del Caribe y de Asuntos Mexicanos del Departamento de Estado (MID Section) creía firmemente que Fidel Castro solucionaría el llamado "Problema cubano" si llegaba al poder. Con la ayuda de John Toppin, jefe de la división política de la embajadanorteamericanaen Cuba, intentaronpresentarundocumento al Departamento de Estado que predecía la caída inminente del gobierno de Batista. Este criterio, que sostenían funcionarios de carrera del Departamento de Estado, difería totalmente del punto de vista del embajador Smith. Al parecer, con frecuencia existen conflictos entre las creencias de los funcionarios de carrera y los funcionarios designados. Estas opiniones conflictivas plagaron el mandato del embajador Smith mientras estuvo al frente de la misión diplomática en Cuba.

Ilustración 36 Richard "Dick" Rubottom Jr.

Roy Richard "Dick" Rubotton Jr. (13 de febrero de 1912- 6 de diciembre del 2010) fue un diplomático norteamericano que ganó notoriedad como Secretario Asistente de Estado para asuntos interamericanos desde 1957 hasta 1960; en esta posición jugó un papel significativo en el diseño de la respuesta de los Estados Unidos a Fidel Castro y a la revolución comunista cubana. En los años 1957, 1958 y 1959, Rubottom creía que Fidel Castro no era un comunista, y a través de sus políticas, hizo todo lo posible para derrocar al gobierno de Batista. En 1959, cuando Fidel llegó al poder, el Departamento de Estado lo saludó como "Líder Distinguido". Rubotton no reconoció que había cometido un error hasta el año 1960, momento en que, enojado y frustrado por su propia ceguera política, quería que asesinaran a Fidel Castro. Pero, por supuesto, para entonces ya era demasiado tarde. Muy pronto, Cuba se convirtió en un miembro leal del bloque soviético.

Pero fue incluso peor, porque el secretario Rubotton bautizó a Herbert Mathews, el periodista socialista del New York Times, como "experto" en asuntos cubanos. El hecho de que Mathews se haya convertido en asesor político del Cuarto Piso del Departamento de Estado nos da una idea de hasta qué punto se equivocó el departamento en la política hacia Cuba.

Fidel Castro consiguió trabajo a través del New York Times

Debemos además incluir, como una palanca de enorme influencia a la prensa progresista de los Estados Unidos. El domingo 24 de febrero de 1957, el New York Times publicó la primera extensa entrevista que le hizo Herbert Mathews a Fidel Castro en las montañas de la Sierra Maestra. El título fue *"UNA VISITA AL REBELDE CUBANO EN SU ESCONDITE, CASTRO ESTÁ VIVO Y AÚN LUCHANDO EN LAS MONTAÑAS"*. Fue el primero de tres artículos de fondo publicados por el New York Times, bajo la autoría de Herbert Mathews. Los tres extensos artículos están escritos en profundidad con descripciones meticulosas y una narrativa detallada. Las piezas están escritas con tal elocuencia y convicción que convirtieron a Fidel Castro en una figura valiente y heroica, con un profundo sentido de justicia social. Mathews describió a Fidel Castro como "el Robin Hood de la Sierra Maestra". Además, hicieron aparecer a Batista como un tirano asesino. Los estudiosos de la historia han evaluado con honestidad la importancia de estos tres artículos, que convirtieron a Fidel Castro en una personalidad política internacional. En el momento, se insertó una descripción humorística en referencia a la efectividad de la sección de anuncios clasificados del New York Times, con un eslogan pintoresco: "Fidel Castro consiguió trabajo a través del New York Times". Pero más allá de resultar gracioso es una tragedia histórica que un reportero elocuente haya podido tener semejanteimpacto en colocar a un tirano comunista en el poder. Desgraciadamente, tanto el **New York Times** como el **Chicago Tribune** y otros periódicos de vital importancia en los Estados Unidos, actuaron con absoluto desconocimiento de la verdad cuando imprimieron historias que favorecían a Castro, y ambas publicaciones echaron su responsabilidad al viento y publicaron artículos infundados sobre la situación política en Cuba. El efecto de estos artículos fue que Castro se convirtió en un héroe y, por lo tanto, fue capaz de reunir más y más fuerza. Fue solo después que estas y otras múltiples publicaciones norteamericanas empezaron a imprimir, en 1957, historias distorsionadas y sesgadas a favor de la revolución cubana, que además denigraban al gobierno de Batista, que el movimiento liderado por Fidel Castro comenzó a crecer en dimensión y fuerza. La propaganda efectiva funciona. La prensa norteamericana le vendió a Fidel al pueblo de los Estados Unidos, pero además tuvo el efecto dominó de venderle a Fidel al pueblo de Cuba.

Ilustración 37 Fidel Castro demuestra su gratitud a Herbert Mathews.

No fue solo la prensa lo que ayudó a llevar a Castro al poder en Cuba. Jack Paar, era un locutor cínico, espontáneo y brillante, cuyos programas "The Tonight Show" y "The Jack Paar Program" fueron pioneros en los programas televisivos de entrevistas que se transmitían tarde en la noche, durante la década del cincuenta y la primera del sesenta, del siglo pasado. También era un gran admirador de Fidel Castro y públicamente expresó su admiración por "el señor Castro", a quien consideraba un heroico luchador por la libertad. Llevó a sus camarógrafos a Cuba para entrevistar a Fidel Castro. El señor Paar, un ex comediante, actor y anfitrión de relleno de su mentor Jack Benny, regresó a los Estados Unidos como uno de los admiradores prominentes de Fidel Castro. Como improvisador habilidoso y entrevistador, contaba con una audiencia de millones en los Estados Unidos y era muy influyente.

Edward Vincent Sullivan (28 de septiembre de 1901-13 de octubre de 1974) fue una personalidad de la televisión norteamericana, empresario y reportero de deportes y entretenimiento, además de un columnista sindicado del New York Daily News, del Chicago Tribune y del New York News Syndicate. Se le recuerda principalmente como el creador y conductor del programa televisivo de variedades The Toast of the Town, más tarde renombrado popular – y con el tiempo, también oficialmente – The Ed Sullivan Show. Se transmitió durante veintitrés años desde 1948 hasta 1971, y estableció un récord como el programa televisivo de variedades de más larga duración en la historia de las transmisiones televisivas de los Estados Unidos. "Fue, en casi todos los sentidos, el último gran programa televisivo", expresó el crítico de televisión David Hinckley. "Es una de nuestros más queridos y apreciados recuerdos de la cultura pop".

En el New York Daily News del 12 de enero de 1959, solo unos días después de la llegada de Fidel Castro al poder, Ed Sullivan publicó un artículo criticando a Earl Smith, el embajador de los Estados Unidos en Cuba. Este último había renunciado a su puesto apenas unos días antes. Cito el artículo:

"El embajador de los Estados Unidos en Cuba, Earl E. T. Smith, y su equipo perdieron una buena oportunidad. Se tragaron la propaganda de Batista con anzuelo, caña de pescar y todo. En el periódico del domingo, la Casa Blanca anunció que aceptaría la renuncia del embajador Smith. Nuestro embajador debió haber escuchado a los corresponsales extranjeros veteranos en América Latina. Jules Dubois, del Chicago Tribune, le rogó al embajador Smith que no permitiera a la Comisión Militar de los Estados Unidos entrenar a los pilotos de Batista para que realizaran bombardeos

contra la población de Cuba. Señalando que los barbudos de Castro representaban y expresaban los más profundos deseos del pueblo de Cuba. Nuestra embajada en La Habana ridiculizó esta interpretación, le dio luz verde al bombardeo de la población por parte de Batista. Si el Departamento de Estado les diera instrucciones a los tipos importantes de los Estados Unidos en todo el mundo para que contactaran a los corresponsales extranjeros norteamericanos en el escenario y se beneficien de su hombre experto en el terreno, nos ahorraríamos incidentes como el fiasco en Cuba".

Que un hombre de tanta influencia sobre el público como Ed Sullivan haya escrito un artículo tan errado no es solo una vergüenza sino un peligro para la seguridad de los Estados Unidos de América. Earl E. T. Smith era un anticomunista, pero no era necesariamente un simpatizante de Batista. Hizo un trabajo excelente como embajador ante Cuba. Smith intentó mantenerse tan neutral como era posible en su relación con el presidente cubano, de acuerdo a la política norteamericana de no intervención. A pesar de su posición, no tenía una gran influencia en la política de los Estados Unidos respecto a Cuba, que se dictaba directamente desde el Cuarto Piso del Departamento de Estado.

En su artículo, Ed Sullivan recomienda que los corresponsales extranjeros como Jules Dubois aconsejen al Departamento de Estado. Esta recomendación, se basaba en su ignorancia de los asuntos políticos de Cuba. Jules Dubois era un periodista distinguido y bien conocido que odiaba a Batista profundamente y que, durante los años de la rebelión armada, se esforzó muchísimo por ayudar a la causa de Fidel Castro. Él también creía apasionadamente que Fidel Castro no era un comunista. Por el contrario, todavía en 1959, Dubois creía que Castro estaba a punto de depurar al ejército rebelde de cualquier influencia comunista. Por supuesto, estaba totalmente equivocado en su análisis subjetivo de Fidel Castro y de la revolución cubana. Totalmente equivocado y desinformado, porque Batista nunca bombardeó ninguna ciudad ni ningún pueblo. Dicho en pocas palabras, estaba desinformado y no tenía la menor idea de lo que estaba pasando.

El resultado de los artículos y comentarios de estos individuos profundamente motivados y convencidos de que sabían quién era Fidel Castro y quién era Batista, fue que el gobierno de los Estados Unidos, a través del Departamento de Estado, comenzó a llevar a cabo una política agresiva destinada a exprimirle todo el poder a Batista. El procedimiento fue un extenso embargo aplicado al gobierno de Cuba.

La política exterior de los Estados Unidos hacia Cuba la dictaban los funcionarios a cargo del Cuarto Piso del Departamento de Estado. La creencia de que la política hacia Cuba era de neutralidad y no intervención en los asuntos de otra nación soberana es falsa, como podrán juzgar basándose en las siguientes acciones legales que tomó el gobierno norteamericano. Estas medidas, puestas en vigor, paso a paso, comenzaron casi dos años antes de que Batista fuera finalmente desbancado.

El embargo o bloqueo de Armas de marzo de 1958.

Aquí está la lista de medidas legales que ejecutó el gobierno de los Estados Unidos el 14 de marzo de 1958[71].

- Suspensión total de la venta de armas y municiones al gobierno de Cuba.
- Negativa a honrar pedidos de armas, notables y pagados con anticipación por parte del gobierno cubano.
- Suspensión total de envíos de piezas de repuesto, así como de equipos de combate, al gobierno de Cuba.

---

[71] Nota: La lista fue copiada casi textualmente del libro titulado: "El Cuarto Piso", escrito por Earl E.T. Smith (8 de julio de 1903 – 15 de febrero de 1991) un diplomático de los Estados Unidos, embajador ante Cuba desde 1957 hasta 1959. La validez de la fuente habla por sí sola.

- Aconsejar al Departamento de Defensa no enviar al gobierno de Cuba equipamiento militar controvertido.
- No cumplir el compromiso adquirido por los Estados Unidos de entregar veinte vehículos blindados (Este pedido había sido pagado por anticipado).
- No cumplir la promesa norteamericana de entregar quince aviones de entrenamiento al Gobierno de Cuba (Este pedido había sido pagado por anticipado).
- El 14 de marzo de 1958, el Departamento de Estado de los Estados Unidos emitió la orden de suspender un envío de 1.950 rifles Garant que habían sido adquiridos y pagados por el gobierno de Cuba y estaban en los muelles, listos para ser entregados por barco a Cuba.
- Emitir declaraciones públicas que dañaran al gobierno de Cuba y ayudaran a la causa rebelde. (Publicitar todas las medidas tomadas por el gobierno norteamericano mencionadas arriba).
- Intervención indirecta (Persuasión a otros gobiernos para que no vendieran armas al gobierno cubano).
- Negativa a permitir que los oficiales militares en servicio, adjuntos a los Grupos de Asesoramiento Militar, llevaran a cabo sus funciones como indicaba el Programa Militar Hemisférico de Asistencia (Restar importancia a todas aquellas actividades que pudieran ser consideradas ofensivas para los revolucionarios).
- Presionar al gobierno de Cuba al llamarle la atención constantemente sobre las violaciones al Programa de Asistencia en Defensa Militar con Cuba, que establecía que el uso de equipamiento militar para cualquier propósito fuera de la defensa hemisférica debía contar con el consentimiento previo de los Estados Unidos.
- Presionar al gobierno de Cuba al declarar repetidamente que el batallón de infantería, que había sido equipado a través del Programa de Asistencia en Defensa Militar, estaba involucrado activamente en la supresión de la rebelión en la provincia de

Oriente y entonces intentar obligar al gobierno de Cuba a separar y retirar del servicio activo al batallón de infantería.

- Solicitar al gobierno de Cuba desvincular del área de combate a todo el personal entrenado y equipado mediante el Programa de Asistencia Militar.

- Avergonzar al gobierno de Cuba al entregar una nota formal en marzo de 1958, que llamaba su atención sobre estos asuntos y solicitaba un informe al respecto.

- Permitir al Dr. Carlos Prío Socarrás y a sus partidarios violar las leyes norteamericanas de neutralidad (Batista estaba convencido de que el Dr. Prío y sus agentes eran las fuentes primarias de suministro de armas, municiones y soldados a la Sierra Maestra).

- Pedir al Departamento de Inmigración tolerancia con algunos cubanos revolucionarios exiliados y permitirles prolongar sus visitas a los Estados Unidos.

- Mantener contactos amistosos con los representantes de los revolucionarios y por consiguiente proporcionar un auditorio solidario y comodidad a aquellos que abogaran abiertamente por el derrocamiento del gobierno de Cuba.

- Permitir a los simpatizantes y partidarios de Castro en los Estados Unidos formar grupos y organizaciones encargadas de recaudar fondos y actividades propagandísticas explícitas.

- Avergonzar al gobierno de Cuba al orientar a Earl Smith, embajador de Estados Unidos en Cuba, pedir garantías al gobierno cubano de que no bombardearía ciudades cubanas donde estaban situados los rebeldes, con bombas de los Programas Americanos de Asistencia Militar que contuvieran napalm.

- Mantener contacto estrecho con Herbert Mathews, del New York Times, quien daba la impresión, por su conducta editorial, de abogar por la caída de Batista. (Mathews fue un asesor de facto del Departamento de Estado, en asuntos cubanos).

Es imposible no comprender o imaginar el impacto psicológico que estas medidas, publicitadas por los medios y el gobierno norteamericano, tuvieron sobre todo en las fuerzas armadas cubanas, en las organizaciones políticas que se oponían a Batista y el efecto dominó que tuvieron en la población cubana en general. Estas medidas hicieron más por el derrocamiento de Batista que toda la revuelta rebelde en las montañas, que duró dos años, y que toda la actividad incesante de los movimientos clandestinos.

Cualquier oficial militar en Cuba que estuviera informado de las medidas tomadas por el gobierno de los Estados Unidos, solo podía concluir que los Estados Unidos estaban exprimiendo sistemáticamente a Batista para provocar su derrota y partida. Además, significaba que el gobierno de los Estados Unidos ya había tomado partido y había escogido a las fuerzas de la oposición como su opción para resolver la lucha cubana. Para hablar claro y sin ambages, el gobierno de los Estados Unidos quería reemplazar a Batista con Fidel Castro.

Para los rebeldes en las montañas, eso significaba que los Estados Unidos los apoyaban, que tácitamente deseaban la derrota de Batista y su salida del poder. Como se puede entender fácilmente, esto era un impulso moral de proporciones gigantescas para cualquiera que se opusiera a Batista. También creaba confusión, inestabilidad e incertidumbre para aquellos que podrían haber simpatizado con el gobierno.

La moral de la comunidad en el exilio se elevó a nuevas alturas debido al trato indulgente que les daba el gobierno de los Estados Unidos con relación a sus actividades revolucionarias ilegales en territorio norteamericano y la presión obvia y abierta que aplicaba sobre todo lo relacionado con Batista.

La elocuencia de estas medidas envió un mensaje claro a la población general de Cuba. La noticia era que el gobierno de los Estados Unidos estaba haciendo todo lo posible por obligar a Batista a abandonar el poder. Considerando que los Estados Unidos es el país más poderoso del mundo, el hecho de que hayan tomado partido solo puede significar que Batista pronto tendría que renunciar al poder e irse de Cuba. Un mensaje notablemente claro y de enorme importancia en ese momento particular de la Historia de Cuba. Si nuestro poderoso hermano mayor en el norte está tomando estas medidas, significa, definitivamente, que llegó el fin de Batista. Es sólo cuestión de tiempo.

15

EL MENOR DE DOS MALES

El mal menor es el principio según el cual, ante dos opciones negativas, se debe elegir el menos perjudicial.

Haciendo un análisis objetivo de la situación, Batista no se ayudó a sí mismo. Las dictaduras de derecha no tenían el nivel de sofisticación en cuanto a amenazar a la oposición, que empleaban los comunistas. O sea, en darle a la represión una apariencia limpia y legal cuando en realidad, no es el caso. Es la apariencia lo que marca la diferencia.

Un análisis justo de dos sistemas diferentes

Nuestra investigación se enfoca en ofrecer una visión general de dos sistemas diferentes, una observación crítica desde la perspectiva de los años cincuenta y sesenta del siglo pasado. Esta aclaración es esencial porque, con el tiempo y la experiencia, los sistemas evolucionan para cumplir nuevos requisitos consecuentemente y por tanto sufren transformaciones que son necesarias para sobrevivir. Es la evolución dinámica de ajustarse a las reacciones cambiantes. Consecuentemente, resulta lógico entender que lo que entonces era así, hoy puede no ser lo mismo.

La represión durante el gobierno de Batista funcionaba de la siguiente forma: Inicialmente, la policía arrestaba a aquellos que violaban la ley, políticamente hablando, y presentaban a los acusados ante las cortes para que fueran procesados y sentenciados si eran hallados culpables. Pero como el proceso era en realidad político, muchos jueces, que en privado se oponían al gobierno, simplemente liberaban a los prisioneros. Muchos jueces simpatizaban con la oposición política y sus juicios eran por tanto parcializados. Esta situación resultaba muy frustrante para la fuerza policial. Arrestaban a una persona y presentaban evidencia que demostraba su culpabilidad, y el juez procedía a liberar a la persona. Esto creó una frustración tal en la policía y alcanzó tales niveles que la policía decidió convertirse en juez además de policía. Desafortunadamente, la fórmula produjo un vasto daño político.

Con el tiempo, la Policía se volvió más agresiva en sus métodos de interrogación, lo que condujo a distintas variantes de tortura. Entonces, cuando la policía finalmente llegaba a creer que el prisionero había cometido un delito serio, no estaban dispuestos a entregarlo a un juez parcializado que simplemente lo liberaría. En casos extremos, mataban al prisionero y se deshacían del cuerpo como les pareciera mejor.

La parcialidad en la política al nivel de una revuelta civil crea divisiones de fanatismos extremos y promueve un odio intenso. Esta realidad no debe ser subestimada. El resultado de esta división es algo espantoso. Un ejemplo extremo de esta barbaridad tuvo lugar en Argentina, en lo que se llamó la "Guerra Sucia", entre 1974 y 1983. La policía represiva o inteligencia militar detuvo masivamente a miembros de la oposición a los que se consideraba sospechosos de haber cometido delitos políticos. Llevaban a estos sospechosos, hombres y mujeres, a centros secretos de detención para interrogarlos. Los interrogatorios incluían torturas agresivas. Culpables o no de delitos políticos, la metodología era tan severa que quienes las llevaban a cabo se sentían obligados a desaparecer a los detenidos en lo que se llegó a conocer como "vuelos de la muerte", una práctica iniciada por el gobierno militar, usualmente después del arresto y las torturas. Los prisioneros eran drogados, cargados en un avión, desnudados y lanzados, vivos, en las heladas y profundas aguas del océano Atlántico, donde desaparecían para siempre.

En Cuba nunca sucedió nada parecido, pero consta que los grupos represivos de la policía cubana sí torturaron y asesinaron a algunos miembros acti os de la oposición, que parti on en bombardeos de cines, intentos de asesinato u otros actos terroristas importantes. Con frecuencia, simplemente dejaban el cadáver en la calle o lo enterraban en alguna tumba sin nombre. Desde el punto de vista políti o, esto tiene un efecto desastroso en la población. Un solo asesinato puede ser una fuente de propaganda asombrosamente efecti a contra el verdugo. Trasciende y se abre paso impactando a la comunidad en general. Si, por alguna casualidad, el gobierno aún permite alguna libertad de prensa, esos cuerpos llenos de balas y descubiertos al azar son fotografi y las fotos se publican para que todos las vean y así demostrar la conducta criminal de todos los grupos represivos de la policía y las acciones criminales del gobierno. Pero, además, simultáneamente, también como ejemplo por parte de los represores, para inculcar el miedo en la población y frenar la iniciati a de la oposición radical.

En los últimos años del gobierno de Batista en La Habana, el Departamento de la Policía Nacional mantuvo totalmente a raya a los grupos revolucionarios clandestinos con la creación de tres unidades represivas independientes dentro de su estructura. Eran el Buró de Investigaciones, dirigido por el coronel de la policía Orlando Piedra Negueruela; la Unidad Anticomunista y Antisubversiva, dirigida por el teniente coronel Esteban Ventura Novo, y una unidad investigativa particular de la División Central del Departamento de Policía, dirigida por el coronel de la policía Conrado Carratalá Ugalde. Estas tres unidades eran extremadamente agresivas en la persecución del movimiento revolucionario clandestino. Aunque eran muy efectivas y eficaces en su empeño de contrarrestar las actividades más subversivas y los actos terroristas en las calles de La Habana, también fueron acusados, justamente, de cometer crímenes. Sus métodos policiales incluían tortura, golpeaduras y asesinatos. Estos excesos policiales fueron criticados y condenados por la población general y, por supuesto, por la oposición rebelde. La brutalidad policial fue uno de los factores más cruciales que contribuyeron al desagrado, la desaprobación y descontento de la población con Fulgencio Batista.

Sin embargo, en el caso de Cuba, aunque esto sucedió, no eran eventos diarios ni generalizados. Si vamos a aceptar las estadísticas publicadas por el coronel Ramón Barquín, como debemos, la muerte de 1527 miembros de la oposición durante una lucha de cinco años y medio debe someterse a un análisis más profundo. Lo que quiero decir con esto es que esas víctimas incluyen las bajas que ocurrieron en los siguientes significantes confrontaciones:

- El ataque a la guarnición del Moncada en Santiago de Cuba. (26 de julio de 1953)
- El desembarco del yate Granma en Oriente. (2 de diciembre de 1956).
- El intento de asesinar al presidente Batista en el Palacio Presidencial de La Habana. (13 de marzo de 1957)
- El ataque al Cuartel Goicuría en Matanzas. (29 de abril de 1956).
- Los dos años de lucha revolucionaria en las montañas de la Sierra Maestra. (Desde el 2 de diciembre de 1956 hasta el 31 de diciembre de 1958).
- La insurrección de un año y medio en la Sierra del Escambray del Directorio Revolucionario. (13 de marzo de 1957 - 31 de diciembre de 1958)
- Los seis años de acciones terroristas llevadas a cabo por los movimientos clandestinos: Directorio Estudiantil, el Movimiento Auténtico y el Movimiento 26 de julio, en toda Cuba. (Desde el 26 de julio de 1953 hasta el 1ro de enero de 1959).

Si usted divide el número de muertes por la duración del conflicto y la multiplicidad de los hechos y de las diversas confrontaciones, más la seriedad de los sucesos destacados a los que nos referimos, la ecuación resultante le proporciona una comprensión más realista de la intensidad de la lucha y de las muertes acaecidas dentro de ella. Si bien una fórmula matemática carece de humanismo y de sensibilidad, también ofrece un resultado visible y elocuente que ayuda a entender la intensidad del conflicto. Se pone en pausa la empatía para mejor entender y comprender objetivamente la cuantía de lo sucedido.

Los comunistas, como demostró al mundo la Revolución de Fidel Castro al tomar el poder, son más sofisticados y sutiles en su manera de tratar a sus oponentes. Tienen un enfoque diferente de los delitos políticos. Primero, legalizan la sentencia de muerte y eligen el fusilamiento como método a emplear para llevar a cabo tal sentencia. Un código revolucionario legal que inmediatamente es aprobado por decreto y se convierte en ley. Segundo, establecen tribunales militares paralelos a los tribunales civiles. Un tribunal del ejército juzga cualquier asunto de carácter político. La investigación de un ciudadano detenido por una cuestión política es manejada exclusivamente por un departamento de inteligencia militar. En el caso de Cuba, el infame G-2, una estructura dentro del Ministerio del Interior. En las investigaciones, no se establece un límite de tiempo para que estos agentes cumplan con su deber. Las investigaciones militares pueden durar indefinidamente. El llamado *Habeas Corpus*[72] no existe. Esto significa que ellos pueden continuar investigando indefinidamente al detenido hasta que este confiese. Ellos manejan los tiempos.

---

[72] El Habeas Corpus es el recurso dentro de la ley mediante el cual una persona puede informar de una detención ilegal o un encarcelamiento, ante un tribunal y solicitar que el tribunal ordene a quien custodia a la persona, usualmente un funcionario de la prisión, presentar al prisionero ante el tribunal para determinar si la detención es legal.

Durante la fase investigativa, hablando de forma ordinaria, no se hace uso de la tortura física generalmente. El comunista no necesita hacer eso. Lo que usan es una tortura psicológica altamente sofisticada. Si el cuerpo investigativo concluye que usted es culpable de un crimen político, las pruebas o evidencias tienen solo un valor relativo. La evidencia circunstancial o indirecta es suficiente. Cuando termina la investigación, el procedimiento estándar es enviarle a usted a prisión a esperar juicio[73]. En la jurisdicción militar, no existe fianza. Usted va a la cárcel y permanece en prisión hasta que se celebra el juicio. Un juicio puede ser demorado todo el tiempo que ellos deseen que se demore. A usted pueden llevarlo a juicio inmediatamente después que termine la investigación o lo pueden llevar a juicio diez años más tarde. Son los dueños de su tiempo. Tienen autoridad legal para hacer lo que deseen. El debido proceso no existe. El tribunal militar también es controlado por el Ministerio del Interior, que responde al más alto nivel del gobierno. Si se trata de un caso crucial, Castro tiene la última palabra.

En los juicios militares revolucionarios, los jueces y los fi ales manejan el juicio y son todos oficiales del Ministerio del Interior. Oficialmente, todos los acusados pueden tener un abogado defensor. El acusado puede contratar de manera privada a un abogado defensor o el tribunal le asignará uno, sin ningún coste. El abogado defensor es inútil. Si se trata de un abogado defensor, usualmente le aterra la idea de defender al acusado porque lo han intimidado profundamente. Lo más gracioso es que por temor, algunos abogados defensores incluso se ponen del lado del fiscal en la acusación. Un abogado defensor privado comprende claramente que, si se excede en el esfuerzo de defender a la persona acusada, puede terminar siendo investigado

---

[73] En la prisión si existen las golpizas y medidas físicas extremas. Además, la alimentación es deplorable. El maltrato en extremo es la política usual en las prisiones de Cuba comunista.

y posiblemente acusado de algún delito[74]. Todos los juicios son simulacros. Los jueces son instruidos previamente sobre cuál debe ser el veredicto y cuál la magnitud de la sentencia. La sentencia y el castigo siempre son ordenados desde arriba con antelación. Rara vez hay una sentencia en la que el acusado es hallado no culpable. Las condenas son en su mayoría draconianas. Si es sentenciado a muerte, al prisionero usualmente se le fusila en cuestión de horas. El cuerpo por lo general se le entrega a la familia al día siguiente, si la familia lo ha solicitado.

En algunos casos, si se trata del cuerpo de una figura crítica muy conocida, el cuerpo no se devuelve. Si no quieren ejecutar la sentencia de muerte de manera inmediata, por cualquier razón política, pueden posponer la ejecución por cuanto tiempo les parezca. He visto docenas de casos, particularmente relacionados con personal militar que pertenecía al gobierno de Batista, cuyas sentencias de muerte, colocadas en espera, se pospusieron por tiempo indefinido. Algunos de estos presos condenados murieron en prisión debido a sus edades avanzadas, con sus sentencias de muerte aún pendientes de ejecución.

El caso del comandante Felipe "el chino" Mirabal, es un ejemplo elocuente. El comandante Mirabal había sido un alto ofi de la SIM, el Servicio de Inteligencia Militar, durante la presidencia de Bati ta. Un tribunal revolucionario lo condenó a muerte por fusilamiento, por ciertos presuntos crímenes. Su sentencia nunca se ejecutó; permaneció condenado a muerte hasta que murió de vejez tras varias décadas de encarcelamiento. Corría el rumor de que el moti o políti o para que su ejecución se pospusiera fue que Raúl Castro era su hijo bastardo. El resultado de una relación extramatrimonial entre Lina Ruz (la madre de Fidel y Raúl) y el

---

comandante Felipe Mirabal, que había sido el jefe militar de la zona donde los Castros tenían su fi a. Lo llamaban el chino por sus ojos rasgados, una característi a que compartí con su presunto hijo, Raúl Castro Ruz. El tono de su voz fue otro rasgo que heredó su hijo Raúl Castro.

Sin embargo, el Ministerio del Interior puede levantar la suspensión de la ejecución en cualquier momento, sin previo aviso. A voluntad, pueden ir a buscar al prisionero y llevarlo ante el pelotón de fusilamiento.

*Un ejemplo especifico que yo puedo atestiguar personalmente fue el caso de **Elizardo Necolardes Rojas,** quien se encontraba guardando prisión en la Galera número 14 de la Prisión de La Cabaña, donde yo también me encontraba. Necolardes había sido acusado de ser miembro de alto rango de los "Tigres de Masferrer", una organización paramilitar anti-Castro que operaba durante el gobierno de Batista y un tribunal revolucionario lo había condenado a muerte en 1959 por "delitos de guerra. " Por alguna razón política no había sido fusilado. Se comentaba que un importante funcionario comunista de la vieja guardia había evitado su fusilamiento por algún motivo o razón. Al morir este viejo funcionario comunista, Necolardes perdió su protector. El lunes 14 de agosto de 1967, unos guardias vinieron a buscar a Necolardes a la Galera 14 un poco después del mediodía. Al poco rato escuchamos el ruido familiar de los disparos de un pelotón de fusilamiento. Acababan de fusilar a Cesar Necolardes Rojas después de haber cumplido siete años de prisión desde que fue sentenciado.*

El pelotón de fusilamiento es la herramienta de terror más efectiva que puede esgrimir el sistema judicial comunista.

Las noticias se publican o no, en armonía con los intereses del Estado. La prensa comunista es propiedad exclusiva del gobierno, que ejerce el control total sobre ella. Generalmente, la gente no sabe nada de los arrestos, las condenas o las ejecuciones, a menos que el gobierno quiera dar un ejemplo. Una tremenda ventaja del comunismo, desde el punto de vista práctico, es que creen que lo que la gente no sepa no les hará daño. La gente carece de información para establecer un juicio sobre el gobierno.

El propósito de esta larga explicación, comparar la forma en que una dictadura de derecha reprime a la oposición con la metodología de una revolución comunista, demuestra la crudeza de un sistema y la sofi ti ación del otro. El resultado fi es proporcionarle a todo el proceso judicial un exterior limpio que engloba un proceso aparentemente legal.

El gobierno norteamericano tradicionalmente ha impuesto su política exterior a gobiernos sobre los que tiene cierto control, influencia o alguna ventaja que les permite ejercer presión. Esta política exterior refleja los principios de derechos humanos practicados generalmente por el gobierno norteamericano y que abraza el pueblo norteamericano. Exportar el modo de vida norteamericano y sus costumbres a gobiernos bajo asedio es una proeza casi imposible para dichos gobiernos. Para comenzar, comparar a los gobiernos de Estados Unidos con los de países del Caribe o de América del Sur o Central, es como comparar peras con manzanas. Es una comparación imposible. En el caso de Cuba durante el gobierno de Batista, los Estados Unidos insistían en instituir derechos constitucionales, así como la libertad de expresión y de prensa. Aunque su gobierno estaba bajo asedio, Batista trató por todos los medios de apaciguar al gobierno de los Estados Unidos al aliviar las restricciones sobre los comunicados de prensa y otras libertades civiles. Con el tiempo, se sintió obligado a suspender estos derechos periódicamente porque debilitaban su capacidad de gobernar. Sin embargo, el hecho de que instituyó las Garantías Constitucionales y la libertad de prensa durante períodos de tiempo significativos permitió la existencia de una publicidad adversa sobre su gobierno, principalmente sobre los crímenes políticos cometidos. Las noticias sobre crímenes políticos en Cuba que publicaba la prensa norteamericana influyeron significativamente en los funcionarios del gobierno de los Estados Unidos. Extrañamente, incluso las historias o las fotos de cuerpos mutilados debido a las bombas que los rebeldes terroristas habían colocado en cines o teatros contribuían a dar una imagen negativa del gobierno de Batista y no de los perpetradores. Los actos terroristas como la destrucción de puentes o carreteras, o la quema de campos de azúcar, dañaba más la imagen del gobierno que la de los insurrectos.

Las publicaciones de este tipo afectaron profundamente la percepción del gobierno norteamericano respecto a Cuba.

En este aspecto, los comunistas no tienen de qué preocuparse. El gobierno monopoliza las noticias y, por tanto, solo comunica lo que está en armonía con sus políticas. Además, no les importa lo que piense el gobierno de los Estados Unidos. Los mejores ejemplos que acuden a mi mente son las citas y los actos atribuidos al bien conocido comandante de la revolución, Ernesto "Che" Guevara, quien formaba parte de la cúpula del Movimiento 26 de julio, cuando la revolución llegó al poder el 1ro de enero de 1959.

Publicado por "Disidente" (título de la publicación) el 24 de marzo del 2015: - Olvídense del debido proceso. Durante la Revolución Cubana, el Che condenó a muerte a muchos a los que nunca se les habían formulado cargos ni se les había asignado un abogado. El New York Times estimó que, durante los primeros dos meses de la Revolución cubana, hubo aproximadamente 528 fusilamientos. El Libro Negro del Comunismo menciona un total de 14.000 asesinatos (fusilamientos) para finales de los años sesenta. El editor del periódico Revolución, Carlos Franqui, citó a Che Guevara, quien dijo en 1962: **"Fusilamos a muchas personas sin saber si eran plenamente culpables. A veces, la Revolución no puede detenerse a investigar mucho".**

No se toleraba a los disidentes del nuevo régimen, incluso si eran civiles desarmados. El Che explicaba su enfoque de la justicia de esta forma: **"No necesitamos pruebas para ejecutar a un hombre. Solo necesitamos la prueba de que es necesario ejecutarlo"**. No ocultaba su desprecio por los estándares legales convencionales, refiriéndose a la evidencia y al peso de las pruebas como **"detalles burgueses arcaicos"**.

En un discurso ante las Naciones Unidas, en diciembre de 1964, el Che confirmó la reputación despiadada de su gobierno al declarar: **"Sí, hemos fusilado, estamos fusilando y seguiremos fusilando"**.

Los comentarios de Guevara en foro mundial demuestran elocuentemente su indiferencia y por tanto la indiferencia de su gobierno a la opinión pública mundial, particularmente su irreverencia hacia el gobierno de los Estados Unidos.

Ilustración 38 Uno de los muchos fusilamientos que se llevaron a cabo en la Sierra Maestra por orden de Fidel y de Raúl Castro.

16

CAUSA Y EFECTO

En esencia, la CAUSA es lo que provoca que otras cosas sucedan. El EFECTO se refiere al resultado. Una definición más precisa sería: la CAUSA es el POR QUÉ algo sucedió, y el EFECTO es lo que sucedió. – Anónimo.

Las iniciativas individuales que tomaron algunos de los oficiales del alto mando, en los que más confiaba Batista dentro de las Fuerzas Armadas Cubanas, demuestran convincentemente los efectos psicológicos directos del embargo del gobierno de los Estados Unidos en el gobierno de Batista.

El 24 de diciembre de 1958 el general Francisco Tabernilla Dolz, Comandante en Jefe de las Fuerzas Armadas Cubanas, en compañía de su hijo, el general Carlos Tabernilla, jefe de la Fuerza Aérea Cubana y el general Alberto del Río Chaviano[75], Jefe Militar de la provincia de Las Villas, se reunieron con el embajador Earl Smith en el edificio de la embajada de los Estados Unidos en el Paseo del Malecón. La reunión había sido solicitada con urgencia por el Comandante en Jefe de las Fuerzas Armadas Cubanas.

En esta reunión, cara a cara con el embajador Smith, mientras los otros dos oficiales esperaban en otra habitación, Tabernilla Dolz describió la situación militar cubana en el conflicto con las fuerzas rebeldes como tétrica. Le dijo al embajador que los soldados cubanos habían perdido el espíritu de lucha y que carecían de armas y de municiones.

---

[75] Alberto del Río Chaviano era coronel cuando tuvo lugar el ataque al Cuartel Moncada, el 26 de julio de 1953. Más tarde fue ascendido al grado de general.

El verdadero propósito de la reunión era comentar con el embajador posibles soluciones oportunas antes de que el gobierno colapsara en las manos de Castro. Sugirió la creación de una junta militar integrada por el general Eulogio Cantillo, el general Sosa Quesada, el general García Casares y un representante de la marina. Explicó que su motivación era salvar a Cuba de Castro y del comunismo. También quería proporcionarle a Batista una salida segura del país, así como a altos generales de las Fuerzas Armadas y a aquellas personas que mantenían estrecha relación con el presidente.

El general Tabernilla Dolz quería saber si el gobierno de los Estados Unidos apoyaría su plan. El embajador Smith le dijo que consultaría con el Departamento de Estado, pero que cualquier respuesta, si es que había alguna, iría directamente a Batista, debido a formalidades y directrices diplomáticas. El general no recibiría ninguna respuesta. La actitud del general fue derrotista, motivada por la desesperación y una total falta de juicio. Lo que Tabernilla Dolz no sabía era que ya habían tenido lugar otros acontecimientos de importancia y significado superior, para que el embajador tuviera en cuenta las preocupaciones del general y sugiriera soluciones seriamente.

El aspecto extraordinario de la reunión fue el hecho de que el general Tabernilla Dolz se hubiera atrevido a solicitar y sostener esta reunión sin comunicárselo al presidente Batista. Batista no tenía el menor indicio de que esta reunión tendría lugar, y solo lo supo, oficialmente, una vez que Tabernilla fue a verlo y le contó lo que había hecho.

El general había tenido la audacia de dar este paso conspiratorio solo porque tenía la convicción de que el gobierno de Estados Unidos había decidido desbancar a Batista.

Mientras tenía lugar la reunión, el Servicio Cubano de Inteligencia alertó a Batista, informándole que tal reunión se estaba llevando a cabo. Así es que cuando Tabernilla fue a verlo y a contarle de su encuentro con el embajador norteamericano, Batista ya estaba al tanto.

Batista estaba furioso y reprendió al general Tabernilla con dureza. Consideró seriamente tomar medidas más drásticas, pero evaluando fríamente la situación de Cuba en el momento, solo dio los pasos necesarios para despojar al general de la mayor parte de su autoridad. La prudencia dictaba un castigo más blando. Antes, había pensado en degradar y arrestar al general Francisco Tabernilla Dolz.

El presidente no era tonto. Estaba al tanto de las significativas deserciones dentro del Ejército. Sabía que la voluntad de resistir del ejército menguaba, y evaluaba continuamente la crisis en que se encontraba. El presidente estaba consciente de que su gobierno se deshacía. El mero hecho de que su amigo, que además era el general de más alto rango, se hubiera reunido con el embajador de los Estados Unidos a sus espaldas, equivalía a traición y era una clara señal de que el general se sentía derrotado y de que consideraba que su causa estaba perdida.

El día después de la reunión, el general Alberto del Río Chaviano desertó. Voló a la República Dominicana, donde solicitó asilo político[76].

No puedo evitar preguntarme que habría hecho Fidel Castro si su general de más alto rango hubiera hecho algo similar a lo que hizo el general Francisco Tabernilla Dolz. Solo se me ocurre una respuesta y, prefiero dejarla en el tintero, pero estoy seguro que los

---

[76] Para entonces el Coronel Rio Chaviano ya estaba secretamente conspirando en contra de Batista con el Coronel Rosell y los Servicios de Inteligencia (S.I.M.) sospechaban de su traición. Prudentemente decidió exilarse antes de ser arrestado.

lectores Cubanos la saben. Sin embargo, me atrevo a señalar que la grácil reacción de Batista ante un hecho tan grave demuestra elocuentemente el menguado brío del presidente en esa etapa de su mandato.

Se dice que más o menos por esa fecha algunos militares allegados a Batista le habían ordenado a un sastre un flamante uniforme militar de campaña a la medida del presidente y le habían obsequiado dicho uniforme en la oficina presidencial en Palacio. Cuando le regalaron el uniforme meticulosamente planchado en un perchero invitaron al presidente, con gran entusiasmo, a probárselo, pero Batista prefirió no complacerlos.

La intención real del obsequio era una invitación para que Batista asumiera la jefatura de las Fuerzas Armadas ante el inminente traspaso presidencial al presidente electo, Andres Rivero Agüero. Los allegados militares se sentían confiados que si Batista asumía el mando de las Fuerzas Armadas se retomaría la moral y el espíritu de lucha del ejército y barrerían con los rebeldes alzados. Aseguraban que Batista, "El Hombre", como se referían a él los más adeptos, con la "bala en el directo" de su pistola 45, y los cojones bien puestos, sabría darle fin a la insurrección armada de los "forajidos".
Estaban equivocados. Ya Batista no estaba para eso. Batista ya no tenía la menor intención de ponerse el uniforme, como demuestra el hecho de que no quiso ni probárselo para complacer a sus aduladores. Su intención era otra, como pronto demostró.

Lo que el embajador Earl Smith no le dijo al general Tabernilla fue que unos días antes, en la noche del 9 de diciembre, el Departamento de Estado había enviado un emisario secreto a intentar convencer a Batista de capitular. El emisario secreto era William D. Pawley. La reunión duró tres horas. El hombre que enviaron había sido amigo de Batista por treinta años y por tanto fue una reunión entre amigos que confiaban y se sentían cómodos entre ellos. Sin embargo, a Pawley le habían prohibido decirle a Batista la verdad: que iba en calidad de representante oficial de los Estados Unidos. Esta limitación sobre Pawley, que le impedía revelar su rol oficial fue una orden directa de último minuto de Ray Rubotton, por si había un cambio de planes en cuanto a la forma de presentar la propuesta a Batista. Probablemente, deseaba el fracaso de la iniciativa.

La solución que propuso William Pawley fue crear un gobierno en funciones o temporal, básicamente una junta compuesta por enemigos de Batista, pero también por enemigos de Fidel Castro. La lista incluía al coronel Barquín, al coronel Borbonet, al general Díaz Tamayo, y a un civil, Pepín Bosch, presidente de la Compañía de Ron Bacardí. Para que esta fórmula funcionara, todos tenían que ser tanto enemigos de Batista como de Fidel Castro. Esta fórmula frustraría la motivación del movimiento rebelde. Era una solución factible.

El gobierno de Batista se rendiría, pero tanto a él como a sus acólitos se les permitiría abandonar Cuba, y Batista podría irse a vivir a su casa de Daytona Beach. Podría permanecer a salvo en los Estados Unidos. A Batista le pareció razonable la idea y estuvo muy cerca de aceptarla.

El único motivo por el que la oferta fracasó fue la restricción impuesta a Mr. Pawley por el Secretario Asistente de Estado Rubotton, que le impedía decirle a Batista que si accedía contaría con la acogida del gobierno de los Estados Unidos. En vez de ello, Rubotton solo le permitió a Pawley decirle a Batista que, si aceptaba la oferta, él, Pawley, intentaría persuadir al gobierno de los Estados Unidos de aceptarla a su vez. Debido a la incertidumbre de la propuesta, Batista la rechazó. Sin embargo, la propuesta en sí era un claro mensaje para Batista de que el gobierno de los Estados Unidos lo quería fuera. Darse cuenta de lo que el gobierno de los Estados Unidos deseaba de él debió haber sido traumático para el presidente que siempre había sido un amigo fiel de los Estados Unidos, por varias décadas. Todo el asunto tenía un solo significado: el gobierno de los Estados Unidos le decía a Batista que debía irse. Ya no le era útil al gobierno norteamericano, más bien le resultaba un estorbo.

Hasta el último momento, Batista todavía creyó estar en posición de maniobrar, políticamente hablando, debido a las elecciones del 3 de noviembre de 1958, en las que Andrés Rivero fue electo presidente. Pero Andrés Rivero nunca fue reconocido formalmente por el gobierno de los Estados Unidos[77]. Nunca ocurrió. El Departamento de Estado se negó a hacerlo. Sorprendentemente, Batista creía que el gobierno de los Estados Unidos reconocería oficialmente al presidente electo Rivero Agüero. En retrospectiva, parece ingenuo que Batista considerara posible este reconocimiento formal tras la celebración unas elecciones amañadas en las que la oposición había perdido. Carlos Márquez Sterling debió haber sido el presidente electo, pero Bati ta le negó esa oportunidad. Es posible que Bati ta estructurara las elecciones a propósito para asegurarse la protección de sus intereses materiales terrenales y la del patrimonio de sus colaboradores. Al hacer eso, sin embargo, consiguió todo lo contrario, llevar al poder al movimiento rebelde y a su líder, Fidel Castro. Bati ta había hecho mucha magia en la políti a durante sus muchos años en el poder y se había salido con la suya. Esta vez, falló.

Algo más que el embajador Smith no le dijo al general Tabernilla Dolz fue que él también había sostenido ya una desalentadora

---

[77] Resulta irónico que, transcurridos apenas diez días de la llegada de la Revolución al poder, el gobierno de los Estados Unidos reconoció formalmente el gobierno revolucionario de Fidel Castro. Sin embargo el gobierno de los Estados Unidos nunca estuvo dispuesto a reconocer como presidente a Andres Rivero Agüero a pesar de los esfuerzos diplomáticos de Batista. Se negaron a aceptar los resultados de las elecciones del 3 de noviembre de 1958.

reunión con Batista. En la noche del 17 de diciembre de 1958, el embajador de los Estados Unidos en Cuba, Earl Smith, se reunió con el presidente Batista en su pequeña oficina privada adyacente a su biblioteca, en su Finca Kukine. Además del presidente y el embajador, solo se encontraba presente el ministro de Relaciones Exteriores de Cuba, el Dr. Gonzalo Guell. La reunión duró dos horas y treinta y cinco minutos.

Después de las cortesías habituales, el embajador le dijo a Batista, inequívocamente, que el gobierno de los Estados Unidos sentía que Batista había perdido el control eficaz de la situación. Continuó diciéndole al presidente que el Departamento de Estado de los Estados Unidos vería con escepticismo cualquier plan o intención de su parte de permanecer en Cuba indefinidamente. Traducido del lenguaje diplomático al lenguaje directo, en un español sencillo, el embajador acababa de decirle a Batista que el gobierno de los Estados Unidos le mandaba a decir que era tiempo de que capitulara y se marchara de Cuba, como correspondía. La visita del embajador Smith constituyó la segunda ocasión en la que el gobierno de los Estados Unidos le dijo a Batista que se fuera[78].

Respecto a la posibilidad de que Batista pudiera residir en Daytona, Florida, donde poseía una casa, tras abandonar Cuba, el embajador Smith le sugirió, diplomáticamente, que debía irse a vivir a España durante el futuro previsible. En otras palabras, el gobierno de los Estados le negaba asilo en territorio norteamericano a Batista. La opción de poder residir en los Estados Unidos había sido retirada.

---

[78] Cronología de la Revolución Cubana – Compilada por Juan O. Tamayo – 20 de noviembre de 2008 01:11 PM. Actualizado el 08 de mayo del 2019 01:00 –. Diciembre de 1958: El embajador de los Estados Unidos, Earl Smith, le dice a Batista que los Estados Unidos no respaldarán a su gobierno ni reconocerán a su sucesor. Earl Smith le aconseja a Batista que se vaya de Cuba.

De manera clara y concisa, el Departamento de Estado no aceptó ninguna de las propuestas de solución que el presidente Batista presentó durante la reunión. Algunos arreglos eran potencialmente factibles si se abordaban cuanto antes. Sobreponerse a las limitadas opciones entre lo malo y lo peor era un objetivo alcanzable. Una solución sin Batista y sin Fidel Castro era posible. Sin embargo, al parecer el Secretario Asistente de Estado, Roy Rubotton, tenía en mente llevar a Fidel Castro al poder y obligar a Batista a capitular. Quizás, a la altura de diciembre de 1958, ya era demasiado tarde para poner en marcha cualquier solución alterna factible.

El Departamento de Estado se negó, sistemáticamente, a dar apoyo a cualquier solución viable que excluyera al "dictador" así como al "terrorista". Este rechazo se basaba fundamentalmente en la política aparente de los Estados Unidos de no intervenir en los asuntos internos de Cuba. Una excusa patética si tenemos en cuenta que el gobierno de los Estados Unidos realmente ya interfería en los asuntos internos de Cuba al pedirle a Batista que capitulara y abandonara el país. El bloqueo ejercido por el gobierno de los Estados Unidos contra el de Batista con todos sus múltiples términos y condiciones es una intervención implícita en los asuntos internos de Cuba. No hay otra forma de verlo. La parte triste es que todos ellos, posiblemente sin proponérselo, estaban alentando las intervenciones por parte de Fidel Castro. En diciembre de 1958, el gobierno de los Estados Unidos hizo un débil intento de fortalecer la posición de los políticos clásicos opuestos tanto a Batista como a Castro, pero no llegó a materializarse. Al parecer, algunos funcionarios del gobierno de los Estados Unidos comenzaban a entender que quizás enfrentaban la posibilidad de un gobierno comunista con la llegada de Fidel Castro. Sin embargo, se daban cuenta demasiado tarde.

Pero debemos entender que Roy Rubboton no era un simpatizante del comunismo en lo absoluto. Tampoco lo era William Wieland ni, por cierto, el Dr. Milton Eisenhower[79], a quien menciono ahora por primera vez, porque también fue una persona de significativa influencia en la administración de Dwight D. Eisenhower. Pero los humanos son falibles y por tanto cometen errores. Estas tres personas enormemente influyentes tenían formas de pensar muy parecidas y el último era el hermano del presidente de los Estados Unidos y actuaba como asesor en asuntos cubanos. Los tres eran liberales y esto significa que creían que sus enemigos estaban a la derecha, nunca a la izquierda. Estos fueron los primeros creyentes en el socialismo democrático o socialismo sin comunismo. Por esta razón, hicieron todo lo posible por asfixiar al gobierno de Batista. Creían sinceramente que Fidel Castro era el hombre perfecto para gobernar Cuba. Sencillamente se equivocaron. No tuvo que pasar mucho tiempo para que se dieran cuenta de su gravísimo error. Pero ya el daño estaba hecho y también pronto comprendieron que el daño era irreparable.

Estamos todos conscientes de que esta no es la primera vez ni será la última que alguien que se encuentra en el poder comete un error terrible. No se trata de que la persona sea buena o mala, sino simplemente del hecho de que la persona se equivoca en su juicio. Todos sabemos lo difícil que resulta, tanto en asuntos de religión como de política, cambiar los criterios, las creencias, la comprensión y los sentimientos de alguien sobre un tema, asunto o perspectiva. Por supuesto, el resultado de cualquier decisión política no necesariamente se hace evidente de manera inmediata. Solo el tiempo y la evolución natural de los acontecimientos nos proporcionan una respuesta objetiva. Pero incluso entonces, la objetividad se puede distorsionar, teniendo en cuenta diferentes puntos de vista, motivaciones, intereses y perspectivas. Siempre se

---

[79] En 1956, Milton Eisenhower asumió la presidencia de la universidad Johns Hopkis.

tiene 20/20 para mirar en retrospectiva. Mirada en retrospectiva es la que nos proporciona una comprensión clara de un acontecimiento del pasado. Así es que cuando miramos atrás, a situaciones en el pasado, vemos todos los elementos con una claridad que no teníamos al lidiar con ellas en presente. El enfoque de la realidad, de lo verdadero, solamente se va definiendo con el pasar de los años. A mayor distancia en tiempo mas definida resulta la verdad.

Pese a la dura reprimenda de Batista al general Tabernilla, que era mayor que el propio Batista y a quien todos se referían como el "Viejo Pancho", por su reunión secreta con el embajador de los Estados Unidos, el general persistió en seguir una iniciativa proactiva sin el consentimiento del presidente. A tal efecto, llamó al general Eulogio Cantillo, que estaba a cargo de las fuerzas armadas cubanas en la provincia de Oriente, y le ordenó preparar las condiciones para llevar a cabo una reunión con Fidel Castro personalmente. El propósito de la reunión era tantear lo que tenía en mente el líder rebelde y, al mismo tiempo, proponer un plan para darle fin al conflicto.

El general Francisco Tabernilla tenía 77 años en 1958 y muchas personas cuestionaban su idoneidad para comandar las fuerzas armadas cubanas en unas circunstancias tan complicadas. No se trataba solo de la cuestión de la edad. Aunque se había graduado de la Escuela Militar Cubana de Cadetes siendo muy joven, nunca tomó ningún programa educacional dentro del ejército para continuar su carrera militar. Su mérito más significativo era el hecho de que había sido el primer oficial del ejército en unirse y apoyar a Batista en la "Revuelta de los Sargentos", en 1933, cuando Batista desbancó a Carlos Manuel de Céspedes de la presidencia. Desde entonces era un servidor leal e incondicional que decía sí a todo y, a cambio, el presidente, con el tiempo lo elevó al rango de jefe de la Junta de Jefes del Estado Mayor. El general era, de facto, el jefe del ejército, de la marina y de la policía. Desde sus altas posiciones en el ejército promovió las carreras de sus tres hijos: Francisco, Carlos y Marcelo, a quienes confirió los más altos rangos dentro de las fuerzas armadas cubanas[80].

Se rumoraba que la familia Tabernilla se había enriquecido en grande con el contrabando de todo tipo de equipos al país, burlando los impuestos de importación. Usaban aviones de una compañía privada. La compañía era una de las cuatro aerolíneas comerciales que existían en Cuba, con el nombre de negocios de "Aerovías Q" y oficinas en Paseo del Prado Número 12. El dueño principal era Fulgencio Batista y otros accionistas menores eran Francisco Tabernilla, alías Silito, con el 8% de las acciones y Julio Iglesias de la Torre con el 7%. Silito organizaba el contrabando a través del aeropuerto militar de Columbia, que él controlaba militarmente. Las mercancías contrabandeadas eran principalmente equipos eléctricos, que él vendía más tarde, principalmente a través de la tienda de Alfredo Zaydén, ubicada en Calzada y 14, en el Vedado. Las Aerovías Q, fundadas el 28 de septiembre de 1945, por Manuel Quevedo Jaureguízar operaban desde el aeropuerto militar de Columbia, con combustible, piezas de repuesto y otros suministros de origen militar ya que los jefes militares también se beneficiaban con el contrabando. La compañía tenía rutas nacionales e internacionales con México, Haití y los Estados Unidos, donde la principal era Cayo Hueso- La Habana.

La iniciativa proactiva de Tabernilla Dolz de enviar al general Eulogio Cantillo a encontrarse con Fidel Castro fue, de nuevo, una iniciativa personal llevada a cabo sin el consentimiento ni el conocimiento del presidente Batista. Esta iniciativa es en sí misma constituía un error político garrafal que Fidel Castro,

---

[80] El general Francisco Tabernilla Palmero era jefe del regimiento de tanques y secretario privado de Fulgencio Batista. Su hermano Carlos Tabernilla Palmero era brigadier general y jefe de la fuerza aérea del ejército constitucional, mientras Marcelo Tabernilla además tenía el rango de teniente coronel.

lógicamente, interpretó en consecuencia, considerándolo un acto desesperado de una estructura militar que hacía aguas por todas partes y buscaba un bote salvavidas del que agarrarse antes de irse a pique. Pero hay mucho más en la historia que lo que el ojo puede ver. Por tanto, debemos dar un paso atrás y mirar todos los factores para comprender mejor el resultado.

El 22 de diciembre de 1958, el coronel Florentino Rosell, jefe del cuerpo de ingenieros militares del ejército cubano, que conspiraba en secreto para derrocar a Batista, se reunió[81] con figuras claves del movimiento clandestino en la zona del Vedado en La Habana. Entre los presentes en la reunión estaban el "comandante" Echevarría y el "comandante" Diego, jefe del grupo de acción y sabotaje del movimiento 26 de julio.

El coronel Rosell les estaba informando sobre una revuelta militar inminente prevista para las seis de la tarde de la víspera de Navidad. Propuso que los rebeldes se unieran a esta revuelta y marcharan todos juntos a La Habana para apoderarse del gobierno. Quería que los rebeldes se unieran a la rebelión de los militares y para seducirlos estaba dispuesto a entregarles "un tren blindado y completamente equipado" que estaba bajo su mando, y que pronto se pondría en camino a Santa Clara en la provincia de las Villas. Las armas que estaban en el tren se distribuirían entre los revolucionarios. Propuso que, si la sublevación conjunta tenía éxito en el derrocamiento de Batista, se creara una junta civil-militar, para apoderarse del gobierno, integrada por el general Eulogio Cantillo, el civil Manuel Urrutia, el coronel Ramón Barquín y otros dos elegidos por Fidel Castro. Al final de la reunión, el coronel Rosell pidió reunirse con Fidel Castro o con el comandante Ernesto Guevara.

---

[81] *Vientos de diciembre*, de John Dorschner y Roberto Fabricio

En la reunión, Rosell puso énfasis en el hecho de que el general Eulogio Cantillo le cubría las espaldas y era un miembro activo de la conspiración. Además, afirmó que el plan contaba con la aprobación del gobierno de los Estados Unidos. En realidad, el general Eulogio Cantillo, un oficial cubano de reputación impecable, no tenía idea de que esta reunión estaba teniendo lugar y no estaba al tanto de que el coronel Rosell conspiraba activamente contra el gobierno de Batista. Era cierto que Rosell le había esbozado su plan al operativo de la CIA Jack Stewart, pero este solo lo alentó tibiamente y solo le prometió transmitir la información a Washington. En pocas palabras, el coronel Rosell estaba soltando nombres y haciendo afirmaciones sobre hechos que no eran ciertos.

Fidel Castro estaba en su nuevo cuartel general en el central azucarero América Central en la provincia de Oriente cuando recibió el informe de la reunión con el coronel Rosell en el Vedado, enviado por el "comandante" Echevarría. Cuando leyó los detalles de la conspiración y los términos que ofrecía el coronel Rosell, se sintió ultrajado. Castro no tenía el menor interés en ningún plan que incluyera al gobierno de los Estados Unidos y repudiaba cualquier idea de formar parte de ninguna junta civil-militar. Interpretó todo el asunto como una estratagema para hacerlo detener la guerra y usurparle el control de la revolución.

Sin embargo, Fidel Castro vio un beneficio potencial en el hecho de que el general Eulogio Cantillo formara parte de la conspiración militar de Rosell. Cantillo nunca había cometido ningún crimen y estaba al mando de todas las tropas de Oriente, a quinientas millas de La Habana. Castro asumió, lógicamente, que, si el general Cantillo era parte de una conspiración militar para derrocar a Batista, él, Fidel Castro, quizás podía convencer al general de unirse a los rebeldes con sus hombres en un frente unido. Con esta idea en mente, Fidel Castro dio luz verde a la celebración de una reunión personal con el general Eulogio Cantillo inmediatamente.

Ilustración 39 GENERAL EULOGIO CANTILLO PORRAS

Mientras tanto, el general Eulogio Cantillo, siguiendo las órdenes del general Tabernilla de organizar una reunión con Fidel Castro, contactó con un cura jesuita en Oriente, llamado Francisco Guzmán, a quien consideraba un simpatizante del movimiento 26 de julio que podría organizar un encuentro cara a cara con Castro. Aunque al general Cantillo le parecía extraño que el presidente Batista no hubiera discutido con él la iniciativa de Tabernilla de reunirse con

Fidel Castro, dio por sentado que la orden del general contaba con la aprobación tácita del presidente, lo que no era el caso.

El cura reconoció que podía arreglar una reunión y prometió hacerlo lo más pronto posible, pero le preguntó a Cantillo si había alguna condición que especificar. Cantillo contestó que la única condición era que, si la reunión terminaba con un acuerdo, él entregaría su renuncia y terminaría su vida militar. El impacto moral de esta reunión era tan significativo para el general que determinó y definió el final de su carrera. La carrera académica del general había sido estelar. Había sido el primero de su clase con calificaciones de excelente durante los cinco años que pasó en la academia militar hasta su graduación. Los múltiples cursos militares de alto nivel que tomó en los Estados Unidos habían sido cortesía de las fuerzas armadas cubanas y norteamericanas. Su conducta como oficial de las fuerzas armadas constitucionales cubanas había sido impecable. Su desempeño como jefe de la fuerza aérea cubana había sido excelente. Renunciar era como terminar su propia vida, pero sentía que esta reunión iba contra sus principios morales y que implicaba una derrota y la desintegración de las fuerzas armadas cubanas.

Es importante recordar que Castro asumió, basándose en las comunicaciones que le transmitió su movimiento clandestino en La Habana, que Cantillo estaba conspirando activamente contra Batista. Pero resulta igual de importante comprender que este no era el caso. El general Eulogio Cantillo Porras nunca conspiró contra Batista. Una vez aprobada la reunión, Fidel Castro esperó la llegada del general Cantillo en el Central Oriente, un central azucarero abandonado. En el comité de recepción estaban algunos de los más cercanos asociados de Fidel Castro en aquel momento: Raúl Castro, Celia Sánchez, Carlos Franqui, director de Radio Rebelde, Vilma Espín, Raúl Chivas, y el padre Guzmán.

Cantillo y su piloto, el capitán Izquierdo, llegaron en un helicóptero Sikorski que aterrizó en un punto designado y marcado por los rebeldes, en horas tempranas de la mañana del 28 de diciembre de 1958[82].

Minutos más tarde, comenzó la reunión con un larguísimo monólogo de Fidel Castro analizando los factores históricos que él consideraba relevantes para la discusión. Celia Sánchez sirvió café y un regalo de Cantillo para Fidel, de tabacos y coñac. La reunión parecía ir sobre ruedas, pero, de hecho, Cantillo se sentía totalmente fuera de lugar. Su estricta educación militar como soldado profesional no lo había preparado de ninguna manera para enfrentarse a un veterano político experto como Fidel Castro. Era como un pez fuera del agua, sin saber a ciencia cierta cómo proceder en negociaciones tan delicadas. No tenía entrenamiento para lidiar con los argumentos políticos complejos del experto líder rebelde, que era abogado de profesión y tenía un claro objetivo en la reunión. Él era un soldado, no un político. Tabernilla le había dado instrucciones a Cantillo de sugerirle a Fidel la posibilidad de crear una junta de civiles y militares para tomar el gobierno, derrocar a Batista y ponerle fin a la guerra. Cantillo sugirió la idea de la junta de civiles y militares, pero no se atrevió a mencionar que era una iniciativa del general Tabernilla. De todas formas, Fidel rechazó la idea inmediatamente. Así es que Cantillo, que era un hombre disciplinado, mantuvo la calma mientras aparentaba escuchar la interminable disertación del líder rebelde. En medio de su incomodidad, hizo una rápida evaluación del individuo que tenía enfrente y se percató de que el hombre tenía una personalidad dominante y de que sería prácticamente imposible llegar a ningún acuerdo razonable con él. Enseguida se dio cuenta de que la reunión era una pérdida de tiempo y de que no produciría ningún resultado positivo.

---

[82] Vientos de Guerra, por John Dorschner y Robert Fabricio

Al mismo tiempo, Fidel Castro tenía un interés diferente y al final mostró sus cartas. Fidel había llegado a la acertada conclusión de que el hecho de que el general Cantillo hubiera venido a reunirse con él solo podía significar que el Ejército Constitucional se sentía derrotado. Por tanto, no sentía apremio por llegar a ningún acuerdo. Castro se sentía cómodo en su posición de fuerza. Entonces, procedió a decirle bruscamente al general Cantillo que no aceptaría ningún tipo de acuerdo que viniera del general Tabernilla o de Fulgencio Batista. Además, dejó muy claro que no estaba dispuesto a seguir ninguna sugerencia o plan de la embajada norteamericana. Su posición antinorteamericana quedaba expresada con elocuencia en su retórica.

En este punto de la reunión, el general Cantillo entendió que la iniciativa y la motivación que lo habían llevado a esta reunión estaban un punto muerto. También se percató de que el único objetivo de Fidel Castro en la reunión era ver si podía convencer al general de unírsele en el levantamiento que planeaba llevar a cabo a principios de año. Su conclusión era perfectamente lógica, porque creía que Cantillo era un conspirador que deseaba derrocar a Batista. El general Cantillo se dio cuenta de pronto de los motivos de Fidel y de que era necesario improvisar.

Hizo más que improvisar; le mintió a Fidel Castro diciéndole que los oficiales militares que estaban a cargo del Cuartel Moncada en Santiago estaban al tanto del propósito de la reunión que ellos estaban sosteniendo. Le dijo que le cuidaban las espaldas y que estaban totalmente a favor de terminar la guerra. Además, le informó a Fidel que también contaba con el apoyo de otros oficiales de alto rango del ejército, como su medio hermano Carlos Cantillo, jefe del ejército en la provincia de Matanzas, así como de múltiples oficiales en el cuartel de Columbia en La Habana. Nada de lo que le dijo a Fidel era cierto. Solo intentaba terminar la reunión de manera amigable y ganar un poco de tiempo para cumplir con sus deberes como leal oficial del Ejército Constitucional.

Con el rango militar, la posición en Oriente y el mando del general Cantillo en mente, Fidel le dijo que la Revolución Cubana recibiría muy bien un levantamiento militar de los soldados del Cuartel Moncada. Sentía que sería lo correcto por parte del ejército, para lavar todos los actos militares que había cometido en el pasado y que habían degradado su imagen. Si Batista no cedía ante el levantamiento, entonces los soldados del Moncada, con toda su fuerza militar de tanques y cañones, se unirían a las fuerzas revolucionarias y marcharían juntos a La Habana para derrocar al régimen de Batista.

Sin más contemplaciones, Fidel propuso de una manera definitiva que el levantamiento debía tener lugar tres días después, el miércoles 31 de diciembre de 1958 a las 3:00 de la tarde. Cantillo asintió como muestra de su aprobación. Sentía que no tenía otra opción que aparentar aceptar los términos de Castro. Sin embargo, agregó que, para poder cumplir con lo acordado necesitaba volar a La Habana para informarle a sus "compañeros de conspiración". A Fidel no le gustó la idea de que volara a La Habana, pero aceptó, renuentemente. Cantillo sintió que había encontrado una salida a su dilema.

En su mente, Fidel sentía que su acuerdo con el general Cantillo era una declaración jurada y que todo estaba muy claro. Los términos eran muy simples.

- Que no debía producirse un golpe de estado en La Habana.
- Que no se debía ayudar a escapar a Fulgencio Batista.
- Que no debía haber contacto con la embajada de los Estados Unidos en La Habana.
- Que todos los oficiales y soldados con todo su equipo militar debían alzarse y unirse a las fuerzas rebeldes en la fecha y hora especificadas: el 31 de diciembre a las tres de la tarde.

Cantillo sentía que al decir que sus "compañeros conspiradores" en La Habana, no habían aceptado los términos del acuerdo, el trato se volvería nulo y vacío. Si el acuerdo se rompía en La Habana, no sería traición. Su razonamiento demostraba que había juzgado mal la personalidad de Fidel Castro.

La reunión había durado cuatro horas y media, cuando el general Cantillo finalmente se levantó en señal de que estaba listo para partir, mientras prometía volver a ponerse en contacto, tan pronto hablara con sus "amigos" en La Habana.

Más tarde, a eso de las dos de la tarde, cuando el helicóptero Sikorsky aterrizó en la plaza de armas del Cuartel Moncada, fue confrontado inmediatamente por su amigo, el coronel Martínez Suárez, que esperaba ansioso por él, para comunicarle una orden directa urgente del presidente Batista. La orden era que no debía reunirse con Fidel Castro en ninguna circunstancia. El mensajero había llegado demasiado tarde. Temiendo una intercepción, el presidente había decidido enviar la orden personalmente, en vez de un mensaje codificado. Batista no previó que la reunión tendría lugar tan pronto.

Antes, el 25 de diciembre, cuando el general Cantillo voló al cuartel militar Columbia en La Habana, precisamente cuando el general Tabernilla le dio la orden final de reunirse con Fidel, él se había sentido perplejo ante el hecho de que el presidente Batista no lo hubiera visto, como ocurría usualmente. Cantillo habló directamente con el secretario de Batista, "Silito" Tabernilla Palmero, para programar la reunión. Sin embargo, obligaciones militares urgentes en Oriente y una agenda muy apretada lo obligaron a volar de regreso al Cuartel Moncada el 27 de diciembre por la mañana, temprano, sin haber visto al presidente.

Aunque creía que Batista debía estar indudablemente al tanto de la orden que él había recibido, de reunirse con Fidel, todavía le intrigaba el hecho de que Batista no lo hubiera discutido con él. Antes de partir para Oriente, se encontró por casualidad con su amigo, el teniente coronel José Martínez Suárez, y le confió su misión y su perplejidad. Entonces le pidió al coronel Martínez Suárez que hiciera todo lo posible por encontrarse con el presidente Batista y le informara de la reunión que estaba a punto de sostener con Fidel Castro.

Preocupado porque el mensaje destinado al presidente pudiera caer en las manos equivocadas, el leal y consciente amigo, el coronel Martínez Suárez, buscó ingeniosamente la manera de encontrarse con el presidente sin usar el canal militar reglamentario. En lugar de ello, contactó con el Dr. Antonio Lamas, que estaba casado con la sobrina del presidente, y le explicó la urgencia del caso, sin revelar el mensaje, pero poniendo énfasis en la necesidad de ver al presidente. Ellos localizaron al hijo mayor de Batista, Rubén, "Papo" Batista, que estaba almorzando un poco tarde en el restaurante El Carmelo del Vedado, en La Habana.

El coronel todavía no reveló el mensaje, pero Rubén Batista arregló una reunión urgente con el presidente. Fueron directamente del restaurante a reunirse con el presidente en el Palacio Presidencial. El coronel Martínez Suárez le transmitió el mensaje del general Cantillo solamente al presidente en persona.

Furioso y profundamente frustrado por el mensaje que acababa de recibir, Batista hizo todo lo posible para transmitirle al general Cantillo la contraorden de no reunirse con Fidel Castro. Sentía que, si Cantillo se reunía con Fidel, sería un mensaje elocuente para este de que el Ejército Constitucional Cubano estaba derrotado, como efectivamente lo había interpretado Fidel. La reunión entre el presidente y Martínez Suárez terminó ya entrada la noche del 27 de diciembre. El final de la reunión coincidió con el informe al presidente de que el coronel Florentino Rosell había desertado[83]. Sin embargo, ordenó que prepararan un avión militar para llevar al coronel Martínez Suárez a Santiago de Cuba a las seis de la mañana del 28 de diciembre. El vuelo no despegó enseguida debido a cuestiones mecánicas, pero finalmente partió y llegó a Oriente sobre la una de la tarde.

Un curioso incidente ocurrió en las primeras horas de la mañana, cuando el coronel Martínez Suárez recibió una llamada del asistente de "Pancho" Tabernilla, diciéndole que el general quería verlo inmediatamente. El coronel informó de la solicitud a través de una llamada a Rubén Batista, quien, a su vez, le transmitió el mensaje al presidente, quien respondió dando el visto bueno. Así es que a las 2 de la mañana del 28 de diciembre, el coronel Martínez Suárez, se encontró en privado con el general Francisco Tabernilla. El general le preguntó al coronel si había oído algo sobre una orden dada al general Cantillo. El coronel respondió vagamente que sí. A lo que el general entonces agregó que le dijera a Cantillo que le diera más tiempo a la orden[84]; que la demorara; ya no era una orden extendida, era una simple implicación.

Cuando el coronel Martínez Suárez se reunió con el general Cantillo que justo se bajaba del helicóptero que lo traía de regreso de la reunión con Fidel Castro, y le contó su conversación con Batista y de la contraorden de Tabernilla. El general Eulogio Cantillo dijo simplemente: "Demasiado tarde, demasiado tarde".

---

[83] El coronel Florentino Rosell Leyva desertó y llegó a Miami en un barco el 26 de diciembre de 1958. Batista no fue informado hasta el día siguiente, lo que refleja que al presidente no lo estaban informando en tiempo y forma.
[84] Refiriéndose a la orden de reunirse con Fidel.

El coronel Martínez Suárez le hizo al general Cantillo un informe pormenorizado de los acontecimientos de los últimos días desde que le había confiado el mensaje para el presidente. Cantillo no conseguía entender por qué Batista no había encarcelado a Tabernilla inmediatamente. Pero ya nada tenía sentido para él. Le ordenó al coronel regresar a La Habana directamente e informar a Batista que la orden había llegado demasiado tarde, y que la reunión con Fidel Castro ya había tenido lugar. El coronel partió para el aeropuerto para tomar el primer vuelo comercial disponible hacia La Habana. Cantillo le había dicho que él volaría directamente al aeropuerto del campamento militar Columbia más tarde ese mismo día.

Después, a las 9:00 pm aproximadamente, el general Cantillo aterrizaba en un avión bimotor C-47 del ejército, en el aeropuerto militar del campamento Columbia, donde ya lo esperaba el coronel Martínez Suárez. No debía hablar con ningún otro oficial antes de ser llevado directamente ante el presidente Batista, que lo esperaba ansioso en su casa de campo, Kukine.

Media hora después, entraba en la oficina privada de Batista, donde el presidente esperaba sentado detrás de un pequeño escritorio. El primer asunto de la conversación fue profundizar en las iniciativas traicioneras del general Tabernilla: la reunión con Earl Smith, el embajador de los Estados Unidos en Cuba, y la orden a Cantillo de reunirse con Fidel Castro para proponerle la creación de un gobierno o junta temporal. Todo llevado a cabo a espaldas de Batista. Le dijo a Cantillo que, si se quedara, se vería obligado a encarcelar a Tabernilla o incluso fusilarlo por traición. Pero el hecho de que haya pronunciado la frase "si me quedara", significa que ya estaba considerando seriamente la posibilidad de partir de Cuba.

Probablemente, cuando Batista se reunió con Cantillo, el presidente ya estaba bastante decidido a abandonar el país. Pocos días antes, algunas organizaciones cubanas de la sociedad civil, incluyendo la Asociación de Hacendados, un contundente grupo financiero con enorme influencia en Cuba, le había pedido formalmente que renunciara. La solicitud tuvo un efecto psicológico desalentador en el presidente porque, durante años, lo habían apoyado incondicionalmente. Las varias manifestaciones de traición por parte de sus oficiales de más alto rango, además de amigos íntimos dentro del Ejército cubano, también lo afectaron profundamente, confirmándole su pérdida de poder y liderazgo.

A nivel personal, su esposa Marta Fernández Miranda, con la que tenía cuatro hijos y una hija[85], le pedía al presidente continuamente que renunciara y abandonaran el país[86]. El acoso que sufrían sus hijos ocasionalmente en las escuelas a las que asistían, la hacía sentirse temerosa y genuinamente preocupada por su seguridad. Desde el intento de asesinato a Batista en el Palacio Presidencial, el 13 de marzo de 1957, que estuvo muy cerca de tener éxito, Marta Fernández vivía en un miedo constante de que su esposo podía morir en cualquier momento a manos de un rebelde asesino y que ella y sus hijos no estaban a salvo. Esta constante presión de su esposa debe haber sido exasperante para el presidente y debe haber tenido mucho peso en su decisión de irse de Cuba.

---

[85] (Tres hijos y una hija): Jorge Luis, Roberto Francisco, Fulgencio José y Marta Maluf Batista. El otro hijo, Carlos Mnauel, murió de leucemia en 1969.

[86] Josefina Labrada, hija del capitán del SIM (Servicio de Inteligencia Militar), Arsenio Labrada, y amiga personal de Fernando Pruna, era a su vez amiga íntima de la familia Batista y le contó a Fernando la presión a la que Marta Fernández sometía a su esposo con su desesperado deseo de que Batista renunciara a la presidencia de Cuba y abandonara el país. Su mayor preocupación era la seguridad de sus hijos que entonces eran aun pequeños.

Fulgencio Batista tenía solo 57 años en diciembre de 1958[87], pero pronto cumpliría 58, el 16 de enero de 1959. Todavía era un hombre relativamente joven, de mediana edad, vivaz y saludable, con una familia extensa. Además de sus hijos con Marta Fernández, había estado casado anteriormente con Elisa Godines y Gómez, con quien había tenido un hijo y dos hijas. Adoraba a toda su familia profundamente y cuidaba bien de ellos. Además, había conseguido amasar una fortuna considerable de varios cientos de millones de dólares durante sus muchos años en el poder. La mayor parte de su dinero estaba a salvo, guardado en bancos extranjeros e invertido fuera de Cuba. No existe un cálculo exacto, pero en dólares actuales, clasificaría como billonario. Su enorme fortuna también debe haber influido en su decisión de abandonar el poder. Había tenido un poder político casi absoluto durante la mayor parte del período entre 1933 y 1958, solo con la excepción de su tiempo en el exilio (1944-1948). Es concebible que se haya cansado de las interminables complicaciones que son parte del poder. Probablemente, también se sentía desilusionado por la ingratitud que le atribuía a muchos amigos y asociados que ahora se habían vuelto contra él o conspiraban para sacarlo del poder.

El Batista de 1958, ya no era el joven sargento militar hambriento y ambicioso de 1933. Ahora era un caballero rico, un genuino burgués, que prefería la riqueza económica y el hedonismo. Un hombre así ya no posee la voluntad de luchar y de sacrificarse. Arriesgar su vida por una nueva aventura política o militar ya no

---

[87] Batista nació el 16 de enero de 1901.

59 Batista se casó con Elisa Godínez Gómez (1900-1903) el 10 de julio de 1926. Tuvieron tres hijos: Mirta Caridad (1927-2010), Elisa Aleida (nacida en 1933) y Fulgencio Rubén Batista Godínez (1933-2007). A todas luces, ella se dedicó a él y a los hijos durante el matrimonio, y su hija los recuerda como una "pareja joven y feliz" hasta su repentino divorcio. Para su sorpresa, él se divorció de Elisa en octubre de 1945, contra su voluntad, para casarse con la que había sido su amante por largo tiempo, Marta Fernández Miranda.

estaba dentro de sus planes. Esos rasgos, perdidos en el tiempo, lo condujeron a encontrar una salida a la compleja situación política que enfrentaba. Ya no estaba a la altura de la tarea.

Batista probablemente se dio cuenta, cuando ya era demasiado tarde, de que él mismo había creado su propio dilema, al imponer su voluntad en las elecciones del 3 de noviembre de 1958, que pudieron haber evitado el final catastrófico solo con haber sido honestas, transparentes e imparciales. Desde el punto de vista militar, estaba rodeado de cobistas, compinches y lacayos, hombres sin habilidades militares profesionales, con poquísimas excepciones, que no estaban dispuestos ni eran capaces del sacrificio o de una lealtad verdadera cuando las cosas se ponían feas. Habían convertido la rebelión en un negocio lucrativo para crear unos gastos militares extraordinarios y ordeñarle dinero al gobierno. Todos esto motivos unidos crearon la tormenta perfecta que finalmente destruyó el gobierno de Batista. Un fenómeno político de semejante complejidad social no puede ser el resultado de una sola explicación; tiene múltiples componentes.

Además, y en la cima de la lista, estaba el embargo de los Estados Unidos y la oposición sistemática de la División del Caribe del Departamento de Estado, decidido a sacarlo del poder.

En la noche del 28 de diciembre de 1958, mientras estaba reunido con el general Eulogio Cantillo y después de que el general le hubiera contado en detalles su reunión con Fidel Castro, el presidente le dijo las siguientes palabras:

—Estoy rodeado —y minutos más tarde—. Estoy pensando en irme.

Aunque el general Cantillo hizo todo lo posible por convencerlo de que, desde una perspectiva estrictamente militar, nada estaba perdido, parecía que el presidente ya había tomado una decisión.

Objetivamente, desde una evaluación estrictamente militar, no había ningún motivo decisivo para que él renunciara al poder. En el oriente de Cuba, el foco principal de la rebelión, los tres bastiones militares más importantes, Camagüey, Holguín y Bayamo, así como el Moncada en Santiago de Cuba, permanecían tranquilos y equipados adecuadamente para el combate. Ninguna de estas fortalezas militares había sido afectada por la revuelta. Solo en Oriente, el Ejército tenía casi quince mil soldados perfectamente capaces de continuar la lucha. Debemos reconocer que había que superar cuestiones morales y lidiar con las deserciones, pero no había nada que no fuera posible vencer con decisiones disciplinarias enérgicas y un liderazgo efectivo[88]. El Ejército Constitucional todavía tenía el control de la mayor parte de la isla. Las provincias de Camagüey, Matanzas, La Habana y Pinar del Río estaban aún bajo el control absoluto del ejército y la policía. Solo la ciudad de Santa Clara, en la provincia de Las Villas, estaba a punto de caer en manos de los rebeldes, en gran parte debido a la traición del coronel Rosell, que le entregó a los insurgentes un tren lleno de armas y municiones a cambio de un pago considerable que fue negociado con Ernesto Guevara.

En la reunión con Cantillo, Batista nunca dijo que se iría. Sus palabras exactas fueron: "En caso de que tuviéramos que irnos". Su afirmación infería la posibilidad de tener que irse y la necesidad de prepararse para tal evento si fuera necesario. El presidente y el general se separaron después de acordar reunirse de nuevo el 31 de diciembre de 1958.

---

[88] La apatía y las deserciones militares se repiten en todas las guerras y es normal y corriente. Solamente se resuelven con decisiones radicales como lo es fusilar a los desertores sin contemplación y de inmediato. El miedo a rendirse o desertar tiene que ser superior al medo de pelear. Esto se logra solamente con medidas drásticas como el inmediato fusilamiento de desertores. Ninguna de estas medidas se aplicó en Cuba.

El coronel Florentino Rosell Leyva

Por razones históricas, es preciso contar la historia de la traición del coronel. Aquí hay una descripción precisa del objeto de deslealtad, como lo describe Ramón M. Barquín, en su libro, "Las luchas guerrilleras en Cuba".

El tren blindado, una combinación de dos locomotoras y diecisiete vagones de pasajeros y de carga, con 373 soldados y 4 millones de dólares[89] en municiones y provisiones para dos meses, partió de La Habana el 23 de diciembre de 1958. Llegó a Santa Clara al día siguiente y se detuvo en la colina El Capiro. El comandante de la unidad, el coronel Florentino Rosell Leyva, jefe del cuerpo de ingenieros, desertó a Miami el 26 de diciembre. El tren fue descarrilado el 30 de diciembre, después de que los hombres de Ernesto Guevara quitaran 30 pies de raíles. Cuando los oficiales pidieron una tregua, los soldados empezaron a confraternizar con los rebeldes. A las 7 pm, el tren y los soldados se habían rendido a los rebeldes.

Esos son los hechos fríos. La historia detrás de los hechos es que el coronel Florentino Rosell Leyva, que parece haber tenido un gran talento para la manipulación, comenzó a conspirar cuando llegó a la conclusión de que el gobierno de los Estados Unidos estaba haciendo todo lo posible para ponerle fin al gobierno de Batista. Inventó una teoría conspirativa de un levantamiento militar que tendría lugar el día de Navidad en Santa Clara, la ciudad más importante de la provincia de Las Villas. En su conspiración, el coronel incluyó falsamente los nombres de distinguidos oficiales militares, como el general Eulogio Cantillo, entre los conspiradores. Además, mencionó al coronel Alberto del Río Chaviano, que si

---

[89] Cuatro millones de dólares en 1958 es equivalente a Cuarenta millones de dólares en el año 2020.

estaba conspirando con él. Audazmente, estableció contacto con la dirección clandestina del Movimiento 26 de julio en La Habana, para invitar a los rebeldes a unirse a un hipotético alzamiento militar y propuso que rebeldes y soldados unieran fuerzas para juntos derrocar al gobierno. Como jefe del cuerpo de ingenieros y, por tanto, oficial al mando del tren blindado, propuso su rendición a cambio de consideraciones específicas. Pudo negociar los términos y condiciones de su propuesta directamente con el "comandante" Ernesto "Che" Guevara.

No hubo ningún alzamiento militar en Santa Clara el día de Navidad, lo que era un producto de la imaginación del coronel y parte de su juego. Sin embargo, pudo entregarle el tren blindado a Guevara. Como había sido acordado y, según lo que muestra una buena cantidad de evidencia, fue muy bien recompensado por ello. Guevara ordenó que los soldados y los oficiales del tren fueran liberados y se les permitiera marcharse. No hubo detenciones, lo que probablemente también formaba parte del acuerdo.

Rosell escapó por los pelos a Miami en su yate Barlovento II, el 26 de diciembre de 1958[90]. Anticipándose a la persecución de la que sería objeto, había enviado a su familia al extranjero con antelación. Un día antes, el general Alberto Río Chaviano desertó y solicitó asilo en la República Dominicana. Ambos tuvieron mucha suerte al no caer en las manos del Servicio de Inteligencia Militar Cubano (SIM), que ya estaba al tanto de sus iniciativas conspirativas y tenía órdenes de arrestarlos. El teniente coronel Irenaldo García Baez, jefe del SIM, llevaba algún tiempo siguiendo de cerca a ambos oficiales y para las Navidades de 1958, había reunido suficientes pruebas de su traición para ordenar sus arrestos inmediatos.

---

[90] Vientos de diciembre, desde la página 281 a la 283

Es un hecho comprobado que muchas de las grandes batallas[91] ganadas por las fuerzas rebeldes durante la insurrección, y que han recibido mucha propaganda, no fueron el resultado de fieras confrontaciones, sino compras manipuladas o sobornos, llevados a cabo con efectividad por los líderes de la revuelta. Fidel Castro tenía a su disposición un presupuesto de guerra multimillonario, gracias a donantes cubanos[92]: en su mayoría ricos hombres de negocios y terratenientes, así como ricos expolíticos que se oponían a Batista. Tras llegar al poder, como una muestra excepcional de su agradecimiento a estos generosos donantes, los despojó sistemáticamente al confiscarles sus negocios y propiedades. La mayoría, sino todos, escaparon de Cuba con sus familias y pidieron asilo en otros países. Algunos fueron acusados de actividades contrarrevolucionarias y enviados a prisión.

La desmoralización de las Fuerzas Armadas Cubanas, principalmente como resultado del embargo de los Estados Unidos, llevó a algunos altos oficiales a vender sus armas y sus posiciones estratégicas al enemigo. Francisco Rodríguez Tamayo, conocido como "El mexicano", quien era capitán del Ejército Rebelde, y Humberto Olivera Pérez, quien era capitán en el Ejército Regular de Cuba, declararon[93] en los Estados Unidos, en el exilio, que el coronel Rosell le vendió el tren blindado en Santa Clara al "Che" Guevara. No sólo vendió el tren completo, sino las armas y las tropas que iban a bordo. Algunas fuentes dicen que Rosell recibió 350.000 dólares, y otras dicen que fue un millón. La cuesti no es la canti de dinero sino el hecho signifi ati o de

---

[91] Batallas grandiosas narradas por la maquinaria de la propaganda comunista; versiones deformadas desde el punto de vista histórico, de lo que realmente pasó.

[92] Fidel Castro también cobraba tributos (impuestos) a negocios establecidos (principalmente centrales azucareros y terratenientes) en las áreas que controlaba. Era una forma de extorsión.

[93] New York Times, 25 de junio de 1959.

que le vendió el tren a Guevara. El suyo fue un acto intencional de traición[94]. El coronel Rosell fue a establecerse en Miami como hombre de negocios exitoso y adinerado y dirigió su empresa de construcción hasta su muerte en 2007.

No era la primera vez que Che Guevara pagaba una alta suma de dinero a oficiales del ejército a cambio de un pasaje seguro a través de un territorio que de lo contrario habría sido hostil. Camilo Cienfuegos y Ernesto Guevara entraron en la ciudad de Santa Clara al frente de sus columnas rebeldes, tras cruzar las vastas llanuras de Camagüey sin oposición ni necesidad de disparar un tiro. El viaje seguro a través de la provincia de Camagüey, antes de la ofensiva de Santa Cara fue el resultado de un soborno. El oficial que vendió el paso seguro a los rebeldes fue el coronel Víctor Dueñas, el jefe militar de la provincia de Camagüey, quien traicionó a su ejército por un pago de cincuenta mil dólares.

La glorificación casi mitológica de Ernesto "Che" Guevara, comandante de la Revolución Cubana y uno de los tres líderes de más alto rango militar de la revuelta, es un mero mito. Es el resultado de cifras multimillonarias de dólares invertidos por los comunistas en un bombardeo intenso y constante de propaganda para reescribir la historia de acuerdo a sus intereses y metas. La distorsión de la historia es una de las características más sobresalientes de la propaganda comunista. Invierten con creces en crear lo que ahora se llama popularmente "noticias falsas".

Los historiadores comunistas cubanos se refieren a la Batalla de Santa Clara como uno de los ejemplos más significativos que demuestra el genio militar de "Che" Guevara y su increíble talento para la estrategia militar. El propio Che describe la batalla en su diario como una fiera lucha coronada con cocteles Molotov

---

[94] La historia del tren blindado de Santa Clara de Batista, por Henry Louis Gómez.

que incendiaron el tren bajo una tormenta de balas y soldados heridos. ¿Es esto cierto o falso?

Eloy Gutiérrez Menoyo (8 de diciembre de 1934, Madrid, España-26 de octubre de 2012, La Habana, Cuba) dirigió la fuerza guerrillera Segundo Frente en las montañas del Escambray, durante la Revolución contra Batista y más tarde se opuso al gobierno de Fidel Castro debido a sus inclinaciones pro-soviéticas. En 1990, empezó a reunir documentos para escribir sus memorias. Entre estos documentos, hay una carta que cuenta la historia de la rendición del tren blindado. Hay que recordar que él estaba allí y participó en la batalla militar como uno de los líderes revolucionarios. En su carta[95], firmada por él, cuenta de manera inequívoca que la rendición del tren blindado no fue una victoria militar, sino una adquisición hecha por Guevara. El coronel Ernesto Rosell Leyva vendió el tren, incluyendo las armas y los soldados que viajaban en él, al comandante Guevara, por una suma específica de dinero. Ninguno de los soldados u oficiales del tren blindado fue herido ni lastimado en ninguna forma. Tras la rendición, regresaron pacíficamente a sus casas, la mayoría en La Habana. "Che" Guevara supervisó su liberación.

Parece existir evidencia suficiente para demostrar que la Batalla de Santa Clara se ganó principalmente con los dólares americanos más que con la sangre o las balas. Pone en tela de juicio la validez del hecho histórico de acuerdo a la narrativa comunista y el diario de guerra escrito por el propio "Che" Guevara. Insistir en la verdad es una obligación moral de los historiadores; los hechos ponen en tela de juicio el "genio" de Guevara como estratega de la guerrilla[96]. Si la batalla de Santa Clara fue su logro militar más

---

[95] Carta escrita por Eloy Gutiérrez Menoyo como parte de sus memorias. Archivos de memorias en las manos de la hija de Menoyo, Patricia.

[96] La historia del tren blindado de Santa Clara de Fulgencio Batista, por Henry Louis Gómez

significativo, nos queda muy poca sustancia para sustentar su legendario talento como estratega de la guerra de guerrillas. Más adelante en su carrera, fracasó miserablemente desde el punto de vista militar, en el Congo, y después su iniciativa guerrillera en Bolivia también colapsó. Fue capturado y fusilado. Su legendaria reputación como jefe guerrillero genial es, evidentemente, un fraude.

Batista dice Adiós

Fue un enigmático adiós para Cuba. Al final, el mismo hombre que derrocó al gobierno representativo de Cuba el 10 de marzo de 1952, con un golpe de estado, ahora, en el mismo final, irónicamente, intentaba corregir su legado. A lo largo de sus años como presidente desde el derrocamiento del presidente Carlos Prío Socarrás, Batista hizo el esfuerzo de revalidar la Constitución cubana de 1940. Sin embargo, las agitaciones políticas causadas por la Revolución sostenida por sus oponentes, principal pero no únicamente por Fidel Castro, le hacían imposible gobernar con las firmemente democráticas y liberadoras directrices de la Constitución cubana. Era simple y razonablemente insostenible.

Sus aspiraciones de último minuto eran francamente vanas y disfuncionales desde un punto de vista realista, pero aplicó su voluntad a la tarea y procedió a realizar lo que sentía que era lo correcto. Decidió darle a su partida un final de apariencia constitucional, pensando quizás que este sería su último y más significativo regalo al pueblo cubano que en aquel momento histórico y hablando de manera general, no lo quería y solo deseaba que se fuera.

El general Eulogio Cantillo entendió que, moralmente, su deber era ayudar a su presidente a terminar su presidencia de manera pacífica, con tranquilidad y a salvo, de una manera ordenada. El general Cantillo no tenía aspiraciones personales, pero si quería terminar la guerra civil inmediatamente y entonces retirarse del ejército a vivir en paz y rodeado del amor de su familia.

Así es que antes de su salida, Batista organizó su partida haciendo un intento de seguir las leyes, las reglas y las regulaciones de la Constitución de 1940. De cierta manera fue un gesto quijotesco y quizás hasta absurdo, ya que no tenía la más mínima posibilidad de persistir o de perdurar. Sencillamente trató de darle cierto decoro a su salida, pero históricamente no logró su objetivo. Francamente fue un circo mal actuado por su principal protagonista.

En ausencia del vicepresidente, no localizado[97], y de la partida del presidente del senado[98], la solución constitucional llamaba a que el funcionario más antiguo de la Corte Suprema fuera nombrado presidente. No el más viejo sino el que más tiempo hubiera estado en la corte. Esa era la orden regulatoria para seguir. El próximo presidente de Cuba[99] sería, por un breve momento, un viejo juez llamado Carlos Piedra.

En las primeras horas del 1ro de enero de 1959, Batista leyó una carta de renuncia escrita a mano a sus partidarios más íntimos, reunidos ante él en la residencia presidencial del campamento militar de Columbia, poco antes de su partida. La leyó, la firmó y se la pasó a todos los presentes en esta reunión oficial. Francamente, la carta de renuncia era una racionalización del porqué de su partida. Digo racionalización con un propósito, porque significa la acción de intentar explicar o justificar un comportamiento o actitud con razones lógicas, incluso si estas no son apropiadas o verdaderas. En su carta, él dice que los más altos mandos

---

[97] El vicepresidente, Guas Inclán, estaba en una expedición de caza y no se le pudo localizar.

[98] El presidente del Senado, Anselmo Aliiegro, también se iba al exilio con Batista y sus allegados.

[99] De acuerdo con el artículo 149 de la Constitución cubana de 1940.

militares le estaban "aconsejando sobre la imposibilidad de establecer el orden en la república, considerando la gravedad de la situación… diciéndole que debía renunciar a la presidencia". No era cierto. Todo lo contrario. Ni el general Cantillo ni ningún otro oficial de alto rango le dio nunca una evaluación militar negativa de la situación, y ninguno de los militares le pidió nunca que renunciara. Oficiales de alto rango dentro de las Fuerzas Armadas y de la Policía, que continuaban siendo leales, aún creían que la guerra no estaba perdida en lo absoluto. Pero está claro que Batista había premeditado su partida y se proponía abandonar el país desde días antes. Había perdido la voluntad de luchar. temía por su vida y la vida de su familia. Se había derrumbado ante las presiones y reveses sufridos en las últimas semanas y meses; el embargo norteamericano, las traiciones militares, las notificaciones formales del gobierno de los Estados Unidos sugiriéndole que debía irse, y sus marcada y creciente falta de popularidad dentro del pueblo cubano. Resulta comprensible que realmente eran consideraciones humanas, pero los hechos son los hechos. Desgastado, Batista estaba listo para irse y estaba preparado para lavarse las manos del conflicto cubano. Minutos después de su renuncia comenzó la estampida.

La mayoría de los colaboradores cercanos de Batista y sus familias, partieron apiñados en tres aviones DC4. Exactamente a las 2:40 a.m. del jueves 1ro de enero de 1959, el avión que llevaba a Batista y a su esposa, así como al presidente electo, Andrés Rivero Agüero, y su esposa[100] y otros asociados íntimos, despegaron del aeropuerto

---

[100] Es importante resaltar que la esposa de Andres Rivero Agüero, la Sra. Isabel Collado, expresó su colera elocuentemente ante la renuncia de Batista. Consideró la renuncia como un golpe bajo que afectó su vida inmensamente. Sin riquezas, ella y su familia confrontaron penurias en el exilio. Expresó su indignación dirigiéndose al propio presidente con las siguientes irónicas palabras: **"¿Así que ahora has decidido irte, así no más?"** Todo indica que el Presidente Electo, Andres Rivero Agüero, fue un hombre íntegro y honesto. Rivero Agüero y familia se enteraron de la fuga de Batista en el momento en que este leyó su renuncia.

militar Columbia, en La Habana. Ninguno de ellos se dio cuenta en aquel momento de que esa sería la última vez que pondrían sus pies en tierra cubana, que permanecerían en el exilio por el resto de sus vidas. Quizás tampoco se imaginaron que con el pasar del tiempo todos morirían y serían enterrados en tierras extranjeras.

Para cargar el muerto quedó el general Eulogio Cantillo Porra, un soldado excelente, pero un hombre muy poco preparado para asumir semejante responsabilidad. No era un estadista, era desconocido políticamente y carecía del carisma y la ambición de un caudillo. Sin embargo, no se debe olvidar que su verdadera aspiración era retirarse. Tenía el genuino interés de terminar el conflicto militar y la guerra civil. Lo último que le pasaba por la mente era obtener poder.

La empatía de Cantillo y su profunda preocupación por la partida segura de aquellos que abandonaban los dominios del poder, lo colocaron en una posición extremadamente delicada. Batista debe haberlo sabido, seguramente; debe haberse dado cuenta de que el general que le había salvado la vida y al que había nombrado oficialmente jefe de las Fuerzas Armadas Cubanas, minutos antes de partir, no tenía posibilidades de retener el poder. Si cargas el muerto, asumes una situación en la que eres responsable de algo, con frecuencia injustamente, porque otras personas no pueden o rechazan responsabilizarse. Precisamente eso fue lo que le sucedió al general Cantillo.

Horas después de la partida segura de Batista y de sus aliados más cercanos detrás de él, un agotado y perplejo general ordenó la liberación del coronel Ramón Barquín[101] de la prisión de Isla de

---

[101] Ramón M. Barquín (12 de mayo de 1914 – 3 de marzo de 2008) fue un militar cubano, coronel del ejército y opositor de Batista. Barquín fue encarcelado por dirigir y liderar un fallido golpe de estado en 1956 conocido como La "Conspiración de los Puros". Desertó su cargo militar en España en 1960, sumándose a la contrarrevolución.

Pinos. El gobierno de Batista había encarcelado a Barquín y a otros pocos oficiales militares por liderar un fallido intento de golpe de estado en1956. La conspiración se llamó el Plan de los Puros. Habían estado en la cárcel por casi dos años junto a otros presos políticos, incluyendo algunos líderes cruciales del Movimiento 26 de julio. Existía la esperanza de que Barquín, habiendo sido un destacado oficial militar que se oponía a Batista fervientemente, quizás podría mantener intacta la integridad del ejército cubano de la apropiación por parte de los revolucionarios. Tan pronto como el coronel Barquín llegó al campamento militar Columbia en La Habana, se reunió con el general Eulogio Cantillo, quien inmediata y voluntariamente renunció a su mando y nombró a Barquín Comandante en Jefe del Ejército Cubano.

Para entonces, el General Cantillo había sido informado por el coronel José Rego Rubido, quien era su segundo al mando en Oriente, de que Fidel Castro lo acusaba de alta traición por haber incumplido su acuerdo del 28 de diciembre de 1958, en el Central Oriente, cuando se reunieron. Al tanto de esta información, el coronel Barquín supuestamente le ofreció al general Cantillo un avión para abandonar el país, lo que el general rechazó. Quizás, el General Cantillo no tenía idea de hasta dónde podía llegar el carácter vengativo de Fidel Castro. Pronto lo iba a saber.

El general Eulogio Cantillo fue arrestado a las pocas horas de entregar el mando, por José Ramón "El Gallego" Fernández[102], un teniente del ejército apresado con el coronel Barquín y recién liberado. Pronto Cantillo fue condenado por un tribunal revolucionario en la fortaleza de La Cabaña, en las causas número 184/159H y 30/59H, a treinta años de prisión y trabajo forzado. Fidel Castro estuvo a punto de fusilarlo sin juicio, pero

---

[102] Fernández, quien fuera teniente del Ejército Constitucional de Cuba, se integró a la Revolución Cubana y al Comunismo, alcanzando el grado de General y ostentando otros puestos importantes.

se conformó con la larga sentencia que se dictó como resultado de los cargos fabricados. El mayor general Eulogio Cantillo duró solo 15 horas como oficial nominal al frente del gobierno cubano desde el momento en que Batista abandonó Cuba hasta que le entregó el mando al coronel Barquín. De la sentencia de 30 años que recibió, cumplió unos 8 años en condiciones extremadamente adversas[103]. Finalmente, se le permitió irse de Cuba y murió en Miami, en 1978.

Ramón Barquín trató enseguida de aprovechar al máximo y sacar ventaja de su mando para salvar al ejército cubano, la institución, de su desintegración ante la iniciativa rebelde. Sin embargo, sus manipulaciones chocaron con la firme resistencia de Fidel Castro a compartir el poder con ningún otro movimiento u organización. Fidel no iba a permitir que nada ni nadie usurpara su revolución. Había sacrificado y arriesgado su vida durante dos años en la Sierra Maestra, y no iba a permitir que nada ni nadie le arrebatara sus logros. Fidel, por tanto, ignoró las comunicaciones de Barquín y le ordenó al comandante Camilo Cienfuegos que tomara el campamento militar de Columbia. Barquín se sintió superado y se dio cuenta de que no había nada que pudiera hacer, así es que preparó las condiciones para dejar que Camilo Cienfuegos asumiera el mando del campamento militar Columbia. En las primeras horas de la tarde del 2 de diciembre de 1959, Camilo Cienfuegos recibió el control del complejo militar de manos del coronel Barquín. Llegó con todos sus hombres de la Columna 2, aproximadamente 500 hombres. Dentrodelbastiónmilitarde Columbia, había cinco mil soldados y oficiales bien armados, incluyendo tanques y armas pesadas que se rindieron sin llegar a disparar un tiro.

---

[103] Fernando Pruna Bertot fue preso político durante años en Isla de Pinos, donde conoció e hizo una buena amistad con el General Eulogio Cantillo. Juntos estudiaron el idioma italiano. Según Pruna, el General Cantillo fue un preso político honorable de una conducta intachable. Sintió gran afecto y simpatía por el General Cantillo.

La partida de Batista abrió las puertas al aluvión de energía y entusiasmo reprimidos de la gente que clamaba por un cambio. Antes de este momento, nadie podía haber calibrado con precisión la falta de popularidad del gobierno de Batista. El país estaba profundamente dividido, pero claramente, aquellos que estaban a favor de Batista eran una minoría que de pronto se volvió aún más pequeña, cuando se enfrentó al estallido de apoyo hacia Fidel Castro y su Revolución.

La Entrega

Fulgencio Batista no perdió en lo absoluto, en el sentido estricto de la palabra, la guerra. Por las razones que haya tenido en el último momento, lo que hizo fue entregar el poder del gobierno a la Revolución. No fue una derrota, fue una entrega. Batista sucumbió. Con un ejército permanente de cuarenta mil soldados bien armados y un departamento de policía bien organizado que contaba con miles de hombres, además de que los bastiones militares más importantes todavía estaban bajo su control, Batista optó por huir de improviso. Informó a los miembros más íntimos y leales de su gobierno, solo minutos antes de su partida. Eso significa que solo le importaban él mismo y su familia. Su temor determinó su egoísmo. Fue una sorpresa para todos. Ninguno de sus altos oficiales o asociados cercanos esperaba que se fuera. El aviso de último minuto de su decisión no le dio tiempo a ninguno de sus asociados cercanos de prepararse. A la mayoría los tomó totalmente desprevenidos y tuvieron que partir de manera abrupta, dejando atrás sus patrimonios personales y familiares, por lo que llegaron a otros países sin un centavo. Por otro lado, Batista tomó su tiempo para prepararse, y cuando puso sus asuntos en orden, se fue.

La estampida humana provocada por su partida provocó una rabia profunda y consolidó un resentimiento hostil que dura hasta el día de hoy. Muchos altos oficiales y reconocidos políticos que habían apoyado fielmente a Batista a lo largo de los años, se sintieron traicionados. Al menos, aquellos cercanos a él que tuvieron la oportunidad y la suerte de abandonar el país a tiempo pudieron salvar sus vidas. Pero los que no pudieron evadir la vengativa "justicia revolucionaria" enfrentaron muchos años en prisión o los pelotones de fusilamiento de la Revolución comunista. Los que pudieron partir fueron una ínfima minoría. Sin embargo, los que no tuvieron más opción que quedarse y enfrentar las consecuencias de sus políticas sumaban miles.

La avalancha de popularidad con que el pueblo de Cuba agasajó a Fidel Castro fue, ciertamente, insólita. No había precedentes en la historia de la Isla. Casi todo el país, toda la población, hombres, mujeres y niños, abrazaron a Fidel Castro y a sus rebeldes, como si fueran de su propia sangre. Ser testigo de semejante fenómeno fue una experiencia fantástica. Para mí fue una experiencia frustrante y dolorosa. Fidel había ganado el amor y la confianza de su pueblo por completo, y esta era su verdadera victoria.

Aunque la mayoría de las iniciativas revolucionarias más relevantes de Fidel Castro resultaron en fracasos catastróficos, al punto de que su propia disfunción personal lo llevó a atentar contra su vida dos veces, tuvo la tenacidad para persistir. Fidel intentó suicidarse tras el fracaso al Cuartel Moncada y de nuevo quiso matarse tras el fracaso del desembarco del Granma. Pero sus compañeros más cercanos se las arreglaron para impedir que se hiciera daño y Fidel persistió.

Fidel produjo y dirigió dos grandes incursiones militares de proporciones históricas. Primero, organizó un ataque al principal bastión militar en la provincia de Oriente. Por esta acción, Fidel cumplió condena en prisión. Luego abandonó Cuba y se embarcó a México, solo para organizar y preparar una invasión. Fidel lleva a cabo la agresión y desembarca en Cuba con un grupo de hombres armados. El punto de que ambas iniciativas fracasaron es irrelevante ante el hecho de que ha creado un patrón de acciones que le hacen ganar legitimidad, lo que le concede credenciales revolucionarias. A pesar de estos dos fracasos, Fidel se va a las montañas y organiza un ejército rebelde que las fuerzas armadas cubanas no son capaces de erradicar. Durante dos largos años, existe y persiste y gana fuerza. Su épica lucha tiene las connotaciones del enfrentamiento entre David y Goliath, el símbolo de la lucha de los desvalidos contra adversidades imposibles de vencer. Entonces, un periodista influyente viene desde América, coge la historia y convierte al líder revolucionario en el legendario Robin Hood de la Sierra Maestra. Herbert Mathews y el New York Times convierten a Fidel en una superestrella, un ícono revolucionario internacional. Ante tales hechos palpables, justificadamente, Fidel surge del proceso insurreccional como el líder supremo de la Revolución.

Cuando Batista decidió sucumbir, tirar la toalla, rendirse, nadie estaba más sorprendido que el propio Fidel Castro. Los rebeldes no podían creer lo que estaba pasando; no lo esperaban. Fue un milagro revolucionario. Batista simplemente partió, se fue. Y las murallas se derrumbaron. Cuando Batista se fue, las Fuerzas Armadas Cubanas se vinieron abajo como un castillo de naipes. Fue un tsunami revolucionario.

Cuando el gobierno de Batista cayó y el Ejército Constitucional se rindió, Fidel Castro se convirtió en una leyenda viviente de inmediato; su abrumadora popularidad era tal que ninguna de las otras organizaciones revolucionarias podía plantarle cara. Fidel y su Movimiento 26 de Julio se tragaron de un bocado al Directorio Revolucionario y al Segundo Frente del Escambray, así como a múltiples líderes del Partido Auténtico y a aquellos que regresaron del exilio después de su significativa oposición a Batista. Su apariencia física y su apasionada oratoria lo ayudaron enormemente. Lucía y hablaba como un verdadero caudillo, y

Cuba se enamoró de él de pies a cabeza. Totalmente ciega a sus rasgos de embustero, Cuba lo abrazó con amor incondicional.

Nunca antes el pueblo de Cuba le había concedido un poder tan absoluto a un solo hombre. Resultaba chocante para una mirada objetiva. Pudo haber hecho mucho bien por su país. Y, sin embargo, pocos imaginaban que tenía otros planes. Su fantasioso sueño de convertir a Cuba en un "Paraíso Comunista" condeno al país a un régimen de racionamiento alimenticio permanente, al hambre y a la miseria, al estancamiento intelectual y social, a millares de fusilamientos, torturas y asesinatos, a un sinfín de prisioneros políticos, al destierro de millones de Cubanos y al reinado de un sistema tiránico represivo y totalitario sin tregua a la dignidad y los derechos humanos, y poniendo fin a la libertad individual del hombre y más, mucho pero mucho más. La Revolución Comunista ha sido el mas grandioso desastre sufrido por la Nación Cubana en toda su historia. Y este supremo desastre fue la obra y el legado del legendario Robin Hood de la Sierra Maestra: Fidel Castro.

Fidel Castro se había comprometido a convertir la Constitución Cubana de 1940 y su Carta de Derechos Humanos en la ley de la República de Cuba. Nunca cumplió su promesa. Por el contrario, a los pocos días de apoderarse del gobierno, modificó la Constitución para legalizar la pena de muerte. Legalizo la pena de muerte para darle un viso legal y rienda suelta a su sed de venganza, a su mentalidad revanchista, a sus odios y rencores y para aterrorizar a todos los que se opusieran en el futuro a su forma de pensar y de hacer. De tal manera, fundó su "Terror Revolucionario."

Después del 1ro de enero de 1959, la Constitución de 1940 nunca más volvió a ser ley en el país. En vez de eso, fue sustituida por una variación de constituciones socialistas que condujeron a la conversión de una sociedad fundamentalmente democrática en un estado totalitario comunista.

Ilustración 40 El Edificio Someillan[104] frente al mar. A la derecha El Monumento del Maine[105], decapitado por la revolución Comunista.

---

[104] Edificio de 30 pisos con vista ininterrumpida al mar. Considerado el Edificio mas elegante de La Habana.

[105] El Monumento del Maine Este fue construido en 1926 por Félix Cabarrocas en honor las víctimas del USS **Maine**, un barco **de** guerra que explotó misteriosamente en la Bahía **de** La Habana durante 1898 y que sirvió a EE. UU como pretexto **para** declarar la guerra a España. Originalmente el monumento tenia la estatuas de un águila con las alas extendidas en la cúpula. Fidel Castro hizo depapitar la cúpula del monumento removiendo el águila que según su interpretación era "el símbolo del imperialismo yankee."

17

LA OSCURIDAD DESCIENDE

En la noche que me envuelve,
negra, como un pozo insondable,
doy gracias al Dios que fuere
por mi alma inconquistable.
- Invicto – William Ernest Henley

En el 1957, se construyó uno de los edificios más altos de Cuba, el Someillan, a dos cuadras del mastodóntico Hotel Nacional y del enorme complejo de apartamentos FOCSA. Los apartamentos empezaron a venderse inmediatamente. Era, por mucho, el edificio más exclusivo del Vedado, por no decir que el más elegante de toda Cuba y probablemente el más caro. Sus relucientes treinta pisos y sus espaciosos apartamentos, paradigmáticos y modernos, parecían desafiar al hermoso Paseo de Malecón que bordeaba el mar abierto. Desde los apartamentos, uno disfrutaba de la vista panorámica más espectacular de la ciudad y del Golfo de México. Cada apartamento ocupaba un piso entero, de manera que había solo treinta apartamentos. Sin embargo, el constructor, Guillermo Someillán González, un pintoresco oficial retirado de la fuerza aérea, vivía en el Penthouse, que ocupaba los dos pisos superiores e incluía una piscina. Se decía que Santos Trafficante hijo, un capo de la mafia que operaba en Cuba, había proporcionado los fondos necesarios para la construcción del edificio. Uno de los apartamentos lo compró Charlie White, que era un buen amigo del actor George Raft, un testaferro de la mafia. White, cuyo nombre real era Charles Tourine, era miembro de la familia genovesa de la mafia de Nueva York, y era dueño de una parte del Casino del Hotel Capri, ubicado a una cuadra del Hotel Nacional.

La familia Pruna había adquirido uno de los amplios apartamentos que ocupaba todo el piso 17. Ahora, Fernando lo usaba para celebrar la llegada del Año Nuevo con amigos íntimos y buen vino. Las ventanas permanecieron abiertas para permitir total acceso a la brisa tropical que llegaba del mar. Desde dentro se dominaba una vista que resultaba portentosa.

—Es un poco raro, ¿no les parece? – dijo una amiga de pronto –. Se oyen risas, música, ruidos de fiestas, los sonidos lejanos. Y entonces, un silencio abrumador como si...

No completó la frase. Los rebeldes habían obtenido una serie de victorias sucesivas recientemente. Tres días antes, Castro había lanzado una ofensiva sobre la ciudad de Santa Clara, en el centro de la Isla, con dos grupos separados. Uno encabezado por Ernesto "Che" Guevara y el otro por Camilo Cienfuegos. Los rebeldes contaban con el apoyo de la gente, que se sentía frustrada. Además, contaban con la permisividad de un oficial corrupto del ejército que permitió a las columnas rebeldes pasar por la provincia de Camagüey totalmente a salvo, a cambio de un soborno sustancial.

Tras cruzar las vastas llanuras de Camagüey sin oposición ni necesidad de tener que disparar un solo tiro, las dos columnas rebeldes entraron en la ciudad de Santa Clara. Fue un éxito rotundo y un momento crucial para Guevara. Los revolucionarios habían adquirido un número significativo de armas y dominaban uno de los puntos estratégicos más importantes de la ciudad. A la vez, Fidel Castro parecía amenazar la ciudad de Santiago de Cuba, mientras su hermano Raúl, según rumores, estaba listo para avanzar sobre la ciudad de Guantánamo. El jefe rebelde anunciaba vigorosamente su sucesión de victorias sobre las tropas de Batista.

—Pero todo parece misteriosamente tranquilo ahora.

Y, sin embargo, La Habana parecía imperturbable. Solo se habían producido unos pocos episodios aislados de agitación, como el de los dos profesores norteamericanos que se encontraban de vacaciones en la capital y fueron retenidos en el aeropuerto por unas horas, tras gritar "¡Viva la revolución!".

En el Hotel Riviera, los salones estaban desbordados de clientes. Las ruletas rotaban a velocidad vertiginosa en el Hotel Dauville en el Paseo del Malecón. En el Hotel Saint-John's, se barajaban las cartas incesantemente. Las máquinas tragaperras crepitaban con sus monedas brillantes en el Hotel Nacional. En el Capri corrían ríos de Champán. Las coristas meneaban sus cuerpos con forma de reloj de arena en Tropicana. Las copas chocaban con agudas notas cristalinas en el Monseigneur. Los hombres permanecían de pie, impecablemente vestidos, alrededor de las mesas de juego, y las mujeres, cubiertas de joyas, eran cortejadas en las pistas de baile, mientras otras se quedaban afuera, bajo los soportales.

–¿Quieres que te desee un año nuevo inolvidable, querido?

Golpeaban las calles con sus tacones, meneando sus bolsos, o te lanzaban miradas desde sus ventanas, listas para hacer revoluciones con sus cuerpos e introducir generosas comisiones en sus carteras.

Durante este tiempo, muchos habían alzado los ojos a un cielo habanero lleno de sombras. Cuando las fiestas estaban en su apogeo, el confeti se desparramó en las calles entre risas y daba la impresión de que todo estaba bien. El tempo de las canciones populares enmascaraba los disparos distantes que se confundían con el sonido de los fuegos artificiales. Era media noche. Las doce campanadas marcaron el momento de besarse y comerse las tradicionales doce uvas, como prueba de felicidad y prosperidad, y de desearse un muy próspero año nuevo. El casino del Hotel Capri fue el lugar elegido por Fernando y sus amigos para cerrar su celebración de Año Nuevo, a las 3 de la mañana. No se quedaron mucho tiempo porque para entonces quedaban muy pocas personas. Cuando salían del club nocturno se percataron de que había una extraña quietud en el vecindario. Un silencio y una soledad casi hostil acompañada de una leve bruma inquietante. A esa hora el Vedado estaba totalmente desierto.

Fernando llevó a Nidia Ríos y a Norma Martínez en coche hasta su residencia. Su hermano Andy los acompañó. Dejó a las damas en la puerta de una discreta casa de huéspedes en la esquina del Parque Víctor Hugo, en 19 e I en el Vedado. Estaban todos cansados y decidieron irse a dormir en sus respectivas casas.

Fernando había conocido a Nidia Ríos[106], por casualidad, años antes, en una celebración por el 4 de septiembre, organizada por el presidente de Cuba, Fulgencio Batista. Era una fiesta especialmente lujosa en el Club de Oficiales del Cuartel Militar Columbia, el complejo militar más importante de Cuba. En aquel momento, Nidia tenía solo 16 o 17 años. Acababa de graduarse de una escuela católica muy estricta y se encontraba en la fiesta en compañía de sus padres, disfrutando de su libertad recién adquirida.

Fernando también estaba con sus padres y no tenía cita. Probablemente, se moría de aburrimiento cuando encontró inesperadamente a esta adolescente llena de vida, de figura muy esbelta y un rostro de belleza inusual. Nidia fue muy amistosa y entabló conversación con Fernando de manera muy natural. Pasaron buena parte de la noche bailando y charlando. Fernando recuerda que Nidia era muy graciosa y siempre rebozaba de risa y diversión. La fiesta terminó y se separaron aquella noche sin imaginar que volverían a verse.

---

[106] NIDIA RÍOS fue, antes y después de la revolución comunista, una de las modelos más famosas de Cuba. El célebre fotógrafo, Alberto Korda (Alberto Diaz Gutiérrez) contribuyó a su fama. Sus fotos se publicaron en múltiples revistas y formaron parte de las exhibiciones del célebre fotógrafo. En 1959, Korda se convirtió en el fotógrafo personal de Fidel Castro y fue también el autor de la foto más icónica del comandante Ernesto Che Guevara, cuya foto es mundialmente conocida.

No logro recordar cómo o cuándo específicamente volví a ver a Nidia Ríos después de aquella fiesta. Definitivamente, fue años más tarde, probablemente durante los últimos meses de 1957. Por supuesto, yo seguí viéndola en 1958 y salimos juntos varias veces. En 1957, ella tenía 19 años y la adolescente esbelta que yo había conocido años antes se había convertido en una mujer increíblemente bella con una figura fabulosa. A pesar de su juventud, ya era una modelo muy conocida que hacía comerciales para algunas de las firmas más prestigiosas de Cuba. Particularmente, guardo el recuerdo de ella modelando trajes de baño de Jantzen, también modelaba para Cigarros Visant y una agencia de modas que todos los fines de semana tenía una página completa de anuncios en el Diario de La Marina, con Nidia como protagonista. El Diario de La Marina era probablemente la publicación más prestigiosa del país. Ella anunciaba desde propiedades inmobiliarias hasta vestidos de boda. Simultáneamente, Alberto Korda, el fotógrafo que más tarde tomó la famosa foto de Ernesto Che Guevara, descubrió a Nidia y la fotografió. Las fotos de Nidia tomadas por Korda se hicieron famosas y hasta el día de hoy se exhiben en muchas exposiciones internacionales reconocidas mundialmente.

Recuerdo que una tarde invité a Nidia a un elegante almuerzo dominical enel Habana Yacht Clubymeinformó que estaba estrenando un fabuloso vestido blanco y negro diseñado por el célebre modisto Felíto Mojena. El vestido se señía a su cuerpo como un guante con exquisito gusto y causó sensación. El hijo del Gobernador, que allí se encontraba, nos invitó a su mesa, pero yo preferí dedicarle la ocasión exclusivamente a mi compañera y decliné la invitación amablemente. Puedo asegurarles que todos los ojos estaban enfocados en Nidia, que después me conto que el modisto, Mojena, había recibido un aluvión de llamadas de las damas del club interesadas en sus creaciones.

En algún momento de diciembre, invité a Nidia a nuestro apartamento para pasar la última noche del año juntos. Le dije que no estaba planeando una fiesta, sino una reunión con amigos íntimos. Me preguntó si podía invitar a su amiga Norma Martínez y le dije que por supuesto. No era la primera vez que Nidia y Norma venían de visita a nuestro apartamento. Salían juntas con frecuencia en aquel entonces.

Yo disfrutaba mucho de la compañía y la conversación de ambas. Nidia, que era muy natural e informal en su comportamiento, a veces se ponía a pintar con mi hermano. Se sentaban en el suelo a pintar juntos y Nidia parecía disfrutarlo mucho.

En aquel momento, Norma Martínez, también una joven preciosa, comenzaba a hacer algunos trabajos como modelo. Era una chica muy humilde y modesta de Santiago de Cuba que había llegado a La Habana sin un centavo para recomenzar su vida tras un tórrido divorcio del que dejó atrás a dos hijas pequeñas que necesitaban cuidados. Norma dejó a sus hijas con su madre y su padre, y decidió mudarse a La Habana para intentar encontrar un empleo. La primera persona que conoció en La Habana fue Nidia, que vivía en una pensión en el Vedado, a donde también se fue a vivir Norma.

Norma tuvo la suerte de conocer a Nidia, quien inmediatamente hizo todo lo posible por ayudarla a adaptarse a su nuevo entorno y la introdujo en el mundo de la moda. Al parecer, aprovechó la introducción al máximo.

Después, me enteré de que Norma logró una carrera vertiginosa con la Revolución. Pronto se hizo actriz, y, con el tiempo, asistente de dirección y productora cinematográfica. Se incorporó al ICAIC (Instituto Cubano de Arte e Industria Cinematográficos) en 1959, y, como actriz, hizo el primer cortometraje a color del cine cubano, Carnaval, bajo la dirección de Fausto Canel en 1960. Desde ese momento, representó a Cuba en las primeras Semanas de Cine Cubano y en diferentes festivales internacionales. Participó en las películas "Un poco más de azul", y en el cuento "El final", de Fausto Canel, en 1961.

Norma desarrolló una corta pero agradable amistad con el hermano de Fernando, Andy, en los últimos meses de 1958. Sus orígenes humildes y su belleza le proporcionaron las credenciales perfectas para incorporarse a la revolución comunista, lo que hizo de inmediato, con gran éxito, tan pronto la Revolución tomo el poder. Concluyo su carrera cuando se convirtió en la amante del ideólogo comunista, Armando Hart, uno de los principales líderes de la Revolución Cubana que ostentó el cargo de Ministro de Educación y de Cultura durante muchos años.

Nidia Ríos y Norma Martínez pasaron la última noche de 1958 y las primeras horas del año 1959 con los hermanos Pruna en el apartamento del piso décimo séptimo del Edificio Someillan. Fueron a pasar el fin de año con sus amigos y llegaron al apartamento alrededor de las nueve de la noche.

Antes de irse para la Finca Bellavista, la señora Pruna preparó la mesa con platos deliciosos y, por supuesto, turrones españoles, nueces, avellanas y las ubas de rigor, para despedir el año que finalizaba y dar la bienvenida al nuevo. Inesperadamente, otras dos hermosas jóvenes se aparecieron en la fiesta. Una de ellas declaró que Fernando la había invitado. Pero no se quedaron mucho tiempo ya que se sintieron desplazadas por las modelos, y la que decía haber sido invitada por Fernando se despidió visiblemente molesta.

Fuera de este desafortunado incidente, la reunión fue encantadora. A todos les fascinó la comida. La noche terminó con un brindis con champagne para recibir el año nuevo[107]. Sin embargo, en una noche tan grande como esa faltaba la alegría intensa. Quizás, era un presagio del cataclismo desastroso que estaba a punto de ocurrir con la llegada del año nuevo.

El motor del avión zumbó, despegó en el Cuartel Militar Columbia, e inmediatamente voló sobre el Vedado, unas horas después que La Habana daba la bienvenida al Año Nuevo. A bordo iban el General Batista, su familia y sus acólitos. Las doce campanadas de la era de Batista habían doblado por última vez.

Poco antes del amanecer, la gente hacía correr la voz en las calles de La Habana: "¡Se fue Batista!", "¡Batista huyó!". Más tarde, la radio y la televisión se hicieron eco de la historia. "¡Viva Fidel!", "¡Abajo Batista!", gritaban las multitudes en distintas partes de la ciudad.

A Fernando lo despertó el ruido que venía de la calle. ¡Eran las seis de la mañana! ¿Cuál era el moti o de tanto escándalo? El ruido de los cristales rotos cortaba las primeras horas del día. El joven fue hasta el balcón que rodeaba el apartamento y echó un vistazo a las calles diecisiete pisos más abajo. Alguna gente estaba destruyendo los recién instalados parquímetros con bates u objetos de metal para romperlos y embolsillarse las monedas que pudieran agarrar. El ruido y la música de los casinos había

---

[107] Ni Fernando ni Andy volvieron a ver a Nidia o Norma en Cuba. No obstante, 61 años después, en el año 2020, Fernando trató de localizarlas cuando estaba por terminar este libro. Tristemente, descubrió que Norma Martínez había muerto en Cuba unos años antes. Sin embargo, tuvo l suerte de localizar a Nidia Ríos viviendo en un lindo apartamento en Brickell Avenue, en Miami. Desde entonces se ven y conversan con frecuencia, resucitando una vieja pero linda amistad. Recordar es volver a vivir.

cedido paso al clamor de la multi que se intensifi aba tras el pesado silencio de las primeras horas del año nuevo.

–¡Vamos a vengarnos y a atacar la billetera del gobierno! ¡Destruyamos los parquímetros!

Con las primeras horas del 1ro de enero, los parquímetros se convirtieron en las máquinas tragaperras de la multitud y los revoltosos. Las cabinas telefónicas también fueron saqueadas. La multitud atrapada en un trance delirante, solo quería destruir todo lo que pudiera. Su rabia era abrumadora. El Vedado fue invadido, las tiendas cedieron al asalto de la turba. Los hoteles Capri y Saint-John's casi fueron barridos ante las miradas atónitas de los turistas. Los casinos fueron allanados. El mobiliario fue sacado a la calle. El Hotel Plaza fue inundado por una turba de hombres armados con ametralladoras, que se identificaban como agentes de la revolución. En el Deauville, los turistas se rozaban los hombros con revolucionarios del movimiento clandestino. En el Tropicana, el dueño, Martin Fox, se preparaba para el asalto de la multitud. Los turistas estaban perplejos.

–¿Y si no encontramos un vuelo para regresar a Estados Unidos? – preguntó un turista.

–¿Tendremos que quedarnos aquí bloqueados? ¡Los rebeldes están por todas partes! Han tomado el Hilton también. Y además el Deauville y el Plaza – comentó otro.

–Que no cunda el pánico. Los agentes están aquí para protegernos, de manera tal que la turba pueda saquear a su antojo sin que nos pase nada.

Cuando no se lanzaba sobre los parquímetros en las calles, la multitud la emprendía con las verdaderas máquinas tragaperras en los casinos, que eran los símbolos de los grandes ingresos del gobierno. Los lanzaban afuera, los destrozaban y les prendían fuego.

–¡Vamos muchachos, hay que ponerlo todo patas arriba en los casinos! – gritaban.

De vez en cuando se escuchaban disparos y bocinazos de carros que corrían a toda velocidad por el boulevard. Algunos hombres asomaban sus armas y gritaban lemas a través de las ventanillas de los vehículos. Fernando encendió la radio, el boletín informativo le dio las noticias.

Recibió una llamada de su padre, que estaba en el campo, cerca de la Finca Bellavista.

–Padre, estoy muy preocupado. Esto es un desastre.

–Yo también estoy preocupado, todo el mundo lo está. Pero debes mantener la calma.

–¿Es verdad que Batista se fue del país?

–Sí, anoche, por la madrugada. Se fue sin decirle nada a nadie. ¡Increíble!

–¿Qué debemos hacer?

–Ponte a salvo. Como dice el dicho: 'hay que conservar la calma y la compostura'.

–Estamos en medio de un caos. ¡Todo el mundo tiene un arma! Miles de hombres han salido de la nada diciendo que son agentes de la Revolución. Oportunistas, presumo. La gente se ha vuelto loca. ¡Lo mismo saquean casinos que destrozan los parquímetros a batazos! También se han puesto a saquear las casas y los apartamentos de importantes colaboradores de Batista.

–¿Y nuestro apartamento?

—No, estamos bien. Nadie nos ha molestado todavía. Sin embargo, han saqueado algunos apartamentos del edificio.

—Es demasiado peligroso. No te quedes en el Someillan, por si acaso.

—Es la…

—Sí, exactamente, es la Revolución.

—Están arrestando a todo el que les parece que tenían algo que ver con Batista.

—¡No te quedes ahí! Vete para un lugar tranquilo. Esperemos hasta que las cosas se calmen. Castro no durará mucho. Tú sabes lo que pasa en situaciones como esta. Vienen estos e inmediatamente otros los reemplazan. Te sugiero que le preguntes a la madre de Mickey[108] si puedes esconderte en su apartamento.

—La llamaré en cuanto termine de hablar contigo.

—Creo que será lo más inteligente y lo más práctico ahora. No me parece inteligente que vayas al campo tampoco. No creo que debas unírtenos en Bellavista. Sobre todo, no creo que debas ir a Nazareno, allí te conoce todo el mundo.

Fernando había considerado una idea que le parecía más atractiva, pero su padre acababa de bloquearla. Justo unos meses antes, había conocido a una muchacha inusualmente hermosa, que había visitado a su madre en Bellavista junto a otros muchachos del pueblo. Le motivaba ver a aquella belleza de nuevo, pero estaba decidido a seguir el consejo de su padre. La muchacha vivía en Nazareno.

---

[108] Se refiere a la prima-hermana de Fernando, Zoraida Bertot, a quien la familia llamaba "Mickey".

Ilustración 41 Primera Comunión: Nazareno bajo la tutela de Carola Bertot Ortiz, al centro de la foto. Año 1958.

Era común ver a un buen número de muchachos y muchachas en Bellavista. Venían a visitar a la madre de Fernando, que siempre les abría las puertas. A Carolina Bertot[109] le encantaban los jóvenes y hacía cuanto estaba en su poder para ayudarlos y prepararlos para el futuro. En el pueblo que estaba cerca de la finca, Nazareno, Carolina era un ídolo. Todas las familias del pueblo la querían y la consideraban parte de sus propias familias. Como católica devota, durante años preparó a cientos de muchachas y muchachos para su Primera Comunión en la pequeña y modesta iglesia del pueblo. De su propio bolsillo, compraba ropas para que estuvieran adecuadamente vestidos para la ocasión. Además, dedicaba su tiempo a la alfabetización, enseñando a leer y a escribir incluso a niños que vivían a varios kilómetros de la finca. Hacía todo lo

---

[109] En Cuba, cuando una mujer se casa, no pierde su apellido de soltera.

posible para promover la salud, al punto de llevar médicos a las áreas más remotas, así como medicinas gratis.

Mi madre, Carolina Bertot Ortiz, era una mujer extraordinaria y una madre maravillosa. Dedicaba su vida a ayudar a los necesitados, principalmente a los niños de aquel pueblo que ella quería tanto: Nazareno. En mis recuerdos, la veo rodeada de cientos de muchachos y muchachas jóvenes que están a punto de hacer su primera comunión. Pero, a pesar de sus constantes actividades de beneficencia, siempre tuvo tiempo para nosotros, sus hijos, Andy y yo, y nos llenaba de un amor infinito. Defendía a los suyos, a su familia, incondicionalmente, como una tigresa salvaje. Para ella, su gente era perfecta. Estoy seguro de que los habitantes de Nazareno todavía la recuerdan, con amor y gratitud. Con el tiempo, se ha convertido en una leyenda, que mi hermano y yo podemos confirmar. Fuimos bendecidos al tener una madre como ella.

La joven belleza, que se llamaba Nora Ramos Cotes, deslumbró a Fernando cuando la conoció. Alta, esbelta, facciones delicadas, parecía una modelo de una de las casas de moda internacionales más prestigiosas. Sin embargo, era una muchacha humilde del pequeño pueblo de Nazareno, en Cuba. Tenía sólo 15 años cuando conoció a Fernando, y había rumores de que se había enamorado de él profundamente. Con la fuerza indetenible del primer amor, cuando estaban en Bellavista siempre intentaban estar juntos, pero fingían no ser muy íntimos para evitar los chismorreos. Parecía existir entre ellos un lazo que prometía ser duradero. Se besaban en secreto, con la intención recíproca de dejarse llevar, sin restricciones, por la fuerza ardiente del amor. Pero el destino tenía otros planes y se vieron por última vez justo antes de las Navidades. No hubo despedidas ni reencuentros. El destino eligió separar sus caminos. En los primeros meses de 1959, el gobierno revolucionario confiscó la propiedad Bellavista, y Fernando y Nora nunca volvieron a verse. En su mente, permanece imborrable el recuerdo de la hermosa muchacha yaciendo junto a él, envuelta en la luz de la luna y emanando el sutil y delicioso perfume del rocío en la hierba fresca, mientras sus labios dulces y prometedores rozaban los de él, inconsciente de que sería la última vez.

Padre e hijo temían represalias. Uno había participado, como candidato, en las elecciones que Fidel Castro había condenado; el otro era un abogado que representaba a Batista en algunos asuntos.

La situación quizás no era tan difícil para ellos, ya que no habían participado activamente en el gobierno. Incluso en estos momentos de terror y confusión, lo más sensato era no hacer nada en lo absoluto, simplemente permanecer tranquilo y discreto. Fernando caminó durante algunos minutos entre la ruidosa turba de cubanos y los turistas que se apresuraban a encerrarse en los hoteles o decidían abandonar el país. La multitud estaba enardecida y su actitud era amenazante.

Fernando recordaba que Fidel Castro había decretado la inelegibilidad política, durante los siguientes treinta años, para todos los que habían sido candidatos en las elecciones del 3 de noviembre de 1958. El triunfo de la revolución castrista significaba para el joven, que no podría involucrarse en la política de su propio país por prácticamente el resto de su vida. Este pensamiento ensombrecía su existencia cuando reflexionaba al respecto. Luego se calmó ante la creencia de que una revolución comunista no podría contar por mucho tiempo con el apoyo de un pueblo que amaba tanto la libertad como él. Los cubanos aman la libertad y nunca se permitirán vivir indefinidamente bajo las botas de una tiranía totalitaria. Además, estamos a tan solo 120 kilómetros de los Estados Unidos. Los norteamericanos jamás van a permitir un país comunista a las puertas de su casa.

Habían vehículos militares en todas partes. Las mujeres gritaban histéricas en el medio de la calle y se lanzaban sobre los rebeldes para abrazarlos y besarlos. Eran los héroes del 1ro de enero. Algunos eran tan jóvenes que ni siquiera habían podido dejarse crecer la barba rebelde. Muchos oportunistas empezaron a dejársela crecer, necesitaban mostrarla para aprovechar la oportunidad de formar parte del nuevo régimen. ¡Hacía falta tener barba para ser un auténtico rebelde!

En las calles, miles de personas gritaban el mismo leitmotiv: "¡Abajo Batista! ¡Viva Fidel!". A uno lo llamaban por su segundo apellido y al otro por su nombre de pila. Se referían a él con cariño y familiaridad. En realidad, Batista estaba al borde de un abismo, como había sugerido

E.M. Los americanos no habían visto formarse la tormenta. Escogieron al rebelde por encima del general, ceguera política. Sabían que Raúl Castro y Ernesto Che Guevara eran comunistas, pero pensaban que Fidel Castro era solo un "compañero de viaje". Como máximo, un demócrata socialista. Pocos imaginaban que Fidel ya tenía un plan maestro para, a paso lento pero seguro, convertir la Isla de Cuba en un estado comunista adherido al bloque soviético. Llevó a cabo su plan siguiendo paso a paso las directrices del Manifiesto del Partido Comunista, publicado en el año 1848 por Marx y Engels.

Al amanecer, Andy Pruna decidió echar un vistazo a su alrededor. La revolución resonaba con fuerza dentro de su cabeza. Deambuló entre la multitud, cuyos brazos terminaban en fusiles y bates de béisbol. Veía a jóvenes rebeldes con caras enmarcadas por cabellos largos que les caían sobre los hombros. Se miraban. Tenían la misma edad.

Había una curiosa mezcla de festividad y peligro en el boulevard. El joven cogió por el Paseo del Malecón, invadido de rebeldes, y entonces decidió regresar y entrar al Someillan. El apartamento del piso 17 estaba en silencio. Bajó en el elevador. Algunos vecinos estaban conversando en el garaje, en el sótano del edificio. Algunos apartamentos que pertenecían a funcionarios relevantes de Batista, estaban abandonados. Sus lujosos apartamentos habían sido saqueados.

—¿No han visto ustedes a mi hermano?

—No.

—Bueno, me voy. No sé dónde puede estar Fernando. ¡Mierda! Si lo ven, por favor, díganle que regresaré en una hora.

Tan pronto como salió del edificio, Andy se encontró con un grupo de hombres armados que venían en su dirección. Uno de ellos levantó su arma con arrogancia. Lucía bastante nervioso. Le apuntó a Andy con su ametralladora.

—¿Estás huyendo o qué?

—¡Mierda, hombre, déjame tranquilo! Yo vivo aquí y simplemente estoy saliendo.

—Escuche – interrumpió un vecino –, yo puedo garantizarle que él vive aquí.

El vecino intervino calmadamente, al ver la situación. El joven rebelde bajó su arma. Como adolescente, Andy se enojaba con facilidad y con frecuencia se enardecía debido a su temperamento rebelde. Nunca se mordía la lengua. No le interesaba la política y nunca le interesó mucho hasta los últimos meses, cuando las tensiones sacudieron la Isla. Miró al rebelde a los ojos y dijo:

—¡Sabes que en realidad eres un pedazo de mierda! No puedes andar por ahí apuntándole a la gente. Probablemente ni sabes cómo usar esa arma.

–¡Cállate, comemierda! Mejor sal de mi camino.

–Vete para casa del carajo.

Los hombres se fueron tan rápido como habían venido, fundiéndose rápidamente en la multitud que pasaba. La luz del crepúsculo también se apagaba tan rápido como había aparecido. Había llegado la oscuridad.

18

EL LAGARTO

Los camaleones son reptiles que pertenecen al suborden de la iguana. Estos coloridos lagartos son conocidos como una de las pocas especies que cambian el color de su piel. Sin embargo, la idea de que los camaleones cambian de color para fundirse con su entorno es errónea.

"Creo que Castro tiene sangre de lagarto"
Errol Flynn – La Habana, enero de 1959.

Jardines del Hotel Nacional, Vedado, La Habana, Cuba, primera semana de 1959.

–¡Atrapé a uno!

La persecución había comenzado un hermoso día soleado – con una opresión agresiva e impaciente. La mano se cerró alrededor de la presa que continuaba luchando en vano. Tan pronto como se detectaba algún movimiento sospechoso, el juego de cazar a otra presa volvía a comenzar.

–¡Veo a otro tratando de escapar por allí!

El segundo fugitivo se arrastró con precaución por la hierba, intentando pasar desapercibido – una táctica camaleónica con e l perfecto camuflaje c uando l os colores verde olivo s e f undían. E l cazador no pedía explicaciones. ¡Sucedía tan rápido! Sabía qué estrategia usar en caso de ataque. Escapar. Solo necesitaba escalar rápidamente una palma, que fue exactamente lo que hizo, de prisa. Había una sola cosa que el cazador podía hacer: esperar que el fugitivo bajara. El perseguidor no estaba dispuesto a desistir. ¡Era esencial atrapar a este a cualquier costo!

Cuando alzó la vista hacia la cima de la palma real para localizar a la inaccesible presa, el ruido de un motor perturbó la paz. El sonido hizo vibrar las ramas de la palma. El aparato se aproximó y terminó encontrando un espacio para aterrizar. Sin rastro de temor, la joven y frágil cazadora esperó a que las hélices del helicóptero dejaran de moverse para ir a encontrarse con los dos soldados que descendieron de él. Cada uno llevaba un arma y sus uniformes verde olivo estaban cruzados por cartucheras llenas de balas de cobre que brillaban bajo los rayos del sol. Lucían muy jóvenes. Cualquiera podía decir que uno de ellos todavía era un adolescente.

—¡Buenos días! Hola. ¿Cómo te llamas?

A Claudia le gustaban aquellas mañanas de vacaciones para entregarse a una de sus actividades favoritas en los verdes, pacíficos y primorosos jardines del Hotel Nacional en el barrio del Vedado en La Habana: la caza de lagartos. Se preguntaba cuál escogería para llevárselo con ella a Nueva York, con la esperanza de que sus padres aprobaran sus planes. La joven se las había arreglado para atrapar uno. El segundo que pudiera atrapar sería un excelente compañero de viaje. Ahora miraba el tronco de la palma con desesperación, temiendo que no sería capaz de desalojar al fugitivo que se burlaba de ella unos metros más arriba, bajo las hojas de la palma, aparentemente a salvo por completo.

—Puedes jugar afuera si quieres, pero no te vayas de instalaciones del hotel ni te aventures a los alrededores —le había dicho Solange aquella mañana.

Habían estado circulando rumores de que habían disparado a algunas personas desde horas muy tempranas de la mañana, y luego se habían oído disparos lejanos. De vez en cuando, había algún grito fuera de lo común, mezclado con el silbido de las balas que volaban alrededor. Las agitadas conversaciones en el lobby del Hotel Nacional reflejaban incertidumbre y especulación, y la mayoría de los turistas ya había hecho sus maletas. Sin embargo, los niños que chapoteaban en la piscina permanecían tranquilos y ajenos a los remolinos que agitaban La Habana, excepto, por supuesto, por el helicóptero que acababa de aterrizar. Claudia había oído hablar del presidente que se había escapado. Debía haber estado muy asustado. Ella sabía que mucha gente quería deshacerse de él. Fue por eso que, cuando vio la sombra del helicóptero girar sobre el hotel, las palmas y las hélices girando, sonrió confiada.

El aparato aterrizó cerca de la piscina y ella se acercó con absoluta naturalidad y sin miedo a la presencia de los dos jóvenes sonrientes con apariencia de guerreros.

—Hola, me llamo Claudia… Quiero… atrapar… - quería explicarse en un español rudimentario acompañado de gestos.

Si aquellos dos hombres fuertes estaban allí para ayudar a la gente, bien podían ayudarla a ella a cumplir su misión.

—Quiero … atrapar … gran lagarto…

—¿Qué? Sí, ya veo. ¿Quieres atrapar al lagarto?

Miraron hacia la cima de la palma y sonrieron. Para deleite de Claudia, uno de los soldados rebeldes trepó por el tronco del árbol con habilidad y casi tanta rapidez como el lagarto. Bajó con el reptil en la mano. ¡A falta de algún hombre de Batista, al menos podía felicitarse ante sus superiores por haber atrapado a un lagarto! Claudia lo recompensó a su manera.

–Gracias. ¡Muchas gracias! ¡Vengan a mi cuarto! Tengo algo de comer. ¡Y también podemos dibujar!

En su cuarto de hotel, la niña dibujó una gran ciudad, con torres tan altas que el propio Hotel Nacional parecía pequeño e incluso la Estatua de la Libertad parecía pequeña. Los soldados miraron el dibujo con interés.

–Así es como luce el lugar donde vivo – dijo ella, mirándolos seriamente.

Mientras el lápiz de la niña dibujaba hermosos edificios, los dos jóvenes rebeldes dibujaban aviones, soldados rebeldes, disparos y explosiones; guerreros envueltos en una batalla.

Así comenzaron los primeros días de enero de 1959, mientras los rebeldes revolucionarios cazaban a soldados y oficiales de la policía del gobierno de Batista, en La Habana, una niña de siete años cazaba lagartos en los jardines del Hotel Nacional. Jóvenes cuyas vidas se habían cruzado con algunos ideales, y el universo de una niña en el palacio dorado de sus fantasías.

–A mi lagarto le voy a poner Fidel – declaró la niña con convicción.

–Creo que es un nombre perfecto – dijo uno de los jóvenes soldados rebeldes.

–Sí, estoy de acuerdo – dijo el otro – Claudia, has encontrado el nombre perfecto para tu lagarto.

Claudia sonrió feliz.

–Creo que Castro tiene sangre de lagarto – en estos términos describió Errol Flynn a Fidel Castro, impresionado por la energía del rebelde. El actor había aterrizado en La Habana unas semanas antes. Durante el gobierno de Batista, era usual ver a Errol Flynn jugando en el Hotel Capri, del brazo de mujeres hermosas.

Claudia Podell y Errol Flynn habían catalogado a Castro correctamente. Inconscientemente habían dado con el nombre y la descripción correctas. Con el tiempo, el pueblo de Cuba también se daría cuenta de que Fidel era un perfecto camaleón, con la capacidad de cambiar el color de sus ideas, del verde, que es el color de la palma real cubana, al rojo, color oficial de los regímenes totalitarios comunistas.

Un nuevo actor había entrado en la escena internacional ante las cámaras: Castro. Flynn estaba fascinado por el personaje. Mientras algunos grupos se daban gusto con las máquinas tragaperras y las hacían polvo, olas de estudiantes salían de la universidad para mezclarse con la creciente multitud.

Los turistas norteamericanos intentaban tranquilizarse y disfrutar sus últimos días en Cuba. Otros preferían dejar sus hoteles e ir a la embajada norteamericana, escoltados por jeeps americanos. El Hotel Nacional lucía de pronto como un plató de cine. Los turistas en sus trajes de baño discutían sobre política con los soldados rebeldes y se hacían fotos con ellos como souvenirs. Las actrices hacían sus maletas de prisa y las cantantes tenían las voces roncas de gritar en vez de hablar, para hacerse escuchar en medio de la ruidosa multitud.

Durante las últimas horas de la noche, las tropas del Segundo Frente, al mando del comandante Eloy Gutiérrez Menoyo, un español que había emigrado a Cuba con su familia después de la

Guerra Civil Española, entraron en La Habana. Al mismo tiempo, Fidel Castro hizo su entrada victoriosa en Santiago de Cuba, que se convertiría provisionalmente en la capital del país. Designó a Manuel Urrutia presidente de la nación. Cuando Fidel apareció en el balcón de un hotel en Santiago con el nuevo presidente, su voz ahogada por la multitud, no se escuchó. Llamó a una huelga general desde la nueva capital del país.

Fidel confiaba en que sus tropas en La Habana, lideradas por el comandante Camilo Cienfuegos y Ernesto Guevara, se pondrían al mando del Campamento Militar Columbia y la Fortaleza de La Cabaña. Sorprendentemente, en sólo cuarenta y ocho horas, el Ejército Constitucional se derrumbó y se rindió. Con la moral destruida por la ausencia de su líder incuestionable, que había optado por huir del país en vez de luchar, miles de soldados armados y entrenados se rindieron ante solo docenas de rebeldes. Ni un solo sentido del territorio estratégico militar de Cuba parecía haber escapado de la Revolución verde olivo.

Se colocaron parapetos incluso en los paraísos del juego. En el Hotel Capri, George Raft, que administraba el lugar, se movía entre los carros, esquivando algún tiroteo inexistente. Entonces, alguien le gritó:

–¿Eh, Georgie, te crees que estás interpretando un personaje en alguna película?

–Soy un actor norteamericano. No tengo nada que ver con los asuntos políticos de Cuba – gritó desde la puerta de su club.

Había cientos de jóvenes soldados rebeldes y jóvenes impetuosos dentro de la masa urbana. Raft intentaba calmar los ánimos e incluso ofreció comida a las tropas que habían tomado el Capri por asalto. Abrumaba a los rebeldes con lemas revolucionarios, como si estuviera interpretando el mejor y más importante papel de su vida. Así se las arregló para salvar parte del mobiliario del hotel. El Capri apenas sobrevivió al saqueo total que sufrió.

Las ediciones matutinas no tenían tiempo de imprimir los fantásticos lemas revolucionarios. En la tarde, durante la puesta del sol en una Habana ardiente de rebelión, los repartidores de periódicos repetían incansablemente la noticia de portada: "Batista se fue".

Irse de La Habana parecía lo más inteligente. Esconderse en el campo y esperar a que se calmaran los ánimos.

—Pruna se fue, Pruna se fue…—habrán anunciado seguramente algunos amigos.

Pero Fernando no se había ido para ninguna parte. Toda la debacle lo agarró de sorpresa. No podía haberse imaginado que Batista se iría sin siquiera hacer las maletas. Estaba absolutamente consciente de que había complicaciones políticas, pero nunca imaginó que podría llegar a este punto. Para él, fue una experiencia traumática que quedó congelada en su mente para siempre desde entonces. Su primera reacción fue una sorpresa increíble, pero enseguida sus sentimientos fueron reemplazados por la rabia y la frustración. No podía justificar la decisión de Batista de huir. Como había tenido el privilegio de que el capitán Labrada le informara quiénes eran y como pensaban los líderes de la Revolución, enseguida comprendió que la Revolución desembocaría en comunismo.

La Habana, enero de 1959 – Primer mes de la Revolución

Fernando prefirió distanciarse del torbellino de la ciudad convulsionada. Prudentemente decidió no dejarse ver durante los siguientes días, aceptando la hospitalidad de su joven y hermosa prima, Mickey[110], que le era muy querida, y de su madre, Zoraida, en paz y a salvo en su apartamento pequeño pero cómodo. Desde

---

[110] Zoraida Bertot fue apodada Mickey por su padre. Era prima de Fernando.

este escondite, que también estaba en la zona del Vedado, podía monitorear discretamente los sucesos de la incipiente Revolución. No era el momento adecuado para acciones temerarias.

Asombrado ante lo que sucedía, mantenía los ojos pegados a la pantalla del televisor. Desde el mismo principio de la toma del poder por la Revolución, las noticias cubrían incesantemente la persecución de los que habían servido al gobierno de Batista. En sólo días, el nuevo gobierno modificó la Constitución cubana de 1940, legalizando la pena de muerte e institucionalizando el fusilamiento. La sed de venganza era abrumadora, y las acusaciones estaban a la orden del día. Los tribunales revolucionarios brotaban a lo largo de la Isla, y los oficiales rebeldes barbudos, sin ninguna formación en leyes presidían los tribunales y condenaban a muerte a cualquier sospechoso de un crimen. Los pelotones de fusilamiento ejecutaban las sentencias de manera automática e inmediata. La sangre corría como nunca antes en Cuba.

La completa cobertura televisiva de los juicios permitía a todos los espectadores ser testigos de la implementación de la justicia revolucionaria sin ningún debido proceso o procedimiento legal. Los acusados estaban indefensos y las sentencias estaban dictadas de antemano. Los juicios eran un circo, pero Fernando pronto comprendió que estas demostraciones de agresividad y severidad en los castigos perseguía un objetivo político. El objetivo era sembrar el miedo. Era el proceso de crear el Terror Revolucionario – una manera de inculcar un miedo profundo al poder del gobierno. Estaba claro, era el terror como institución de amenaza revolucionaria.

La prensa, libre de censura, temporalmente, permitía la publicación de las fotografías de los prisioneros antes, durante y después de ser sometidos al pelotón de fusilamiento. Los periódicos y revistas contenían imágenes atroces de cuerpos mutilados, acribillados a balazos. Sin embargo, las turbas gritaban al unísono y repetidamente la palabra "PAREDÓN" a favor de las ejecuciones por los pelotones de fusilamiento. De nuevo, era la generalización de un miedo intenso para someter a la población general. Significaba que la Revolución iba en serio en cuanto su objetivo y que podía acabar con tu existencia abiertamente, no había necesidad de hacerlo en secreto.

Fidel Castro comenzó a pronunciar interminables discursos que duraban horas. Pronto se hicieron evidentes las divisiones entre las distintas organizaciones revolucionarias. Era el resultado de las ambiciones sectoriales por obtener algún poder. La variedad de grupos antibatistianos clamaba por un pedazo del pastel, en vano. Fidel Castro, con una excepcional capacidad política de maniobra y una oratoria incendiaria, manipuló a las masas y logró usurpar el poder absoluto para sí mismo y el Movimiento 26 de Julio.

El comandante Ernesto "Che" Guevara demostró enseguida su predilección por la sangre al escenificar ejecuciones en la Fortaleza de la Cabaña a diario e invitar a multitudes a ver y disfrutar el espectáculo. Se convirtió en una fuente de entretenimiento para los espíritus radicales que se veían excitados por estos sucesos sangrientos. Se fusilaba a docenas de prisioneros condenados a muerte en horas tempranas de la mañana o tarde en la noche. Circulaban rumores de que el Che Guevara, el carismático comandante rebelde argentino había asesinado personalmente a algunos oficiales de alto rango de Batista de un balazo con su pistola calibre 45, en su propia oficina, sin levantarse de su asiento.

El caso más extremo tuvo lugar menos de dos semanas después de la llegada de la Revolución al poder. El lunes 11 de enero de 1959[111], en las primeras horas de la noche, mientras la población de la ciudad de Santiago de Cuba, como el resto del país, aún celebraba el triunfo de la Revolución, varios carros y camiones se

---

[111] Un titular del periódico oficial del Movimiento 26 de Julio, "Revolución", publicó en la portada de la edición del 14 de enero de 1959: "¡EXCLUSIVA! ¡VEA LA LISTA DE LOS FUSILADOS EN SANTIAGO DE CUBA! La lista de los setenta y tres hombres que fueron fusilados ese día fue publicada con todos los nombres y apellidos.

deslizaban por las calles de la ciudad a velocidad moderada. Su destino era el campo de tiro militar del Valle de San Juan.

La caravana acababa de partir de un juicio revolucionario que el hermano menor de Fidel Castro, el comandante Raúl Castro, interrumpió con un grito: "Si uno es culpable, todos son culpables".

Ilustración 42 PERIÓDICO CUBANO DE FECHA 15 DE ENERO DE 1959 INFORMANDO CIENTOS DE EJECUCIONES ORDENADAS POR EL COMANDANTE RAÚL CASTRO, HERMANO DE FIDEL CASTRO. EL TITULAR DICE: "RAÚL PROMETE MÁS EJECUCIONES".

Al llegar al campo de tiro, alrededor de 200 soldados rebeldes vestidos con uniformes verde olivo saltaron de sus vehículos. Todos llevaban armas de distintos tipos y calibres. Una vez allí, bajaron a un grupo de prisioneros atados de manos, de los camiones. En la siguiente hora llegaron otros camiones con más prisioneros. Más tarde, llegó una caravana de carros y jeeps, y el comandante Raúl Castro se bajó de uno. Con su pelo largo atado en un nudo detrás de la cabeza, el comandante lampiño, que llevaba una boina negra con una estrella dorada solitaria, ordenó a los prisioneros caminar y colocarse delante de una trinchera ancha y profunda que una bulldozer había cavado antes. El Padre Chabebe fue el cura presente que intentó proporcionar alguna ayuda espiritual a los aterrados prisioneros.

Ya pasada la medianoche, llegando el nuevo día, aproximadamente a las cuatro de la mañana del lunes 12 de enero de 1959, 73[112] ex oficiales de la policía y el ejército cayeron en la profunda trinchera, masacrados por una andanada de disparos. Enseguida, la bulldozer los cubrió con la misma tierra que había extraído al excavar la trinchera. Al día siguiente, un periodista, Antonio Llano Montes[113], visitó el área convertida en una tumba colectiva y vio que de la tierra salía una mano aferrada a un objeto. Al parecer, algunos prisioneros solo habían resultado herido y habían sido enterrados vivos. Se trató de una ejecución sumaria masiva que ordenó, dirigió y supervisó Raúl Castro personalmente[114].

---

[112] "Carteles", una revista cubana muy conocida, publicó la ejecución de la trinchera en uno de sus números en enero de 1959.

[113] El periodista Antonio Llano Montes, testigo experto de los sucesos, relató los hechos de la Loma de San Juan en un programa transmitido por la emisora WAQI Radio Mambí (Miami) el lunes 28 de enero de 2002, a las 9 de la mañana.

[114] En 1966, Raúl Castro tomó la precaución de haber desaparecer los cuerpos que permanecían en la fosa común del campo de tiro de Santiago de Cuba. Hizo construir grandes ataúdes de concreto que fueron traslados en barco para ser lanzados al mar, lo más lejos posible de la costa sur del Oriente, en aguas muy profundas. Las huellas de este crimen nunca volverán a salir a la superficie.

David y Solange Podell, acompañados por su hija Claudia y un camaleón llamado Fidel, lograron finalmente reservar un vuelo directo desde el Aeropuerto Internacional de Cuba, en Rancho Boyeros, hasta el Aeropuerto La Guardia, en Nueva York. Solange estaba muy nerviosa y temía lo que podría pasarle a Fernando. No podía dejar de pensar en él desde que se encontraron en la entrada del Hotel Nacional ubicada en la calle 23. Solo habían podido verse por algunas horas, pero habían bastado para perturbar su paz mental. Todos sus sentimientos por el joven habían resurgido con rapidez para atormentarla y no podía soportar la idea de no volver a verlo. David no estaba al tanto de que ella había visto a Fernando también, aunque él había almorzado con Andy y luego se habían tomado un par de daiquiris. A David le caía muy bien Andy. Claudia escondió a Fidel en su bolso de mano y pudo pasar el chequeo de aduanas sin dificultad.

Al abordar el avión que la sacaba de Cuba, Solange no solo dejaba atrás la Isla sino también sus recuerdos. Se preguntaba cómo sobreviviría Fernando en medio de la tormenta revolucionaria. Le había pedido que por favor se fuera de Cuba y se reuniera con ella en Nueva York, pero él no había respondido. Le parecía que quizás él tenía otros planes y esto la llenaba de aprensión. El mero pensamiento de que algo terrible pudiera ocurrirle a Fernando la perturbaba profundamente.

David y Solange tuvieron a Errol Flynn de compañero de viaje, sentado a algunos asientos de ellos. El actor regresaba a Nueva York. Llevaba una pañoleta negra en el cuello, una pañoleta rebelde que habían confeccionado algunas damas revolucionarias y que le había regalado el propio Fidel Castro. Él, que había interpretado al Robin Hood de los Bosques en la pantalla, veinte años atrás, se sentía orgulloso de haber conocido a su doble en la vida real.

George Raft, que también se iba de Cuba, viajaba a bordo del avión. El saqueo a los casinos y, al mismo tiempo, la persecución a los miembros de la mafia, habían ocurrido en apenas una semana. Las cajas fuertes del Hotel Capri y todo el dinero que había, había sido robado ante la mirada inquieta e impotente de Raft. Meyer Lansky se había ido, no sin antes haber visitado sus clubes para embolsillarse los dólares. Sin embargo, contaba con la posibilidad de negociar con el nuevo gobierno. Pero, supuestamente, Fidel Castro odiaba los casinos. ¿Intentaría el mafioso obtener alguna ventaja del jefe rebelde? Apenas huyó Batista, los gánsteres estaban bien seguros de que su imperio caería de inmediato. Castro acababa de ocupar el famoso Hotel Hilton para convertirlo en su cuartel general y no tenía planes de hacerle ningún regalo a los reyes del hampa. Enseguida ilegalizó cualquier forma de juego. El hermano de Meyer Lansky, Jake, pudo comprobarlo algunas semanas más tarde cuando lo arrestaron en el Aeropuerto de La Habana con quince mil dólares en su equipaje, que fueron confiscados por la Revolución.

"Mis vacaciones de Navidad"

"En Cuba, jugaba a atrapar lagartijas en el parque. Un lagarto subió por una palma. No podía verlo. Entonces, apareció un helicóptero, del que bajaron dos soldados. Tenían fusiles y usaban cartucheras llenas de balas, que les cruzaban el pecho. Pero yo no tenía miedo, porque eran soldados amistosos que me ayudaron. Uno de ellos subió por la palma y atrapó al lagarto y me lo dio. Entonces, pintamos juntos en mi cuarto de hotel y les di algo de comer para agradecerles su ayuda. Eran soldados buenos. Entonces, le puse Fidel a mi lagarto y a ellos les gustó".

Claudia estaba encantada con la composición escrita que la maestra había pedido. El título era "Mis vacaciones de Navidad". Seguro. Una niña de siete años inventa historias o las embellece a su manera. ¡Todo el mundo sabe que cuando una niña no puede atrapar a un lagarto, un helicóptero aterriza junto a ella, como por arte de magia, y bajan dos soldados armados hasta los dientes para ayudarla a atrapar al lagarto! La maestra le dio una calificación destacada y le escribió una nota que le resultó muy gratificante: "Excelente imaginación".

El frenesí de popularidad de la Revolución no disminuía. Las multitudes se reunían y gritaban: "¡Viva Fidel!", sosteniendo carteles en los que habían escrito "Gracias, Fidel" u otros lemas revolucionarios: "Viva el Movimiento 26 de Julio". Los lemas aparecían escritos donde quiera: en un vestido, en un casco e incluso en las frentes. Los guerrilleros rebeldes enarbolaban sus boinas en los cañones de sus fusiles y vitoreaban: "¡Viva Fidel!", mientras posaban sonrientes para los fotógrafos. La multitud, rebosante de alegría se apiñaba en las plazas salpicadas de banderas con los colores de la Revolución y carteles con sus lemas de alegría: "Apoyamos al gobierno revolucionario", "Bienvenido, Fidel", "¡Fidel, esta es tu casa!". Algunos jeeps llegaron llenos de soldados que portaban banderas y gritaban: "Viva la Revolución". Castro y sus guerrilleros acababan de entrar en La Habana con gran fanfarria y eran aclamados amorosamente por los brazos de todos los que miraban desde los balcones el desfile. Las calles se llenaron de gritos de júbilo que daban la bienvenida al líder barbudo y a sus colaboradores más cercanos. Saludaban al pueblo desde los tanques de guerra y los jeeps, cortesía del Ejército Constitucional. Enardecida por la presencia de Fidel, la masa delirante, cegada por el triunfo de la Revolución, incluso comparaba a Fidel Castro con el propio Jesús Cristo, tanto en apariencia como en espíritu. Al día siguiente, casi un millón de personas se reunió en el palacio presidencial, deslumbrados por Fidel, quien se apresuró a pronunciar un discurso a sus tropas de barbudos, que permanecían sentados, mientras él permanecía de pie en el balcón y alzaba el brazo para saludar a la multitud. La abrumadora popularidad del nuevo líder y su tropa era una experiencia extraordinaria que observar. Fernando, incapaz de despegar los ojos de la pantalla del televisor, estaba asombrado y se preguntaba cuánto duraría esta popularidad. ¿Cuánto tiempo le tomaría al pueblo de Cuba darse cuenta de que la alegría que estaban expresando era el resultado de un engaño magistral llevado a cabo de manera estudiada por un manipulador experto que representaba lo que no era?

Ya habían pasado algunos días desde el triunfo de la Revolución. Fernando decidió arriesgarse a dejar su escondite momentáneamente. Sentía que necesitaba hacerlo para saber si su hermano Andy y su madre, la señora Pruna, tenían todo lo que necesitaban. Pasaba por delante del Edificio FOCSA, cuando casualmente un Mercedez Benz descapotable nuevo de paquete se detuvo junto a la acera, justo delante de él. Casi chocó con el rebelde uniformado que saltó del carro con un aire arrogante y enérgico. Supuso que el oficial revolucionario le habría confiscado el carro nuevo de paquete en algún concesionario. Probablemente le había robado el vehículo a Ramón Santé[115], reflexionó Fernando. El oficial rebelde vestía uniforme verde olivo y llevaba una boina negra con una estrella dorada prendida. A apenas unos metros de Fernando, el oficial rebelde lampiño con cola de caballo pasó junto a Fernando con paso enérgico hacia la entrada del FOCSA. Fernando simplemente siguió caminando, ahora un poco más rápido, rumbo al Edificio Someillan.

Fernando y Andy no se habían visto desde el primer día del año. Eran muy cercanos y sea abrazaron cuando se encontraron en el apartamento familiar.

—Mi hermano, he estado pensando mucho en ti en los últimos días, y creo que debes irte del país lo antes posible. Cuba se ha vuelto demasiado peligrosa para que te quedes aquí. No adivinas a quien acabo de ver. Casi choqué con él: ¡a Raúl Castro que estaba entrando en el FOCSA! ¿Lo puedes creer? Estaba justo delante

---

[115] Ramón Santé, un conocido de Fernando, era dueño de la concesionaria de Mercedez Benz en La Habana.

de mí. Aunque creo que tiene unos veintiocho años, parece de diecinueve. Estaba conduciendo un Mercedes descapotable rojo precioso, uno de esos con puertas de ala. Creo que es un Gullwing 300 SL.

–¡Coño! Qué coincidencia.

–Sí, sé que este tipo mandó a fusilar a un montón de gente en Santiago de Cuba. Oficiales de Batista. Es un tipo peligroso.

–¿Por qué quieres que me vaya de Cuba, mi hermano? Me está yendo muy bien en la San Alejandro. Es una gran escuela. Probablemente sea la mejor escuela de arte del mundo.

–Lo sé, Andy, pero Cuba se va a transformar en una dictadura comunista. Va a ser un estado totalitario. Es solo cuestión de tiempo. Nunca encajaríamos en ese tipo de gobierno; es un sistema extranjero para nosotros. Tú eres muy talentoso; tienes un futuro maravilloso por delante. Tu lugar está en los Estados Unidos. Además, hablas inglés perfectamente y allá te sentirás como en casa, gracias a nuestro padre, que tuvo vista larga y pudo costearnos una educación en los Estados Unidos.

–¿Y tú, vendrás conmigo?

–Andy, he estado pensando mucho y estoy pensando seriamente en quedarme. Quizás esté loco. No tendría problema en los Estados Unidos. Tengo muy buenos amigos allá. Pero no sé, siento que tengo una obligación con Cuba y que no puedo dejar que nuestro país simplemente caiga en las manos del comunismo sin dar una buena pelea. Es una locura, pero es lo que siento.

–¿No me jodas, estás pensando en volver a meterte en política?

–No, mi hermano, no podré involucrarme en política en Cuba de nuevo durante los próximos treinta años. Castro aprobó una ley mientras todavía estaba en la Sierra Maestra, que prohíbe que cualquiera que haya sido candidato en las últimas elecciones generales participe en la política del país durante los próximos treinta años.

—¡Pero eso es una locura de mierda!

—Tienes toda la razón, pero él es el que tiene las riendas ahora. El panorama para nosotros aquí es desolador, debes de entenderlo. Estos tipos están matando gente en La Cabaña todos los días. En Cuba nunca se ha visto nada así. Está claro que esta no es una revolución normal; es más que eso, mucho más.

—Pero todo indica que el pueblo lo adora y parece que no les importa que esté matando gente.

—Sí, lo sé, y es precisamente por eso que tienes que irte del país.

—¿Y tú mi hermano qué tienes en mente? Si tú te quedas yo también.

—Creo que no podemos irnos todos. Creo que algunos tenemos que quedarnos y ver cómo enfrentar este problema. Andy, se trata de la libertad. Creo que este tipo quiere cambiar todo el sistema de gobierno. No estamos hablando de un cambio en el poder, no, en lo absoluto. Quiere cambiarlo todo, la estructura gubernamental, la economía del país. Esto es muy serio. Hay que pararlo de alguna forma.

—Fernando, ceo que estás jugando con fuego. Este tipo es tremendamente popular; demorará años. Creo que estás loco al querer involucrarte, al menos por ahora. Si te pones a joder, te puede costar la vida. Esta gente no está jugando. Los dos tenemos que irnos.

—Lo sé, lo sé. Lo voy a pensar. Empezaré a preparar los papeles para los dos. Ahora hay que tener un permiso firmado para poder irse del país. Fuera de eso, estamos en buena situación, los dos tenemos visas.

Fernando aún no había tomado una decisión en cuanto a irse del país o quedarse. Pero Andy lo había convencido de que quizás lo correcto era irse. Así es que lo discutió con su padre y empezó a encargarse de todas las formalidades legales, con la idea de que ambos debían abandonar el país, convencido de que, si Andy sentía que él no se iría, también se rehusaría a partir. Así de cercanos eran.

El Doctor Pruna aprobó la idea de partida y estuvo de acuerdo en que ambos hermanos debían irse del país. Sin embargo, en las últimas semanas, se encontró varias veces con su buen amigo, José Luis Pujol, en su casa del Vedado y discutieron la factibilidad y la posibilidad de conspirar contra el gobierno revolucionario. Anteriormente, el señor Pujol tenía una colaboración estrecha con el gobierno de Batista. Dirigía o administraba el enorme central azucarero "Washington Sugar" cerca de la ciudad de Santo Domingo en la provincia de Las Villas, que, como todo el mundo sabía, pertenecía al presidente que acababa de partir. El hijo del señor Pujol había sido electo al congreso por segunda vez en la última elección y había sido un hombre de influencia en el pasado gobierno. El Doctor Pruna se había entusiasmado con la idea de conspirar contra la Revolución y le habló de ello a Fernando. La conversación encendió el interés de Fernando, que ya estaba cavilando sobre qué hacer para oponerse a la nueva realidad política.

Al principio solo fueron conversaciones, intercambio de pensamientos e ideas y discusiones y análisis de las últimas noticias de los Estados Unidos. En Nueva York, Rafael Díaz Balart, excuñado de Fidel Castro y senador electo en los últimos sufragios, acababa de fundar la primera organización contrarrevolucionaria, **La Rosa Blanca**, llamada así por el conocido poema del venerado apóstol José Martí.

Fernando pudo conseguir la documentación de Andy antes de completar la suya. No creyó que la suya tardaría mucho, quizás un par de semanas, y entonces alcanzaría a su hermano. En el aeropuerto, la partida era siempre tensa y a veces caótica. Los oficiales de aduana revisaban a los pasajeros, así como las maletas, meticulosamente. Solo se permitía llevar un equipaje de mano y nada de joyas, y no más de cien dólares. El 24 de enero de 1959, Andy tomó un vuelo desde el Aeropuerto Internacional de Rancho Boyeros hasta Nueva York, con una escala muy breve en Miami. Era una mañana de domingo fría, pero soleada. Después de un rápido abrazo y unas palabras alentadoras, Fernando subió las escaleras y le dijo adiós desde el portal superior del edificio del aeropuerto. Sacó su pañuelo blanco y lo agitó en el aire para que Andy pudiera identificarlo entre la multitud. Andy le respondió haciendo ondear el suyo, alzando los brazos lo más alto que podía en el aire. Aunque confiaban en verse de nuevo en pocos días, fue de todas formas una separación emotiva y triste. La incertidumbre del futuro que tenían por delante y el dilema del presente trajeron lágrimas a los ojos a ambos hermanos. Fernando le había dado a Andy una larga lista de amigos y conocidos que podía llamar al llegar a la gran ciudad por si necesitaba ayuda u orientación. "Vas a estar bien, mi hermano", repetía Fernando. "En pocos días voy a estar contigo".

Pero las cosas no salieron así. A veces, el destino, como el viento, da giros y vueltas inesperadas. Los hermanos no podían haberse imaginado en ese instante que tardarían veinte largos años en abrazarse otra vez.

Ilustración 43 *FOTO DEL PASAPORTE DE ANDRES "ANDY" PRUNA BERTOT AL ABANDONAR CUBA EL 24 DE ENERO 1959..*

<u>Nota</u>: Antes del Después, primer libro de la trilogía Habana 505, termina aquí. El segundo y el tercero aún están en el proceso de escribirse.

NOTAS FINALES

[i] Gerardo Machado y Morales; Santa Clara, 1871 - Miami, Florida, 1939) Militar y político cubano. Participó en la Guerra de Independencia cubana de 1895-98, alcanzando el grado de General del ejército rebelde. Acabada la guerra, se dedicó a los negocios, colaborando con inversionistas norteamericanos y alcanzando una notable fortuna. Se hizo políticamente con el control del Partido Liberal y fue elegido presidente de la República.

Durante su primer mandato (1925-29), la coyuntura económica favorable le permitió ser fiel a su lema electoral («Agua, carreteras y escuelas») y lanzar un gran programa de obras públicas: amplió la Universidad de La Habana, construyó la Carretera Central, el Capitolio y centros sanitarios; pero también manipuló los poderes legislativo y judicial y sometió a la oposición para garantizar su reelección.

Su segundo mandato estuvo marcado por las difi ades económicas derivadas de la «gran depresión» (desde la crisis de 1929) y el carácter dictatorial que iba adquiriendo el gobierno. En consecuencia, surgieron movimientos de protesta y se acrecentó la represión.

Los Estados Unidos intentaron una salida pacífica enviando a la isla a Sumner Welles como mediador. En 1933 se produjo una huelga general, y un golpe militar encabezado por Fulgencio Batista (la llamada «Revolución de los Sargentos») obligó a Machado a abandonar el poder y exiliarse en Estados Unidos. Diplomáticamente, el gobierno de los Estados Unidos orquesto la salida del poder de Machado.

[ii] Carlos Manuel de Céspedes y Quesada (Agosto 12, 1871 – Marzo 28, 1939). Político, diplomático e intelectual cubano. Hijo del padre de la patria Carlos Manuel de Céspedes y del Castillo (Abril 18, 1819 – Febrero 27, 1874), alcanzó el grado de coronel en la Guerra del 95 a la que se incorporó al mando de la expedición del Laureada. Durante la República fue representante a la Cámara, embajador y secretario de Estado del presidente Alfredo Zayas. Fue escogido durante la mediación de Sumner Welles para sustituir al dictador Gerardo Machado. Formó un gobierno que no fue aceptado por la mayoría del pueblo cubano y se convirtió en presidente provisional de la República deCuba desde el 12 de agosto de 1933 hasta el 4 de septiembre de 1933 en que fue derrocado por Batista quien le pidió su renuncia. Emparentado con Walterio Bertot Céspedes, abuelo de Fernando Pruna Bertot, sentía una gran simpatía por la madre de Fernando, Carolina Bertot Ortiz de Pruna, y fue testigo principal de la boda de esta con el Dr. Fernando Pruna Blanco. Mientras que fue presidente de Cuba, Carolina lo visitaba frecuentemente en

el Palacio Presidencial, muchas veces acompañada de su primo Raul Enrique de Cubas, a quien ella cariñosamente le llamaba "Kiki" y que entonces era un niño.

iii The Moncada Attack – Antonio Rafael de la Cova

iv ENTREVISTA al profesor Antonio de la Cova, PhD en Historia, autor del nuevo libro "The Moncada Attack" sobre "El Asalto al Cuartel Moncada" realizada por www. cubalibredigital.com

P: ¿Cuál fue la participación directa de Fidel Castro en los sucesos?

R: Fidel Castro, notorio por su memoria y su verborrea, jamás ha descrito en detalle su participación en el combate del Moncada. Nunca ha revelado si disparó un arma, cuantas veces, cuando, o contra quien, como han dicho otros rebeldes. Su actuación la he podido descifrar por rebeldes que estuvieron a su lado, como Gustavo Arcos, que lo acompañó al Moncada, y Héctor de Armas, Carlos Bustillo, y Gerardo Granados, que estuvieron con Castro en la balacera frente a la posta tres, pero no lo vieron disparar su pistola Luger. Castro se pasó los veinte minutos que duró el combate tratando de reagrupar a los rebeldes que se habían dispersado en los patios de las casas del reparto militar y erróneamente penetraron en el hospital militar fuera del cuartel. Un dato interesante es que después que Castro es detenido y llevado a la prisión de Boniato, el médico forense José Ramón Cabrales va a hacerle la prueba de la parafina, para ver si había disparado un arma, y Castro se niega que lo haga. Según el libro de Georgina Cuervo y Ofelia Llenín, "Moncada: Epopeya Heroica," publicado en La Habana en 1973, página 116, Castro dice: "¿A mí? A mi no me la hacen; ponga que da positivo porque yo sí tiré. A mí no hay que hacerme la parafina. Búsquenme un arma y verán como sigo tirando. —Y fue al único combatiente que no se le hizo la prueba de la parafina." Parece que Castro sabía que su prueba de la parafina iba a dar negativa, y no quiso desprestigiarse de esa manera, que siendo el líder, no disparó ni un solo tiro.

v R Carta al Coronel del Río Chaviano
Mons. Enrique Pérez Serantes, Arzobispo de Santiago de
Cuba Santiago de Cuba, 30 de Julio de 1953
Coronel Alberto del Río Chaviano, Jefe
del Regimiento No. 1 "Maceo". Ciudad.
Muy distinguido amigo:
Gustoso me brindo a ir en busca de los fugitivos que atacaron el Cuartel Moncada en la mañana del Domingo pasado, y agradezco mucho a Ud. las facilidades que me dé para lograr el noble propósito que Ud. y a mí nos anima

en este caso. Asimismo agradezco las garantías que a los fugitivos y a mí nos brinde Ud. para llevar a vías de hecho nobilísimo fin de que aquellos depongan las armas y vuelvan a la normalidad, llevando la tranquilidad a sus desolados hogares y a toda familia cubana, que está sufriendo preocupada por la suerte de estos muchachos y por la tranquilidad de la República.

Prestar este servicio y cualquier otro por arduo que sea, que esté mi alcance, nunca será demasiado para quien está tan obligado como estoy yo, a procurar el bienestar de la familia cubana, y a sacrificar cuanto sea necesario para servir a sus hermanos. Sólo espero que Ud. me haga el favor de facilitarme la manera poder encontrar pronto a los fugitivos, donde quiera que se encuentra con tal que pueda llegar al lugar donde ellos se hallan, o acercarme a ellos a un lugar seguro convenido de antemano. Espero, pues, sus indicaciones para dar comienzo sin más dilación a esta labor.

Aprovecho esta oportunidad para felicitar a Ud. una vez más por sus nobles y cristianos sentimientos, por este rasgo propio de un militar altamente pundonoroso, honra y prez del Ejército, digno del alto cargo que desempeña, de tanta responsabilidad siempre, pero de modo especial en estos críticos momentos. Suerte para la República, y suerte grande para Santiago de Cuba contar con un jefe así a la hora presente.

Bendiga el Señor esta empresa, y bendíganos a todos. Bendiga la
República. Su S.S. amigo y Prelado que le bendice,
+ENRIQUE, Arzobispo de Santiago de Cuba
Nota: Carta de Mons. Enrique Pérez Serantes, procurando salvar por todos los medios, la vida del Dr. Fidel Castro y Ruz y de sus compañeros, después del asalto a Cuartel Moncada en el mes de julio de 1953.

[vi] Este discurso fue pronunciado en la Cámara de Representantes de la República de Cuba en mayo del año 1955 por el Dr. Rafael L. Díaz-Balart, en ese momento el líder de la mayoría y presidente del comité parlamentario de la mayoría en la Cámara, contra la ley que amnistió a Fidel Castro y demás asaltantes al cuartel Moncada, cuando habían cumplido solamente dos años de cárcel y después de haber sido condenados por un tribunal civil. Castro había recibido una condena de 15 años.

La Amnistía (1955) Por
Rafael Díaz-Balart

Señor Presidente y Señores Representantes:
He pedido la palabra para explicar mi voto, porque deseo hacer constar ante mis compañeros legisladores, ante el pueblo de Cuba y ante la historia, mi opinión y mi actitud en relación con la amnistía que esta Cámara acaba de aprobar y contra la cual me he manifestado tan reiterada y enérgicamente.

No me han convencido en lo más mínimo los argumentos de la casi totalidad de esta Cámara a favor de esa amnistía.

Que quede bien claro que soy partidario decidido de toda medida a favor de la paz y la fraternidad entre todos los cubanos, de cualquier partido político o de ningún partido, partidarios o adversarios del gobierno. Y en ese espíritu sería igualmente partidario de esta amnistía o de cualquier otra amnistía. Pero una amnistía debe ser un instrumento de pacificación y de fraternidad, debe formar parte de un proceso de desarme moral de las pasiones y de los odios, debe ser una pieza en el engranaje de unas reglas de juego bien definidas, aceptadas directa o indirectamente por los distintos protagonistas del proceso que se esté viviendo en una nación.

Y esta amnistía que acabamos de votar desgraciadamente es todo lo contrario. Fidel Castro y su grupo han declarado reiterada y airadamente, desde la cómoda cárcel en que se encuentran, que solamente saldrán de esa cárcel para continuar preparando nuevos hechos violentos, para continuar utilizando todos los medios en la búsqueda del poder total a que aspiran. Se han negado a participar en todo proceso de pacificación y amenazan por igual a los miembros del gobierno que a los de oposición que deseen caminos de paz, que trabajen a favor de soluciones electorales y democráticas, que pongan en manos del pueblo cubano la solución del actual drama que vive nuestra patria.

Ellos no quieren paz. No quieren solución nacional de tipo alguno, no quieren democracia ni elecciones ni confraternidad. Fidel Castro y su grupo solamente quieren una cosa: el poder, pero el poder total, que les permita destruir definitivamente todo vestigio de Constitución y de ley en Cuba, para instaurar la más cruel, la más bárbara tiranía, una tiranía que enseñaría al pueblo el verdadero significado de lo que es tiranía, un régimen totalitario, inescrupuloso, ladrón y asesino que sería muy difícil de derrocar por lo menos en veinte años. Porque Fidel Castro no es más que un psicópata fascista, que solamente podría pactar desde el poder con las fuerzas del Comunismo Internacional, porque ya el fascismo fue derrotado en la Segunda Guerra Mundial, y solamente el comunismo le daría a Fidel el ropaje pseudo-ideológico para asesinar, robar, violar impunemente todos los derechos y para destruir en forma definitiva todo el acervo espiritual, histórico, moral y jurídico de nuestra República.

Desgraciadamente hay quienes, desde nuestro propio gobierno tampoco desean soluciones democráticas y electorales, porque saben que no pueden ser electos ni concejales en el más pequeño de nuestros municipios.

Pero no quiero cansar más a mis compañeros representantes. La opinión pública del país ha sido movilizada a favor de esta amnistía.Y los principales jerarcas de nuestro gobierno no han tenido la claridad y la firmeza necesarias para ver y decidir lo más conveniente al Presidente, al Gobierno y, sobre todo, a Cuba. Creo que están haciéndole un flaco servicio al Presidente Batista, sus Ministros y consejeros que no han sabido mantenerse firmes frente a las presiones de la prensa, la radio y la televisión.

Creo que esta amnistía tan imprudentemente aprobada, traerá días, muchos días de luto, de dolor, de sangre y de miseria al pueblo cubano, aunque ese propio pueblo no lo vea así en estos momentos.

Pido a Dios que la mayoría de ese pueblo y la mayoría de mis compañeros Representantes aquí presentes, sean los que tengan la razón.

Pido a Dios que sea yo el que esté equivocado.

Por Cuba.

Nota Aclaratoria de Fernando Pruna: *Siempre existen detractores y debo aclarar que recibí notificaciones de personas que me dijeron que esta carta o discurso de Rafael Diaz Balart no consta en la Gaceta Oficial de Cuba. Ante la duda me comuniqué con el hijo de Rafael, Lincoln Diaz Balart y le pedí una aclaración. Este me manifestó inequívocamente que el discurso de su padre es genuino y legitimo y me empeñó su palabra de honor a ese efecto.*

[vii] Guillermo García Frías (Niquero, 1928). Fue el primer campesino incorporado al Ejército Rebelde después del desembarco de los expedicionarios del Granma. En sus filas alcanzó el grado de Comandante, encabezó una de las columnas del Tercer Frente "Mario Muñoz" y llegó a ocupar la segunda jefatura de este. Luego del triunfo de la Revolución desempeñó altas responsabilidades en las Fuerzas Armadas Revolucionarias, el partido, el gobierno y el Estado. Hizo revolución bajo las órdenes y orientación de Celia Sánchez Manduley.

[viii] Charles Otis (1872 - 1944) fue un destacado editor financiero en Nueva York y Nueva Inglaterra que se desempeñó como presidente de The Wall Street Journal y su matriz, Dow Jones & Company, y editor de sus periódicos familiares, American Banker y Bond Buyer. Miembros de la familia Otis de Boston adquirieron el diario y la publicación hermana, el Bond Buyer, alrededor del año 1910, y durante varias décadas se mantuvo como una empresa de familia dirigida por Charles Barron Otis. Un descendiente de la familia Otis, Derick Otis Steinman, fue el Presidente y CEO del American Banker y del Bond Buyer desde el 1975 hasta mediados del año 1980s. Steinman transformo los periódicos actualizándolos hasta la era de las computadoras, y facilito la venta de los mismos en el 1983 al International Thomson, de la propiedad y herencia de Charles Otis por la suma de 58 millones de dólares.

[ix] domingo, 1 de diciembre de 2019. Obra de gran importancia, fue la Plaza Cívica de la República, realizada entre 1952 y 1958, cuyo diseño se centraba

en el Monumento a José Martí (1958).Otros edificios principales son: la Terminal de Ómnibus de La Habana (1951), el Tribunal de Cuentas (1953), el Ministerio de Comunicaciones (1954), el Palacio de Justicia (1957), la Biblioteca Nacional (1957), el Teatro Nacional (1958), la Renta de la Lotería (1958).La empresa privada no se quedó atrás y se construyeron: Hotel Habana Hilton (1957), el Hotel Habana Riviera (1958), el edificio Partagás (1954), el Retiro Odontológico (1953), el Retiro Médico (1958); el edificio FOCSA (1956), el Palacio de los Deportes (1957), la Tienda Flogar (1956) y otros.En 1957 se construye el edificio más esbelto de Cuba, el "Someillán", diseñado entre otros por arquitectos e ingenieros que dirigieron el equipo que calculó la estructura del "Habana Hilton". Junto al Focsa, el Hotel Nacional y el Habana Hilton, dan forma al característico "skyline" horizonte habanero.A mediados de 1944, durante la presidencia de Fulgencio Batista(??), se construyó el Palacio de los Deportes, edificio destinado a celebrar peleas de boxeo, lucha, baloncesto, volleyball y donde bajo el tabloncillo se contaba con una piscina. El Palacio de los Deportes estaba exactamente frente al Hotel Habana Riviera. Y allí se podía disfrutar de los famosos circos "Ringling Brothers" o "King American Circus" y algunos grandes espectáculos de patinaje sobre hielo.En 1955, bajo la presidencia del presidente Batista, tuvo que demolerse para continuar el Malecón desde G hasta la calle 8 del Vedado. Esto motivó la necesidad de que se previera la construcción del actual Coliseo de la Ciudad Deportiva. El Coliseo de la Ciudad Deportiva, está clasificado como una de las obras de mayor relevancia de la Ingeniería Civil cubana. Fue construido en 1957, ubicado en la intersección de las avenidas Boyeros y Vía Blanca. Cuenta con áreas para deportes bajo techo con una capacidad hasta de 25 mil personas. Tiene un tabloncillo para jugar el Voleibol, el Baloncesto, Gimnasia rítmica, Gimnasia musical aeróbica, boxeo y otros deportes de artes marciales, así como variados espectáculos.

Un blog familiar con recuerdos de lo que fue Cuba, encuentros y actualidad.

Una breve reseña de cómo fue ideada y construida La Plaza Cívica y el Monumento a José Martí (La Habana, Cuba).

Este proyecto fue concebido como parte de la oleada de obras arquitectónicas y de infraestructura llevadas a cabo por el gobierno de Fulgencio Batista. La Plaza Cívica fue construida durante la década de los años 50 del pasado siglo con objetivos más que todo urbanísticos. Formaba parte de un añejo y ambicioso proyecto que pretendía hacer de la Plaza Cívica el centro de la circulación vial de la ciudad, disponiendo de cuatro avenidas que enlazarían los puntos cardinales de la urbe partiendo de ella.

Se incluía en el proyecto de la Plaza, un monumento al apóstol José Martí, que sobrepasara significativamente en escala al monumento del Parque Central. El proyecto se originó años antes y fue aprobado en enero de 1938, mientras se convocaba a un concurso del cual salieron ganadores el escultor Juan J. Sicre y el arquitecto Aquiles Maza.

La ubicación del monumento se acordó según el dictamen de Batista en la Loma de los Catalanes, teniendo en cuenta los estudios de urbanización del arquitecto Forestier en 1926 que señalaba al sitio como ideal para una ciudad más grande. Sería el centro de un sistema de avenidas y plazas, rodeado de edificios públicos. Las avenidas se programaron para conectar al Vedado con el Cerro y Jesús del Monte, según proyectaron los arquitectos Otero, Varela y Labatur. Sería como el centro de un sistema de avenidas y plazas, rodeado de grandes edificios públicos, como la Biblioteca Nacional, diversos Ministerios, Museo, Escuela de Bellas Artes, y otros. Y eso fue exactamente lo que se realizó para dar nacimiento a la famosa Plaza Cívica, ése es su verdadero nombre.

Vista del Ministerio de Comunicaciones- Foto Rafael López Rangel

Como podemos apreciar en la información anterior, este proyecto fue ideado y llevado a cabo en la Cuba Republicana y nada tiene que ver con la Cuba de los Castro, aclaremos de una vez por todas que la revolución cubana no ha creado, ha destruido gran parte del patrimonio nacional y se ha adjudicado, o robado, todo lo que ya existía, cambiándole el nombre o reconstruyendo lo que ellos mismos destruyeron o dejaron destruir por falta de mantenimiento. Lo que se adquiere fácilmente no se aprecia, tampoco lo que se roba.

ˣ Sobre la familia Velasco en Cuba. Eran descendiente de don Luis de Velasco, el heroico defensor del Morro en los días del asalto y toma de La Habana por los ingleses, en 1762. Por cierto, Velasco no residía en esta capital; estaba aquí de paso cuando la agresión británica y por su grado de capitán de navío se le confió la defensa del castillo. Allí encontró la muerte y en forma tan heroica que sus propios enemigos perpetuaron su memoria con un monumento que le erigieron en la Abadía de Westminster.

Velasco fue enterrado en el convento de San Francisco. No pudo hacerse lo mismo con los restos de Francisco González de Bassecourt, el marqués González, también capitán de navío y Caballero de la Orden de Santiago, de paso asimismo en La Habana en el momento de los sucesos, y que como segundo de Velasco asumió el mando del Morro. En Historia de familias cubanas (tomo VI; 1950) dice su autor, Francisco Xavier de Santa Cruz y Mallén, que el marqués González recibió dos heridas casi al mismo tiempo que caía Velasco y murió poco después, abrazado a la bandera española, en un cuerpo a cuerpo brutal con el enemigo. Tan bárbaramente vendió su vida el Marqués que después resultó imposible encontrar su destrozado cadáver.

Entre otros honores morales y materiales, el Rey de España concedió al hermano de González el título de Conde del Asalto del Morro, y al de don Luis, el de Marqués de Velasco, distinción esta que incluía cuantiosas posesiones de tierra en el este de La Habana. Propiedades que heredaría ya en el siglo XX la familia Velasco. El conocido reparto Celimar lleva su nombre por Celia Velasco, una de las herederas de las tierras de La Habana del Este.

[xi] El Túnel de La Habana discurre por debajo de la bahía de La Habana y figura entre las siete maravillas de la ingeniería civil cubana. Por debajo de la bahía de La Habana, a lo largo de 733 metros, fue construida la majestuosa e impresionante obra de la empresa francesa Societé de Grand Travaux de Marseille. Su construcción se realizó entre los años 1957 y 1958, terminándose el 31 de mayo de 1958 día en que se inauguró, en condiciones extremadamente difíciles debido a la necesidad de trabajar bajo agua.

[xii] Blanca Rosa Henrietta Stella Welter Vorhauer, conocida artísticamente como Linda Christian (Tampico, México, 13 de noviembre de 1923 – Palm Springs, Estados Unidos, 22 de julio de 2011) fue una actriz de cine nacida en México que ha protagonizado películas en Hollywood sobre todo en las décadas de 1940 y 1950. Estuvo casada con el actor Tyrone Power (1914-1958) y era la madre de la cantante italiana Romina Power (1951) y de la actriz Taryn Power (1953).